教师教育精品教材·学前教育专业系列

学前
儿童科学教育

主　编　王冬兰
副主编　王　怡　张小永

华东师范大学出版社
·上海·

图书在版编目（CIP）数据

学前儿童科学教育/王冬兰主编. —上海：华东师范大学出版社，2009
 ISBN 978-7-5617-6991-1

Ⅰ.学… Ⅱ.王… Ⅲ.①科学知识—教学研究—师范大学—教材②科学知识—教学研究—学前教育 Ⅳ.G613.3

中国版本图书馆CIP数据核字（2009）第039087号

教师教育精品教材·学前教育专业系列

学前儿童科学教育

主　　编	王冬兰
副 主 编	王　怡　张小永
责任编辑	赵建军
审读编辑	杭　玫
责任校对	王丽平
装帧设计	陆　弦

出版发行	华东师范大学出版社
社　　址	上海市中山北路3663号　邮编 200062
网　　址	www.ecnupress.com.cn
电　　话	021-60821666　行政传真 021-62572105
客服电话	021-62865537　门市（邮购）电话 021-62869887
地　　址	上海市中山北路3663号华东师范大学校内先锋路口
网　　店	http://hdsdcbs.tmall.com

印 刷 者	常熟市文化印刷有限公司
开　　本	787×1092　16开
印　　张	17.75
字　　数	330千字
版　　次	2010年6月第1版
印　　次	2022年6月第15次
印　　数	46 401—48 500
书　　号	ISBN 978-7-5617-6991-1/G·3924
定　　价	35.00元

出版人　王　焰

（如发现本版图书有印订质量问题，请寄回本社客服中心调换或电话021-62865537联系）

目 录

第一章 学前儿童科学教育概述 ·············· 1
- 第一节 学前儿童与科学教育 ·············· 1
- 第二节 学前儿童科学教育的发展 ·············· 22

第二章 学前儿童科学教育的目标 ·············· 42
- 第一节 学前儿童科学教育目标的层次和结构 ·············· 42
- 第二节 我国现行学前儿童科学教育目标的内容 ·············· 53
- 第三节 国外现行的学前儿童科学教育目标 ·············· 59

第三章 学前儿童科学教育的内容 ·············· 67
- 第一节 选择学前儿童科学教育内容的要求 ·············· 67
- 第二节 学前儿童科学教育内容的范围和设置 ·············· 74

第四章 学前儿童科学教育的方法 ·············· 87
- 第一节 多样化的学前儿童科学教育方法 ·············· 87
- 第二节 学前儿童科学教育方法的选择依据 ·············· 110
- 第三节 科学探究——学前儿童学科学的基本方法 ·············· 114

第五章 学前儿童科学教育的资源 ·············· 125
- 第一节 学前儿童科学教育资源概述 ·············· 125
- 第二节 材料资源 ·············· 132
- 第三节 学前儿童科学教育资源整合运用 ·············· 152

第六章 集体教学活动中的科学教育 ·············· 159
- 第一节 集体教学活动概述 ·············· 159

第二节　集体教学活动的设计原理⋯⋯⋯⋯⋯⋯⋯⋯⋯⋯⋯⋯⋯　163
　　第三节　集体教学活动的设计与指导要求⋯⋯⋯⋯⋯⋯⋯⋯⋯　174

第七章　学前儿童科学教育的其他途径⋯⋯⋯⋯⋯⋯⋯⋯⋯⋯⋯　204
　　第一节　区角活动中的科学教育⋯⋯⋯⋯⋯⋯⋯⋯⋯⋯⋯⋯⋯　204
　　第二节　生活中的科学教育⋯⋯⋯⋯⋯⋯⋯⋯⋯⋯⋯⋯⋯⋯⋯　220
　　第三节　家庭与社区中的科学教育⋯⋯⋯⋯⋯⋯⋯⋯⋯⋯⋯⋯　231

第八章　学前儿童科学教育的评价⋯⋯⋯⋯⋯⋯⋯⋯⋯⋯⋯⋯⋯　248
　　第一节　学前儿童科学教育评价概述⋯⋯⋯⋯⋯⋯⋯⋯⋯⋯⋯　248
　　第二节　学前儿童科学教育评价的内容与方法⋯⋯⋯⋯⋯⋯⋯　256

参考文献⋯⋯⋯⋯⋯⋯⋯⋯⋯⋯⋯⋯⋯⋯⋯⋯⋯⋯⋯⋯⋯⋯⋯⋯　273

后　记⋯⋯⋯⋯⋯⋯⋯⋯⋯⋯⋯⋯⋯⋯⋯⋯⋯⋯⋯⋯⋯⋯⋯⋯⋯　277

第一章 学前儿童科学教育概述

学习目标
1. 理解学前儿童的科学的特点。
2. 比较中外学前儿童科学教育的异同。

学前儿童科学教育是学前教育的重要内容,由于学前儿童的认知发展特点,科学教育从目标、内容、方法、评价等方面都有其独特性。本章将对学前儿童科学教育进行概述,以期对学前儿童科学教育中的几个基本问题进行探讨。

第一节 学前儿童与科学教育

一、科学教育的含义与目的

1. 科学教育的概念

通常认为,科学教育就是相对于人文科学、社会科学教育,以系统传授数学、自然科学知识,实现一个人的科学化的教育活动,它有广义和狭义之分。广义的科学教育,指的是培养全体国民的科学知识、态度、方法与精神的过程或活动;狭义的科学教育是指各级各类学校中,有关生物、化学、物理或地球科学等的教学,并指与这些教学有关的一切课程、教材、教法、教具、师资和评估的研究与活动。[①] 英国著名科学教育学者弗雷泽提出,科学教育的重点应放在普及科学知识,探讨由科研到获得发现的方法或途径中。他在《科学教育的概念》一书中,把追求知识、掌握技能、理解科学现象和发展学生的优势作为科学教育的四个目标。

---

① 史朝、孙宏安:《科学教育论》,辽宁教育出版社1992年版,第2页。

针对上述论述，我们认为科学教育是教育的一个组成部分，主要指的是以数学和自然科学教学为主的一种社会活动。换言之，科学教育就是指在各级各类学校中所进行的数学和自然科学教育的总称。

2. 科学教育的目的

科学教育的目的是指实施科学教育时的总要求。科学教育的主要目的是实现人的科学化，包括使人掌握现代科学知识，培养人的科学精神和形成人的科学价值观。科学教育的目的随整个社会政治、经济的变化而不断变化，具有明显的时代特征。

掌握现代科学知识是科学教育的一个重要目的。因为现代科学技术发展的速度越来越快，新成果、新知识、新技术、新产品不断出现。这就要求从小开始对每个人施以一定的科学教育，让学生"由于对自然界有所了解和认识而产生充实感和兴奋感；在进行个人决策之时恰当地运用科学的方法和原理；理智地参与那些就与科学技术有关的各种问题举行的公众对话和辩论；在自己的本职工作中运用一个具有良好科学素养的人所应有的知识、认识和各种技能，因而能提高自己的经济生产效率"①。只有这样，才能促进整个社会的不断发展。

培养人的科学精神就是让人献身科学，实事求是、坚韧不拔地探索自然界的规律，以达到认识自然、改造自然的目的。新的科学观、自然观要靠科学教育培养，没有科学教育，不会继承以往的科学理论，也不能产生新的科学研究成果。培养人的科学精神，还包括正确的科学态度、科学的评价标准。随着科学技术的不断发展和新生事物的不断出现，如何对待这些新生事物，就有个态度和评价标准的问题。如医学工程和生物遗传工程的发展，产生了试管婴儿、器官移植等新问题，如何正确评价、看待这些问题，就涉及一个人的科学态度和科学认识问题。科学教育，有助于人们真正解决上述问题。

人类社会的发展水平，虽说取决于生产力发展水平，但也与科学价值有关。科学文化知识的水平和作用，一方面受客观历史条件的制约，另一方面也积极地促进着生产力和社会历史的进步。科学价值观是指人们对科学价值的认识与看法。如科学技术可促进人类社会的进步，但在具体的科学问题上，就有不同的认识。以原子能的开发利用为例，它既可以用来制造原子弹，作为战争武器，又可以和平利用，解决人类的能源问题。是否应该研究和开发原子能就牵涉科学价值观的问题，而正确的科学价值观要靠科学教育才能得以形成（如环境保护）。科学教育通过系统地传授科学知识，让人们不断认识客观世界，认识到人和大自

---

① 美国国家研究理事会著，戢守志等译：《美国国家科学教育标准》，科学技术文献出版社1999年版，第17页。

然的关系,从而达到改造世界的目的。科学价值观就是人类能够自觉地、能动地处理自己(主体)和客观世界(客体)的关系,而这是需要依靠科学教育培养和形成的。

二、学前儿童的科学

科学的本质在于探究。正如一位学者所言:科学的本质,不在于已经认识的真理,而在于探索真理。确立以探究为核心的全面的科学观,对于理解"学前儿童的科学"至关重要。而理解"学前儿童的科学",对于教师实施有效的学前儿童科学教育至关重要。

今天,人们已日益认识到科学对于人类的重要作用,但很多人仍会将科学与学前儿童分开,认为科学是科学家或成人的事,与幼儿无关。其实,"学前儿童的科学"是儿童用他们独特的理解方式创造出来的一片灿烂天空。它既充满着科学的探究精神,又不同于成人理解的科学。幼儿对周围事物怀有浓厚的好奇心,他们总是在与周围事物的接触中了解和认识这个世界。他们想知道事物到底是怎么样的、为什么会这样,总有千万个问不完的问题缠绕着成人。例如:

为什么狗狗不能生小猫咪?
为什么有白天和黑夜?
为什么天空是蓝色的?
为什么生病了要吃药?
为什么月亮会住在天上?
……

幼儿对周围事物充满疑问,基本上所问问题之本质与科学家的问题并无二致。除了是个好奇者、发问者外,幼儿也是个行动者、实践者。例如,面对一个水坑,他可能想知道:"如果我一脚踩下去,它会怎样?水会溅起来吗?"洗手时,他会用手堵住水龙头,看看发生了什么,在生活中经常可以看见这样的场景。几乎没有什么东西能逃脱他们的注意力,尤其是越不知道或越被禁止触摸之事物,他们就越想一探究竟或试验其想法。类似这样在好奇心驱使之下去了解周围事物、观察其反应、并付诸实际行动的现象与科学家的探究行为相似,因此人们常常称儿童为小小科学家。所不同的是,"学前儿童的科学"以动作逻辑为基础,成人的科学以形式逻辑为基础。

承认儿童世界中有科学无非基于这样的事实:在儿童早期,已出现了对周围世界的好奇、探索和思考等探究性活动。这些本能性的活动不知不觉地运用了科学探究的方法,展现了锲而不舍的科学态度,更呈现了推理思考的特质。这些本能性的活动,正是最初的科学活动,也正体现了科学的本质所在。限于儿童的发展水平,他们对周围世界的探究与成人相比,仍存在较大差别。特别是学前儿童,他们的思维还依赖于具体的动作和表象,不能进行抽象的逻辑思考;另一方面,他们又对整个世界充满了好奇与探究,积极、大胆地尝试、探索并试图去理解周围世界,这使得"学前儿童的科学"成为儿童世界中的一道"独特风景"。

承认学前儿童有自己的科学是我们进行学前儿童科学教育的前提,而理解学前儿童科学的独特性,有助于我们进行符合学前儿童年龄特点的科学教育。与成人科学比较,学前儿童科学的主要特点表现为:①

1. "学前儿童的科学"是一种经验层次的科学知识

幼儿能够获得"真正"的科学知识吗?

例1: 教师:太阳会不会掉下来?

幼儿:太阳不会掉下来,因为如果它掉下来,我们就会死了。

教师:为什么有春夏秋冬?

幼儿:这是为了让咱们换个天气,因为太冷了,就把人给冻死了。太热了就把农村的地干死了。

教师:为什么有白天和黑夜?

幼儿:白天得起来上幼儿园、上班,晚上得睡觉。因为只有一个太阳、一个月亮。它不能光照一个地方,还得去照别的地方。②

我们可看出,幼儿对事物的认识直接受到其原有经验的影响,在探索和认识事物过程中所表现出的不合乎成人逻辑的想法和做法,在幼儿已有经验和认知结构中却是极其合理的,合乎他的"自身逻辑"。幼儿所能理解的科学知识,并非成人意义上所指的抽象的、概念化的科学知识,而是具体的科学经验,即使教师告诉他抽象的结论,幼儿也无法真正理解。所以,"学前儿童的科学"是经验层次的科学知识。它是直接的、具体的,而不是间接的、抽象的;是描述性的,而不是解释性的。倘若要让幼儿说明具体事物背后的间接联系或解释现象背后的因果关系,就会比较困难。

2. "学前儿童的科学"是一个理论建构过程

有人认为,将科学学习看作是理论建构的过程,意味着我们需要思考:儿童从哪里开始,理论得以建构的环境是什么以及这两者间复杂的相互影响与作用。③ 为了从物理世界获得一个例证,一个年龄很小的孩子会推动一个圆形的物体让它滚动。"所有物体都滚动"就是他所建构的理论。这个孩子再去推动一

---

① 张俊:《幼儿园科学教育》,人民教育出版社2004年版,第14—17页。
② 刘占兰:《幼儿科学教育》,北京师范大学出版社2000年版,第28—29页。
③ [美]克里斯汀·夏洛等著,高潇怡等译:《儿童像科学家一样——儿童科学教育的建构主义方法》,北京师范大学出版社2006年版,第6—7页。

个方形的物体,物体滑动了,但不是滚动。这种情况与幼儿自身的理论和先前的推论相矛盾,现在,他以前的理论必须得到修正,变成"圆形物体滚动,方形物体滑动"。这种复杂理论的发展是以使用各种物体、把它们放在许多不同表面上以及变化倾斜度的斜面上的经验为基础的。这些经验推动了新理论的建立与形成。但这个过程也取决于儿童的信心与变通性,因为儿童像科学家一样,必须对认识事物的新方式持开放的态度。他们需要放弃那些陈旧的方式和方法。"方形物体不能滚动,而是滑动"这个新信息也意味着儿童先前的预测是"错误的"。因此,在理论建构的过程中,除相应的环境即具有多种材料、提供了多种可采用不同斜面与物体的实验方式和儿童自身的信心与变通性外,我们还必须承认理论冲突的作用,承认矛盾和"错误"是理论建构过程中的必要组成部分。

例如,一个 4 岁女孩正在搭建一个复杂构造,在两块直立的木块上搭建一座桥。首先,她试着将两块木块分别水平放置在直立木块的上面,但两块直立木块间依然存在间隔,没有连接成桥。当她移动木块来连接这个间隔时,所有的木块都倒塌了。她又去拿了两块不一样的、更长一些的木块试了试,木块还是倒了。最后,她去找了一块很长的木块,把它架在两块直立木块的顶端,一座桥就建成了。① 在这个例子中,我们可试着确定这个孩子在每一步所作的预测和假设:"也许更长一点的木块可以连接木块间的间隔。""如果用特别长一点的木块试试,会发生什么情况?"由于经验水平和思维特点的限制,幼儿探究解决问题的过程和方法具有很大的试误性。他们对事物特点的认识和对事物间关系的发现需要经过多次尝试,不断排除无关因素,常常在经历多次探索之后,才能接近答案。

我们可看到理论建构的过程随个体年龄的不同而不同。当儿童逐渐能以不同方式来理解事物,当他们的社会交往变得更富合作性以及随着生活经验的丰富、认知能力的发展,他们的理论会变得愈加复杂,他们对世界的认识会越来越接近于成人的科学认识。因此,与其说"学前儿童的科学"是一种肤浅的、不完善的认识,还不如说它是一个理论建构的过程。

3. "学前儿童的科学"是对客观世界的独特理解

学前儿童由于受到认知发展水平的局限且缺乏具体经验,因此,"学前儿童的科学"带有主观性的色彩并被赋予了浓厚的诗意和想象的性质。

例:某 5 岁女孩有一天突然对妈妈说:"我知道天上的星星为什么眨眼睛了。"妈妈很奇怪,因为从来没有人教过她。而幼儿的解释则更令她奇怪:"因为每颗星星上都有一个人,拿手电筒对着我们一会儿开,一会儿关。我们在地球上

---

① [美]克里斯汀·夏洛等著,高潇怡等译:《儿童像科学家一样——儿童科学教育的建构主义方法》,北京师范大学出版社 2006 年版,第 7 页。

看,就好像是星星在眨眼睛。"这位妈妈不知道怎样对待孩子的解释,只得对她说:"你想得真好! 不过,事实上并不是这样的。真正的原因等你长大后就知道了。"①

儿童对自然现象表现出浓厚的好奇心,按照自己的思考给出了一个"自认为"合理的解释,虽然这个解释远离科学事实,更多地属于幻想,但因其想象的大胆和独特而更多地表现出学前儿童"自己的科学"的特点。我们可以说这个"结论"是不客观的,但儿童的科学并不是纯客观的科学,他头脑中的世界是诗意的、童话的世界,"我千百次地证实:儿童在给周围世界增添各种幻想形象、虚构这些形象的时候不仅能发现美,而且还能发现真理。……""我千百次地证实,缺少了诗意的、美感的涌流,孩子就不可能得到充分的智力的发展。"(苏霍姆林斯基)过于强调"客观性"会在一定程度上破坏儿童精神世界的诗意和独特性及大胆想象!"人的童年提出了他一生的问题;要找到问题的答案却需要等到成年。"②因此,儿童在好奇和求知中探究自然,以真挚的情感与自然对话,以诗意的幻想解释自然……也许,"学前儿童的科学"的这一特点恰恰反映了科学的真义。

三、学前儿童科学教育的价值

1. 学前儿童科学教育的含义

关于学前儿童科学教育的含义,学者们有数种看法,比较有代表性的包括下述几种:

幼儿科学教育是指幼儿在教师的指导下(包括直接指导、间接影响),通过幼儿自身的活动,对周围物质世界(包括自然界和人工自然)进行感知、观察、操作、发现问题,寻求答案的探索过程;是幼儿获取广泛的科学、技术经验和具体事实,主动建构表象水平上的初级科学概念,学习科学方法和技能,发展智力的过程;是发展幼儿好奇心,使幼儿感受到自己的能力,得到愉悦的情绪体验,产生学习科学技术的兴趣,积极对自然界和人工自然关注和爱护的过程。(王志明,1997)

幼儿科学教育应成为引发、支持和引导幼儿主动探究、经历探究和发现过程,获得有关周围物质世界及其关系的经验的过程,使幼儿获得乐学、会学这种有利于幼儿终身发展的长远教育价值。(刘占兰,2000)

学前儿童科学教育是指幼儿在教师的指导下,通过自身的活动,对周围的自然界(包括人造自然)进行感知、观察、操作、发现以及提出各种问题,寻找答案的探索过程。(施燕,2006)

---

① 张俊:《幼儿园科学教育》,人民教育出版社2004年版,第14页。
② [法]加斯东·巴什拉著,刘自强译:《梦想的诗学》,生活·读书·新知三联书店1996年版,第173页。

我们认为：学前儿童科学教育有广义与狭义之分。广义是指一切促进幼儿学习科学的教育活动。它包含了家庭、社会、幼儿园等各类施教者对于幼儿进行的科学启蒙教育。狭义主要指幼儿园的科学教育，是幼儿园课程密不可分的一个部分，它和其他教育领域如语言、健康、社会、艺术等共同构成幼儿园的课程，促进幼儿在各个方面的发展。

学前儿童科学教育的内涵应包含以下几方面：学前儿童科学教育是引导幼儿主动学习、主动探索的过程；是支持幼儿亲身经历探究过程、体验科学精神和探究解决问题策略的过程；是使幼儿获得有关周围物质世界及其关系的感性认识和经验的过程。①

2. 儿童的发展与学前儿童科学教育的价值

学前儿童科学教育把幼儿探究自身和周围世界的自发需要纳入有目的、有计划的教育程序中，它保证了幼儿认知、情感、态度、有关技能的协调发展。但在当下的幼儿科学教育实践中，存在着过度关注"科学"知识的传递而忽视"科学"精神的渗透的现象，科学教育对幼儿的价值应更多地着眼于儿童的全面发展和对幼儿一生的影响。

（1）培养幼儿的科学素养

2001年教育部颁布了《幼儿园教育指导纲要（试行）》，将"科学"正式列入幼儿园教育领域；科技部、教育部等五部委颁布的《2001—2005年中国青少年科学技术普及活动指导纲要》明确了适宜于3—5岁儿童的科学活动内容与目标。这是"科教兴国"战略在幼儿园教育中的具体体现。我们应从落实"科教兴国"战略的高度，充分认识学前儿童科学教育的重要意义，真正认识到幼儿科学教育是有助于提高全民科学文化素质，关系到民族复兴与国家强盛的大事。2002年开始实施的《中华人民共和国科学技术普及法》明确要求"各类学校及其他教育机构，应当把科普作为素质教育的重要内容，组织学生开展多种形式的科普活动"。这就为我们开展学前儿童科学教育提供了坚实的法律依据。同时还应深刻领会学前儿童科学教育的宗旨是培养幼儿的科学素养。这种科学素养应当包含科学态度、科学知识和技能、科学方法和能力以及科学行为和习惯等诸多方面，而不应仅仅局限于科学知识。其中，科学态度是科学素养的核心内容。对幼儿来讲，就是要富有好奇心，勇于探究，勤于思考，敢于质疑，愿意听取不同的意见，热爱科学与大自然等。科学知识和技能、科学方法和能力是科学素养的基础。幼儿科学教育应让儿童在探究和讨论中形成初步的科学概念，掌握一些基本的科学技能，能够尝试运用科学方法解决问题，并具有一定的表达与交流能力。科学行为

---

① 刘占兰：《学前儿童科学教育》，北京师范大学出版社2008年版，第28页。

和习惯是科学素养的外在标志。幼儿科学教育应使幼儿养成良好的个人生活、学习和社会活动习惯,注重开发幼儿的个体潜能,培养幼儿的自主意识,引导幼儿主动活动,学会与他人合作。

(2) 帮助幼儿适应现代社会的变化和发展

现代社会充满变化,影响变化的因素多种多样。如何引导孩子感受变化、适应变化、应对变化是学前儿童科学教育的重要内容。如主题活动"变化"通过把铁钉放入清水中观察铁钉生锈的过程;做"种子发芽"试验,观察种子生根、发芽、生长的变化;和厨房的叔叔、阿姨学蒸馒头,观察馒头的制作变化过程等。通过不同的活动,使孩子感受到变化对我们生活的影响。在一次活动中,教师用"动物怎样保护自己"作为一个有趣的课题,和幼儿一起了解自然界中动物保护自己的方式,如有的动物用保护色,有的动物则寄生在庞大的动物身上,有的碰到危险时则会释放气体或装死等,以此来保护弱小的自己,在这一过程中儿童认识到动物如何生存、适应环境,从而在头脑中对生存适应有了最初的了解并产生了进一步探究人类如何适应环境的欲望,引发了新的探究活动。又如在"认识骆驼"的活动中,教师在引导幼儿观察骆驼的外形特征后,帮助幼儿进一步了解在干旱、没有人烟、缺少食物和水的大沙漠中,骆驼是怎样适应环境的,体会自然、环境和动植物、人类生活的关系。这样,当他以后面对陌生的环境时就能够尝试如何正确地对待和处理,形成正确的态度,敢于面对挑战,有一定的适应能力。

(3) 促进幼儿全面发展

学前儿童科学教育是幼儿全面发展教育的重要组成部分,是通过"科学"这一内容对幼儿进行全面发展教育的活动。它把幼儿探索自身和周围世界的自发需求,纳入有目标、有计划的教育程序中,保证了幼儿身体的、认知的、社会的、情感态度等的协调发展,从而促进幼儿健康成长。

① 学前儿童科学教育蕴含了促进幼儿身体健康发育的教育价值。大自然中的阳光、空气、水是促进幼儿身体发育必不可少的元素,而学前儿童的科学教育能够为幼儿提供这样的机会和条件。当幼儿在明媚的春光里舞动风车、放飞风筝时;在夏日的炎热中接受雨的洗礼,感悟雨的变化时;在丰收的季节采摘劳动果实,分享劳动的喜悦时;在皑皑白雪中嬉戏笑闹、奔跑追逐时,他们不仅在感受四季的交替、气候的变化,同时也发展了动作,增强了体能,锻炼了身体。

② 学前儿童科学教育能够启迪儿童的心智,影响他们一生的发展。许多科学家在回忆他们的成长过程时,都会强调童年经历对他们的深刻影响。生物进化论的创始人达尔文的父亲是位医生,又精心从事家庭果园的园艺劳动,种植各种花卉、果树和观赏树木等,这对达尔文从小喜爱各种生物产生了积极影响。6岁时,达尔文经常和妹妹爬坐在屋后一棵大栗树的枝丫上,观察四周大自然的景

色。7岁时,达尔文经常在花房中,观看父母嫁接果树和花卉,同时帮助搬移花盆等。母亲开始教他认识和观察花卉的形态,记住各种植物的名称。8岁时,达尔文就喜爱野外生活,对园艺工作发生了兴趣。他还经常做父亲的助手,一同植树种花,采集花卉。他回忆说:"我尝试给植物规定名称,还去搜集各种各样的玩物:贝壳、火漆封印、免资印纸、纸币和矿石。我想要成为一个研究分类的自然科学家、古玩收藏家或者守财奴,这种欲望已经十分强烈,……""显然我在这小小的年纪,就已经对植物的变异性发生了兴趣!"可见,儿童时代的达尔文与自然的接触,激发了他对自然科学尤其是生物学的浓厚兴趣和探索热情,这为他后来决定登上贝格尔号轮进行航海考察提供了逻辑前提,从而为他提出生物进化论思想奠定了基础。英国生物学家威哥思伏斯回忆幼年往事时称:"我5岁时,获得了一生中最重要的科学发现,我把一只毛虫关在瓶子里,它吐丝作茧,几天后,在我仔细的惊奇的观察下竟出现了一只蝴蝶。"威哥思伏斯称其5岁时的发现是"一生中最重要的科学发现",可见这个发现对他毕生科学事业的重要影响。[①]上述事例表明,幼年时期对自然进行科学探索的经历,有助于启迪儿童的心智,播撒科学的种子,培养儿童的探索精神,使儿童内在的求知欲望燃烧得更为炽烈,从而为今后从事科学研究奠定坚实的基础。

四、儿童如何学习科学

儿童怎样学科学的问题,与儿童的认知发展这一心理学领域联系紧密,最早关注儿童科学认识的心理学家首推发生认识论的创始人、瑞士心理学家皮亚杰,他的认知结构和认知发展阶段的理论对儿童的科学学习与科学教育具有重要意义,可以说,皮亚杰是发现"儿童的科学"的第一人。苏联的心理学家维果茨基则从概念形成的角度,丰富了儿童科学概念发展的研究。近年来,研究者开始关注于认知发展的领域特殊性问题,强调认知的领域特殊性和朴素的理论观,出现大量关于儿童朴素物理学、朴素生物学和朴素心理学的研究,对儿童科学学习有很好的启示作用。当代认知发展心理学研究的焦点问题之一就是儿童科学学习,尤其是很多建构主义的心理学家研究的注意力转向儿童科学概念的形成和转变。在此,对儿童科学学习的问题我们可进行一番简要的梳理。

1. 作为科学家的儿童:皮亚杰认知发展理论

(1) 认知发展指的是在儿童期获取知识的发展

它包括理解、推理、思考、解决问题、学习、概念化、分类和记忆。简言之,就是人类智力用于适应和了解世界的各个方面。

[①] 刘晓东:《儿童教育新论》,江苏教育出版社1998年版,第170—172页(有改动)。

皮亚杰认知发展理论的基本观点是，智力发展是儿童与环境动态的和持续的相互作用的结果，单方面强调儿童的天性或单方面强调环境的影响是无意义的。相反，如果我们要了解儿童怎样获取知识，我们需要在一段时间内观察儿童如何作用于环境，环境如何作用于儿童。

皮亚杰认知发展理论的基本特征[①]：智力不是从较复杂的思维过程开始，而是从最基本的、与生俱来的反射性的动作模式开始。知识是通过儿童—环境相互作用而构建的。它既不是内在组织构成的，也不是仅由经验提供的，而是由儿童积极地探索事物以及后来的想法而产生的。获取知识是建立在行为基础之上的，不是一个被动的信息积累过程。智力的发展可看作是一个对环境更精确和更复杂的调整过程。所有的生物体都尽量设法让自己适应环境，这一点是通过同化和顺应这两个过程实现的：一方面，通过利用外部事物来"补给"现存的心理结构；另一方面，结构也相应地被这一过程所调整。

表1-1 一些皮亚杰术语的定义

术语	定义
智力	按照皮亚杰的定义，"智力是生物适应的一个特例"。它指的是这一适应带来的心理过程上的变化，而不是个体在认知能力上的差异。
适应	所有生物有机体中为适应环境需要而进行调整的天生倾向。
图式	建立在感觉运动或思维基础上的基本认知结构，个体依此来获得其经验的意义。
同化	是个体把新经验吸收进已有的图式之中，从而转化新获得的信息以适应已有的思维方式的心理变化过程。
顺应	是个体调整已存在的图式来适应新的经验，这样就调整以前的思维方式以适应新进入的信息。
平衡	个体的图式与环境相平衡。当不平衡时，需要重新调整图式。

无论什么时候，当儿童在遇到与自己现存的思维结构不符的新情况时，他将处于不平衡中。受好奇心的驱使，总是遇到这样的新情况，这样他们就被迫要让这种新情况产生意义，即获取平衡。按皮亚杰的观点，这就构成了智力发展的动力；但智力发展要真正产生，只有在这种新情况与儿童已熟悉的情况相差不是太大时，才有可能。因此，我们现在可以明白为什么皮亚杰喜欢把儿童称为"小科学家了"。儿童会像科学家遇到新问题一样，他们首先会用已有的熟悉的方法来

---

① [英]鲁道夫·谢弗著，王莉译：《儿童心理学》，电子工业出版社2005年版，第245—247页。

同化一个不熟悉的事件,接下来,会调整他们自己已有的思维和行为模式来适应新情况。在两种情形下,儿童都积极地参与寻求解决方案,用各种方式不断尝试(可能是尝试——失败——再尝试),以便能够弄明白这种新情况,最终,通过创造性的行为,对于新的挑战做出反应,从而在观察与理解之间达到一个满意的平衡。

 **案例**

> **案例1-1　皮亚杰对其十个月大的儿子的观察**
>
> 劳莱特仰面躺着……他接连不断地抓起塑料天鹅、盒子等物品,他把胳膊伸开,让这些东西从手上掉下去。他很明显地让掉的姿势不同。有时,他竖直地伸直胳膊;有时,他斜着,搁在眼睛的前面或后面。当物体落到了一个新的位置,他会让这个东西在同一位置再落下两三次,仿佛在研究空间关系;然后,他又进行调整。在某一时候,天鹅落到他的嘴旁边,他没有吸吮(尽管这个东西本来是这样用的),而是把它又扔三次,而他的嘴巴仅仅象征性地张张。
>
> (皮亚杰,1953)

该案例中劳莱特忙着探索,想通过积极的探索来了解所有可能出现的新情况,他想知道到底是怎么回事,从而发现他认为很重要的东西的性质和行为特征。开始他只是偶然触摸,但接着他会像科学家一样追根寻底,用各种各样不同的方式来探究一个新事物,坚定地探求各种可能性,仔细地注意后果。由此,对于儿童,也对于科学家,知识的边界就得以不断地向前扩展。

(2) 认知发展的阶段论

皮亚杰将儿童的认知发展分为感知运动阶段(0—2岁)、前运算阶段(2—7岁左右)、具体运算阶段(7—11,12岁)和形式运算阶段(11、12—17、18岁)。"运算"(operation)指的是一种"内化的、可逆的动作"。幼儿的认知发展正好处在前运算阶段。也就是说,幼儿还不具备运用逻辑进行思考的能力。

皮亚杰认为,儿童的科学认识和认知结构的发展是平行的,儿童科学认识的发展取决于他们的认知发展阶段。因此,当我们在对儿童进行科学教育时,不能超越儿童本身成熟的条件,而对儿童提出过高的、不切实际的要求。

(3) 儿童科学概念的发展

根据皮亚杰的理论,儿童的认识来自主客体之间的相互作用。儿童早期不能很好地区分主客体,因此,他们的认识常表现出"泛灵论"的特点——他们一般会把有生命物体的特征加到无生命物体上,从而导致"万物有灵"的思想。以下面的对话为例:

皮亚杰:"当有云并下雨的时候,太阳做什么?"

儿童:"它会走开,因为天不好。"

皮亚杰:"为什么?"

儿童:"因为它不想被淋上雨。"

皮亚杰总结了儿童"泛灵论"思想的三个发展阶段:①

第一个阶段延续到4—5岁为止,它的显著特征是以整体性的暗示表现万物有灵。在这个阶段中,主体和客体完全混淆,互相渗透,现实常常被想象为魔幻般的活动。如"小黄豆在豆浆机里会很疼的"、"小蜜蜂伤心地哭了"等等。

第二个阶段从4—6岁后开始到8—9岁。这一阶段,暗示性的特征逐渐消失,主客体开始区分,但是主观意向仍附着于客体之上。魔幻和泛灵论依然是构成该阶段的基本成分。以皮亚杰和8岁的赛斯的一段对话为例:

皮亚杰:"月亮是活着的吗?"

赛斯:"不是,因为它总是待在一个地方。"

皮亚杰:"它从来没有动过吗?"

赛斯:"有时候会动的。"

皮亚杰:"什么时候?"

赛斯:"当你走路的时候。"

皮亚杰:"那它是不是活着的呢?"

赛斯:"是活着的。"

皮亚杰:"为什么?"

赛斯:"因为它会走路。"

在第三阶段,主客体开始分离,儿童开始认识到主体不必追随于客体。显然,这一阶段魔幻和泛灵论的成分趋于消失。

依据皮亚杰理论的观点,学前儿童的科学认识明显具有"泛灵论"的特点,二者都缘于在儿童的认识世界中主客体尚未完全分离。幼儿的认识正处于"主客体互渗"的阶段,这就决定了他们的认识具有自我中心的特点,常会以自身的主观想法来取代客观的认识,或认为无生命的事物也是有生命的。当儿童的认知发展到一定阶段,即主客体分离阶段时,儿童认识中的"泛灵论"会自然消失。皮亚杰还特别指出,儿童自然观念的发展取决于他们的认知发展阶段,尽管这些具

---

① 张俊:《幼儿园科学教育》,人民教育出版社2004年版,第28页。

体认识要受到其生活经验的影响,但这不是根本原因。幼儿认知发展上的这种局限性决定了他们无法获得对自然界完全客观的认识,即幼儿能理解的"科学概念"具有一定程度的非科学性。幼儿认识事物的特点决定了幼儿不能真正理解抽象的科学概念,所以,即使成人向儿童灌输一些科学概念,也改变不了他们"泛灵论"的认识。

2. 儿童是学徒:维果茨基的社会认知发展理论

维果茨基的认知发展理论和皮亚杰的理论一样,采纳了结构主义的观点。他认为,儿童积极地学习成长,而不是停留于消极地吸收外界信息。但和皮亚杰不同的是,他的理论强调社会环境的作用,即儿童与其周围的文化环境密不可分。维果茨基认为,儿童的认知发展主要是与知识渊博富有能力的他人交流的结果,在这样的交流过程中,成人把智力发展所需的文化工具传递给儿童,语言在社会发展过程中产生,是帮助儿童成为社会成员的工具和技能。与成人的交流活动可扩充儿童的知识,儿童生活中与成人的交流无处不在。在这些交流中,儿童不仅有机会获得某些特殊的解决问题的技能,而且能熟悉他们所在的文化。推而广之,任何智力技能的形成首先通过和成熟的成年人交流,然后儿童将其内化。因此,认知发展在根本上是从人际间的交流到个体本身的智力发展的演变。这种理论和皮亚杰的理论大相径庭:儿童并不是单独行动的孤立的个体,而是合作活动的参与者,由此产生了"学徒"这个概念。和皮亚杰一样,维果茨基也强调认知发展过程的建设性,即儿童积极主动地获得知识;但和皮亚杰不同的是,他不认为儿童能在没有外界帮助的条件下达到这样的目的,他认为只有在和他人合作的环境中才能实现这样的目标。根据维果茨基的理论,认知发展必须被看作是一个合作性的过程:一方面,儿童向成人发出信号,告诉他们自己能完成的任务水平;另一方面,成人需密切注意这些信号,从而更好地决定如何进行指导。因此在幼儿的科学教育过程中,教师应关注儿童已达到的水平和所具有的潜能,真正成为幼儿科学学习活动中的支持者、合作者和引导者,尊重幼儿在发展水平、能力、经验、学习方式等方面的个体差异,因人施教,在儿童最需要之时给予最恰当的帮助和支持并引导儿童在现有水平的基础上更进一步发展,从而形成成人的"指导性参与"。(Barbara Rogoff,1990)由此不仅强调了教学过程的互动性,另一方面又突出了儿童作为"学徒"的角色。

在概念形成问题上,维果茨基重点研究了科学概念和日常概念。前者指教学过程中掌握的概念,后者指日常生活过程中形成的概念。科学概念的特征是运用它们时的理解性和随意性。这一点使科学概念从本质上与日常概念区别开来,因为日常概念是还未被理解的和很少能随意运用的,它产生自儿童的个人经验。在教学过程中,科学概念的发展会胜过日常概念的形成。在维果茨基的社会认知发展理论中,教师不再只是儿童学习的旁观者和儿童发展的跟随者,而是扮演着更为积极和主导的角色,在儿童发展过程中起着不可替代的作用。成年人在指导儿童行为时,可根据任务本身的性质和儿童的年龄及能力来决定采用不同的方式。有些策略经常被用到,如表1-2所示。

表1-2 成人在帮助儿童完成一对一任务时采取的策略①
(如完成七巧板游戏)

策　　略	例子(参与完成拼图)
吸引对目标的注意	指着、轻拍、标明,将任务排序。
把任务分解成更小的组成部分	"先从脚上开始拼,然后再拼边上。""让我们先找到马的那块儿。"
强调关键部分	"看,这就是角落上的那一块。"
演示	把一块拼图放在空隙处。
提醒孩子下一步需要完成的任务	"我们现在需要找到马的尾巴。"
帮助利用记忆库	"你能不能像拼那块正方形的拼图一样把这块放好?"
控制挫折感	"你干得很好,就快大功告成了!"
评价成功/失败	"你是个聪明的孩子,你全靠自己把那块拼图找到了。"
保持目标	"只剩下这匹马了,我们马上就拼完了。"

然而,这些策略并非随随便便被采用,而是根据自己了解的儿童的能力,目的是最大限度地发挥孩子的潜力。成人是以搭建脚手架的方式来帮助孩子的。帮助的原则是:第一,当孩子很显然遇到了困难时,成人应立即提供帮助;第二,当孩子干得好时,成人应减少帮助并逐渐降低对这一过程的干涉。成人提供的支持和帮助总是取决于孩子的进步,从而给孩子足够的自由发挥的空间,并在适当的时候加以指点。搭建脚手架要求指导者和孩子互动合作,并逐渐让孩子承担完成任务的责任。由此,我们会发现有效教学的一些基本规律(Rogoff,1990):教师是儿童已有知识和需要的新知识之间的桥梁;教师通过在儿童活动中提供教导和帮助为支持儿童完成任务搭建起了脚手架;孩子在开始的时候很难达到任务所要求的能力,教师可以引导孩子积极参与,从而能够成功地完成任

---

① [英]鲁道夫·谢弗著,王莉译:《儿童心理学》,电子工业出版社2005年版,第309页。

务;有效的教学需要教师逐渐将责任转移到学习者身上。

维果茨基曾经指出,为幼儿园编制的教育大纲具有两个难以结合的性质,"首先,这个大纲应该按照能引导儿童达到一定目的的体系来编制,而且每年要在沿着向目标迈进的道路跨出一定的步伐。……在这个意义上,这个大纲与学校大纲是相同的。同时,这个大纲应该也是儿童自己的大纲,就是说,大纲实施的次序应符合儿童感情丰富的兴趣,符合他的与一般概念相联系的思维特点"①。在早期教育实践中,在教学与发展之间,教师的教与儿童的学之间的关系一直难以把握和处理,维果茨基的理论为我们实现它们之间关系的最优化提供了启示:教学应当符合儿童已有的经验,符合儿童认知发展的主体背景;教学的过程是为儿童创造有利的人际和物理环境,实现儿童在最近发展区内的自我发展;教学中教师以一种艺术的方式实现着与儿童的合作,合作中教师的指导角色是隐蔽的,但一旦与儿童的自主性相结合就意味着巨大的力量。

3. 朴素理论与儿童科学学习

(1) 朴素理论的概念

朴素理论(Naïve Theory)是与科学理论、成熟的理论、正规的理论相对而言的,所以也有人称之为天真理论、似理论(theory-like,atheory)、直觉理论(intuitive theory)、前理论(pretheory)等。

Wellman 和 Gelman(1998)认为,朴素理论是指人们对某一组信息、事物、现象等的日常的理解。比如一般人对天文现象所持有的观念就是一种朴素理论(朴素天文学)。也有人认为,"直觉(朴素)理论是指相互关联的概念体系,且该体系能对某一特定领域的经验产生预测和解释"②。(Slaughtert & Gopnik)

(2) 儿童朴素理论的基本特征③

儿童的朴素理论是一种框架性理论,在具体内容和细节上,儿童的朴素理论并不一定具有文化认同的科学性,但在所采用的认知结构,在理论的总体构成等诸多方面确实是相似的。儿童的朴素理论强调概念间的相互关系。儿童的朴素理论具有预测、解释功能。预测功能是指儿童能根据自己的朴素理论预测将要发生的事情,预测可能是正确的,也可能是不正确的。解释功能是指儿童根据朴素理论解释某一现象为什么会发生。儿童的朴素理论可以增加儿童对周围世界的信心,降低事物的不确定性。儿童朴素理论的功能可以较为明显地反映到儿

---

① Ednards, C, Gandini, L. & Forman, G: *The Hundred Languages of Children*, Ablex Publishing Corporation, 1997, p.82-83.

② 鄢超云:《朴素物理理论与儿童科学教育——促进理论与证据的协调》,华东师范大学 2004 年博士论文,第 19 页。

③ 鄢超云:《儿童的朴素理论及其学前教育意义》,《上海教育科研》2003 年第 4 期。

童的行为上：如果儿童对某一现象的判断处于随机水平，表明儿童在这一方面尚未建立理论。如果儿童总是做出某一方面的判断（预测、解释等），如老是对或错，就表明儿童在这方面具有理论。同时，拥有 A 理论的儿童与拥有 B 理论的儿童在解释和预测上也是不一样的。

（3）与儿童朴素理论有关的案例①

案例

案例 1-2　为什么周老师的眼睛那么大，郭子李的眼睛这么小

1. 活动起因

在"爱护眼睛"的活动中，幼儿正围坐在周老师身边讨论问题。突然，一个小朋友跑上来很惊奇地用手指着周老师和郭子李（化名）的眼睛问："为什么周老师的眼睛那么大，郭子李的眼睛这么小？"孩子们纷纷说道："我知道！""我知道！"于是，老师鼓励幼儿把他们的答案说出来、画出来。

2. 儿童的初始理论

最初孩子们对这个问题的回答大致如下（按儿童实际回答的顺序）：

因为周老师高，郭子李矮。

郭子李的眼睛没长好（注：起初老师误认为指眼睛长得不好看，后经追问明白儿童意指眼睛还没完全长成熟，就像苹果没长成熟就很小一样）。

郭子李爱哭，周老师爱笑（注：指眼睛被哭小了）。

郭子李不爱吃鸡蛋，周老师爱吃（注：既可能指鸡蛋有营养，也可能指鸡蛋是圆的，有吃啥补啥之意。但未追问儿童，不知其真实意思）。

周老师爱喝牛奶，郭子李不爱喝。

周老师大，郭子李小。大人身上的所有东西都大，小娃娃身上的所有东西都小。小朋友的头那么小，如果眼睛、鼻子大了都装不下了。

郭子李睡觉睡得太晚了，第二天起床眼睛是肿的，然后眼睛就变小了。

因为周老师化了妆，所以眼睛大，我妈妈没化妆的时候眼睛要小些，化了妆眼睛就变大了。

因为郭子李耳朵小，所以眼睛小。

---

① 鄢超云等：《为什么周老师的眼睛那么大，郭子李的眼睛这么小——兼述学前儿童对遗传的认识》，《学前教育研究》2004 年第 12 期。

> 因为郭子李身体小,所以眼睛小。
> 因为周老师是双眼皮,郭子李是单眼皮。
> 因为小朋友长大的程序才开始,还没有长到底,老师长到底了。
> 因为老师鼻子高,我在美国看见那些高鼻子外国人眼睛都大,比周老师的眼睛还大!
> 周老师睫毛长,所以眼睛大。

儿童的回答大致可归为如下几类:第一,与是否喜欢吃某种食物有关(如牛奶、鸡蛋等);第二,与某种行为有关(如是否爱笑、睡觉的早晚);第三,与身体的某一个器官有关(如耳朵的大小、是否双眼皮、眼睫毛的长短、鼻子的高矮);第四,与整个身体的大小有关(如身体的高矮、大小、头的大小);第五,跟生长发育有关(如是否"长好"了,是否"长到底"了);第六,与一些外在因素有关(如是否化妆)。

分析儿童的这种初始理论,我们不难发现其中既有明显的谬误,也有其合理之处,如没有用心理因素机制(如周老师想让她的眼睛大)解释或者用物理因果机制(如受到碰撞、受力等)解释,而是用了生物因素机制(如营养、生长)加以解释。同时,儿童的某些解释也有一定的说服力,如周老师本身就高大,郭子李还没"长好"、"没长到底",或者是因为"化妆"的原因,等等。如何回应儿童的初始理论呢?教师通常采取的策略有三种:第一,将科学理论或正确答案直接告诉儿童;第二,肯定其中某个(些)儿童的答案,这些答案通常是老师认为正确的、科学的,或者是很有趣的;第三,笼而统之地说"都正确"、"大家的回答都非常好"。以上三种策略虽然在适当的时候可以采用,但都未能有效地挑战儿童的初始理论,使其已有经验得到"不断改造或改组"(杜威,1990),也就不是真正意义上的教育活动。为此,研究者要求案例中的教师不断提出富有挑战性的问题,激发儿童思考、探索。在听完上述回答后,教师提出了如下问题:"我们怎么知道谁说的是对的呢?你能够证明给我们看一看吗?"儿童在此问题的引导下,开始积极地寻找证据。他们找来同是爱喝牛奶的人、同样高的人、同样爱哭的人进行比较,看他们的眼睛是否是一样大的。不少幼儿的原有理论在此过程中被否定,并转而相信别的理论。

讨论过程中,有的儿童注意到父亲与爷爷奶奶、母亲与外公外婆眼睛的相似之处,再加上家长参与到这一问题的讨论之中,持类似"我妈妈的眼睛大,所以我的眼睛也大"的儿童越来越多。老师说:"我怎么才知道你们说的是真的呢?"小朋友的证明方法有:回家比;对着镜子看;把家里的照片带来;家长接送小朋友的时候比给大家看等。

以下是小朋友们的一些发现：

爸爸眼睛大,我的眼睛就大。

我的眼睛像爸爸,也像妈妈。

爸爸的眼睛小,我的眼睛小,妈妈的眼睛也小。

爸爸妈妈的眼睛大,我的眼睛就大。

妈妈的眼睛最大,我的眼睛第二大,爸爸的眼睛第三大。

我的眼睛像爸爸,也像妈妈。

老师又问小朋友："你们再找找看,你的眼睛跟爸爸妈妈的眼睛是完全一样的吗?有没有什么不一样呢?"小朋友的新发现如下：

爸爸的眼睛比我的大。

我的眼睛不像爸爸也不像妈妈,像我舅舅。

妈妈是近视眼,我不是。

我的眼睛像爷爷。

可以看出,这个班的儿童对"眼睛有大有小"的原因是有所认识的。而且在老师不断追问的挑战下,他们能够通过寻找证据,不断地否定自己的已有认识,从而不断地接近科学概念。在此过程中,儿童的经验得到了不断的改造或改组。

根据上述对朴素理论的介绍,我们应该：

① 尊重儿童的朴素理论。根据儿童发展心理学的研究,儿童对诸如遗传这样的现象已有所认识,成人应首先尊重他们的朴素理论。这是对儿童精神世界的尊重,是对儿童高级需要的满足。案例中的教师没有简单地否定儿童的回答,而是尽量鼓励儿童表达自己的认识,这是一种具体的尊重形式。

② 尽力唤醒儿童的朴素理论。教师不能仅仅猜想儿童是怎么想的,并据此开展教育活动,而应该通过一系列具体活动,把儿童的朴素认识"引"出才可能是有针对性、对儿童有意义的教育。而唤醒儿童朴素理论的过程本身就是非常有意义的教育活动。上述案例中,幼儿在表述自己的认识时必须组织自己的想法,理清思路；必须尽可能使别人理解,必要时还要做出进一步的解释或捍卫自己的观点等。这些无疑都会对儿童心智的发展产生良好的作用。

③ 挑战儿童的朴素理论。仅仅追逐儿童兴趣的教师,并不是好教师。我们应在充分理解儿童朴素理论的基础上挑战他们。因为这种挑战能使儿童的认识在原有知识经验的基础上,连续不断地得到改造、改组。需要注意的是,这种挑战的目的不应是使儿童迅速形成科学概念,而应是培养儿童对自己的理论进行解释与证明的能力。这种捍卫自己信念和在有说服力证据面前尊重证据、否定自我的能力,对个体的成长是相当有意义的。上述案例并没有追求使儿童获得科学概念,而是抓住"眼睛大小"这一基本幼儿经验的话题,教师不断抛出问题,

促使儿童开展了有趣的探究,扩展了已有经验。

知识链接

支架式教学(Scaffolding Instruction)

　　支架式教学被定义为:"支架式教学应当为学习者建构对知识的理解提供一种概念框架(conceptual framework)。这种框架中的概念是为发展学习者对问题的进一步理解所需要的,为此,事先要把复杂的学习任务加以分解,以便于把学习者的理解逐步引向深入。"

　　支架原本指建筑行业中使用的脚手架,在这里用来形象地描述一种教学方式:儿童被看作是一座建筑,儿童的"学"是不断地、积极地建构着自身的过程;而教师的"教"则是一个必要的脚手架,支持儿童不断地建构自己,不断建造新的能力。支架式教学是以苏联著名心理学家维果茨基的"最近发展区"理论为依据的。维果茨基认为,在测定儿童智力发展时,应至少确定儿童的两种发展水平:一种是儿童现有的发展水平,另一种是潜在的发展水平,这两种水平之间的区域称为"最近发展区"。教学应从儿童潜在的发展水平开始,不断创造新的"最近发展区"。支架教学中的"支架"应根据学生的"最近发展区"来建立,通过支架作用不停地将学生的智力从一个水平引导到另一个更高的水平。

　　支架式教学由以下几个环节组成:

　　(1)搭脚手架——围绕当前学习主题,按"最近发展区"的要求建立概念框架。

　　(2)进入情境——将学生引入一定的问题情境。

　　(3)独立探索——让学生独立探索。探索内容包括:确定与给定概念有关的各种属性,并将各种属性按其重要性大小顺序排列。探索开始时要先由教师启发引导,然后让学生自己去分析;探索过程中教师要适时提示,帮助学生沿概念框架逐步攀升。

　　(4)协作学习——进行小组协商、讨论。讨论的结果有可能使原来确定的、与当前所学概念有关的属性增加或减少,各种属性的排列次序也可能有所调整,并使原来多种意见相互矛盾且态度纷呈的复杂局面逐渐变得明朗、一致起来。在共享集体思维成果的基础上达到对当前所学概念比较全面、正确的理解,即最终完成对所学知识的意义建构。

(5) 效果评价——对学习效果的评价包括学生个人的自我评价和学习小组对个人的学习评价,评价内容包括:① 自主学习能力;② 对小组协作学习所作出的贡献;③ 是否完成对所学知识的意义建构。

4. 当代有关儿童科学学习心理的研究

当代认知心理学对儿童的假设是:儿童具有理解世界的一种强烈的、天生的愿望,即使是特别小的儿童也会组织来自外部的各种信息。儿童在他们自身经验的基础上,形成了对世界的理解并形成了自己的理论。用瑞斯尼克的描述就是:"学习者努力把新的信息和他们已经知道的知识联系起来,以便用已经建立的认知图式来解释新的材料。"①

(1) 科学学习的年龄特征

心理学研究和实践经验表明,儿童在探究周围世界、认识客观规律的时候会表现出很明显的相似性。儿童的这种随年龄增长而在心理和行为发展上的相似性被称为年龄特征。英国学者威尼·哈伦在其《5—12岁儿童:科学课的学习、教授和评价》一书中对儿童早期、中期和后期的科学学习年龄特征进行了概括。这里主要引用早期5—7岁儿童的思维特点:需直接用行动来发现结果;只会从自身的视角来理解世界;认知局限于事物的某一方面或某一情境;难以把握事物的因果关系;对于一系列小事件仅能再认其中的一部分。这些特点显然影响年幼儿童的各种学习活动包括科学学习活动。只有当儿童开始把一系列事件有序地串联起来的时候,他们才有望发现事物的联系形式。只有当儿童树立了因果关系的概念,才能分离出两个或更多的变量,才能去分别测试每种结果的不同水平。只有当儿童学会全面地观察,以一般现象而不是个别事件为基础来建构对于世界的观点,才能解释不断获得的新的经验。只有当儿童具备了相当数量的操作经验和实际应用技能的经验时,才能够以思维代替动作,开始发展理性思维能力和较高水平的加工技能。因此,获得第一手经验和对即时环境中的事物的探究是幼儿科学教育的主要内容。具体来说可以:

以观察、抓取等方式去感知教室或实验室中展示的各种学习材料;在即时情境中观察自然状态中的事物;收集信息并归类;进行实验;制造新东西,尤其是制作具有一定意义的模型;拆卸与组装;谈论自己观察到的事物,有条件时以图画、模型、文字的方式记录下来;讨论自己的概念,对已经注意到的解释进行思考。②

---

① 张俊:《幼儿园科学教育》,人民教育出版社2004年版,第37页。
② 樊琪:《科学学习心理学:科学课程的教与学》,中国轻工业出版社2002年版,第159—161页。

(2) 科学学习心理研究的热点问题

近年来,科学学习心理研究的热点问题越来越集中到儿童的概念发展、儿童的学习经验的开发和儿童的科学加工技能尤其是探究技能的培养这三大方面。

① 儿童的概念发展。儿童的概念往往只有一个非常局限的定义,而且常常是倒装的表述形式。例如,生物学的基本概念"植物"和"动物"有着非常丰富的内涵,表述形式则为"植物是……"、"动物是……"。但是在许多儿童那里,植物概念表述为"柳树是植物"、"花是植物",而动物概念则表述为"羊是动物"、"老虎是动物"。儿童概念的局限性既是由于儿童思维的概括性和抽象性尚在发展之中,也是由于他们可供使用的经验实在太少,而且成人在生活中大量运用的日常概念往往会使儿童产生误解。儿童关于物质具有各种用途的概念常常是一个单向循环。儿童对于物质会变化的概念更加模糊。因为在他们的生活中几乎没有人要求他们正确揭示物质变化的原因。所以教师必须首先了解他们的每一个概念的起点与特征,以便因材施教、因势利导。

② 儿童的学习经验的开发。科学学习的经验来自科学活动,但是儿童不可能像成人那样自觉主动地为达到学习目标而作出持续不断的努力。为了使儿童在活动中真正地进行学习,就必须让他们注意到活动的内容和活动的方式,如"我们做了什么"和"我们是怎样做的"。引导过程中要注意:一是学习活动的内容不可太难,必须是儿童有可能很好理解的;二是学习活动的内容不可太空泛,必须是与了解周围事物有关,能够学以致用的;三是学习活动的内容和方法能够引起儿童的兴趣。

③ 儿童的科学加工技能的培养。科学加工技能是近二十年来世界各国科学教育极力倡导的科学学习目标。科学加工技能以探究技能为代表。英国科学教育联盟和国王学院联合进行的中小学调查研究项目(Association for Science Education and King's College Investigation in Schools),把中小学生的探究活动分成了以下六种不同的类型:分类辨析,对照检验,寻找联系,质疑探索,建立模型,发明或开发系统。在这六种不同类型的探究中,第一至第四种似乎更加适用于5—12岁的儿童,它们也说明了针对不同的问题应采用不同的探究活动或方法。

科学加工技能从学习心理学的角度来考察实际上是一个技能群或技能组合。其中包括五种最基本的技能:一是提出问题,儿童的科学问题五花八门,为便于教师应对可分成四类:表现好奇心和兴趣的问题;想要获取信息的问题;具有复杂性和哲学性的问题;可调查研究的问题。二是提出假设和预测,假设就是以一种观点去解释观察获得的证据或解释事物之间的某种联系。假设本身包含了观点的使用。提出假设就是承认可能存在多种解释。这是一种科学的态度。

预测就是试图以一种观点去解释将要发生的事件。它可以分成假设预测与猜测预测。三是收集证据。四是得出结论。五是交流推广。

④ 儿童的科学学习策略。学习策略是指学习者自觉和不自觉地调控自己的学习活动以求提高学习效率的计策和谋略。科学学习策略是指学习者自觉或不自觉地调控自己的科学学习活动以求提高科学学习的效率的计策和谋略。有学者认为，儿童在科学学习方面表现出来的学习策略约有 11 种：顺从指导、兴趣诱导、逼上梁山、举一反三、逆向思维、总结经验、汲取教训、边做边悟、互动互励、头脑风暴、合作学习。①

第二节 学前儿童科学教育的发展

一、我国学前儿童科学教育的沿革

1. 蒙学读本中的科学启蒙

借助于大量的蒙学读本，我们可发现一些当时儿童科学教育的内容和方法，对古代的儿童科学教育有一个大致了解。②

如西汉史游编纂的《急就篇》中写有："稻黍秫稷粟麻粳，饼饵麦饭甘豆羹。"帮助儿童认识五谷。

南北朝周兴嗣编写的《千字文》中有关于自然现象的介绍："日月盈昃，辰宿列张，寒来暑往，秋收冬藏……云腾致雨，露结为霜……海咸河淡，鳞潜羽翔。"

宋代学者王应麟的《三字经》中就有介绍数、日、四时、五行、六谷、六畜等基本自然常识的内容。如："稻粱菽，麦黍稷，此六谷，人所食。马牛羊，鸡犬豕，此六畜，人所饲。……蚕吐丝，蜂酿蜜……"

宋代方逢辰的《名物蒙求》专门介绍自然和自然界各种名物知识，包括天文、地理、鸟兽、花木、日用品、耕种操作等等，注重介绍常见常用的各种现象和事物。如："高平为原，窈深为谷；山脊曰冈，山足曰麓。……小路为径，通道为衢；闹则市井，静则郊墟。……云维何兴，以水之升；雨维何降，以云之蒸。"

明清流传的杂言书《百花门》中写道："花卉枝叶，根蒂苞葩；果实子核，普蕊茎芽；牡丹芍药，木樨桂花；海棠石榴，水仙梅花。"

清末，张士瀛的《地球韵言》中有："大地椭圆，旋转如球；东半西半，分五大

---

① 樊琪：《科学学习心理学——科学课程的教与学》，中国轻工业出版社 2002 年版，第 177—178 页。
② 王志明：《幼儿科学教育》，江苏教育出版社 1990 年版，第 6—7 页（有改动）。

洲……摄引全球，专赖引力；绕日而行，八星居一。"

由上所述可看出古代的儿童科学教育主要局限于解释常见的科学现象、农作物知识等，而且主要通过蒙学读本结合识字教育进行。

2. 近代儿童科学教育的萌芽

我国的儿童科学教育通过专门设置的自然课程进行，是在清代同治年间。当时开始设立同文馆，同文馆中有"格致"一科的设置，这是我国设置自然科学课程的开端。1903年（光绪二十九年）正式公布的《奏定学堂章程》（又称《癸卯学制》）中，初等和高等小学堂中讲授科目均规定有"格致"一科，"格致"的内容包括动植物、矿物、理化、卫生等。从此，我国的儿童科学教育开始通过设置专门的自然课程进行。

《奏定学堂章程》对学校系统、课程设置、教学方法、学校管理等都作了具体规定，如第一阶段为初等教育，设蒙养院四年。《奏定蒙养院章程及家庭教育法章程》虽未设立专门的幼儿科学教育课程，但要求教育内容以"儿童最易通晓之事情，最喜好之事物"为限度。教育方式采用游戏、歌谣、谈话和手技，"手技"中写有："……于蒙养院附近之庭院内，播草木花卉之种于地，浸润以水与肥料，使观察其自发生以至开花、结实等各形象。……诸如此类，要在引导幼儿手眼，使之习用于有用之处，为心知意兴开发之资。"不难看出，此时已开始注意在幼儿中进行科学启蒙教育。

1924年，著名的幼儿教育家陈鹤琴先生在《现今幼稚教育之弊病》一文中指出：幼稚园"与环境的接触太少，在游戏室的时间太多……倘使我们不给他玩弄沙土，他断不会知道沙土的性质；倘使我们不让他与猫狗等动物接触，他哪里会知道猫狗等动物的生活……"我们主张"幼稚园的课程可以用自然、社会为中心……儿童的环境不外乎两种：一种是自然的环境；一种是社会的环境。自然的环境就是各种动植物的现象。社会的环境就是个人、家庭、集社、市廛等类交往。这两种环境都是儿童天天要接触的，所以我们应当利用这两种环境作幼稚园课程的中心"①。据此，他的暂行课程设有：音乐、故事、儿歌、游戏、社会和自然、工作、静息、餐点。从此，"自然"就作为幼儿科学教育的课程出现在我国幼儿园课程体系中。幼儿科学教育开始得到了一定的重视。

1932年10月，当时的国家教育部颁布《幼稚园课程标准》，正式将常识课程列入课程标准，明确了常识教育的教育目标和内容。

1935年，商务印书馆出版发行了由雷震清副教授编写的《幼稚园的自然》。

---

① 南京幼儿师范学校编：《一切为儿童——陈鹤琴儿童教育文选》，南京出版社1992年版，第57页。

该书全面阐述了向幼儿介绍自然的目的、教材内容、教学原则、方法和设备,重视户外教学。这是我国第一本供教师用的幼儿科学教育理论书籍。1937年,《幼稚园常识》出版发行。在近代,我国逐渐形成了包括课程设置、课程标准、教材教法等比较完整的幼儿科学教育实施体系。①

 **知识链接**

> 1932年10月,当时的国家教育部颁布《幼稚园课程标准》,正式规定幼稚园设社会和常识课程,明确了教育目标和内容。
>
> **社会和常识**
>
> 1. 目标
>
> (1) 引导对于自然环境和人民活动的观察和欣赏。
>
> (2) 增进利用自然、满足生活、组织团体等的最初步的经验。
>
> (3) 引导对于人和社会自然的关系的认识。
>
> (4) 养成爱护自然物和卫生、乐群、互助、合作等好习惯。
>
> 2. 内容大要
>
> (1) 习见的鸟、兽、虫、鱼、花草、树木和日、月、雨、雪、阴、晴、风、云等自然现象的认识和研究。
>
> (2) 月、日、星期和阴、晴、雨、雪等逐日气候的填记。
>
> (3) 附近或本园内动植物的观察和采集并饲养或培植。
>
> ……
>
> 当时的常识目标和内容主要侧重于动植物和某些自然现象的认识,采用观察、种植和饲养的方法,注意到了科学经验和事物间关系的教育和对幼儿爱护自然物情感的培养。

3. 现当代儿童科学教育的发展

新中国成立直至20世纪60年代初,我国的学前教育主要沿袭了苏联的做法,幼儿科学教育的任务、内容和方法等在全面学习苏联的学前教育经验的基础上制定。任务和内容都重视系统的、由浅入深的知识授受,以动植物和季节变化为主线进行认识自然的教育。方法上则以教师灌输为主,伴有儿童的观察、种植和饲养。

1951年10月1日,政务院颁布《关于改革学制的决定》,明确规定:实施幼

---

① 施燕:《学前儿童科学教育》,华东师范大学出版社2006年版,第16页。

儿教育的组织为幼儿园。幼儿园收3足岁到7足岁的幼儿,使他们的身心在入小学前获得健全的发育。据此,1952年教育部颁发试行《幼儿园暂行规程草案》,在教养原则中指出:教养员应尽量利用环境、实物并用多种多样的教养方法,启发幼儿的兴趣,训练幼儿的感官,以发展其求知欲。教养活动项目暂定为体育、语言、认识环境、图画、手工、音乐、计算等七科,其中认识环境包括日常生活环境、社会环境和自然环境,并有自然环境的教学大纲和教学任务。

"文革"时期,我国的学前教育事业遭到重创,幼儿科学教育从课程到内容全部取消,该领域的发展停滞不前。

20世纪70年代末到80年代中期,幼儿园常识仍采用50年代的教材教法,无论是在内容上还是在方法上都已显得陈旧,无法适应社会发展的需要和满足幼儿身心发展的需求。1981年10月,教育部颁布了《幼儿园教育纲要(试行草案)》,详细规定了幼儿园各年龄段常识教育的任务内容和要求。具体任务如下:丰富幼儿关于自然和社会方面粗浅的知识,扩大他们的眼界,培养他们对认识社会和自然的兴趣和求知欲望,逐步形成对待人们和周围事物的正确态度,发展幼儿的注意力、观察力、记忆力、想象力、思维力和语言表达的能力。

 **知识链接**

1981年10月,教育部颁布《幼儿园教育纲要(试行草案)》,其中规定的大、中、小三个年龄班的常识教育内容和要求为:

小班

(1) 知道自己的姓名、性别、年龄和家庭主要成员的姓名。

(2) 认识幼儿园、老师和同班小朋友。

(3) 认识日常接触的玩具、餐具和家具的名称、用途,并会正确使用。认识几种服装,知道它们的名称,熟悉穿脱的方法和顺序,懂得爱惜衣物。

(4) 认识幼儿园周围环境及与幼儿生活有关的成人劳动,知道他们的工作跟人们的关系,尊敬他们和他们的劳动。

(5) 认识二三种常见的交通工具,知道它们的名称、外形特征和用途。

(6) 知道"六一"国际儿童节是小朋友的节日。

(7) 认识四季给幼儿印象最深的特征和人们的活动。

(8) 认识常见的三四种蔬菜、水果,一二种花草、树木,知道它们的名称、明显的特征和主要用途。在成人的帮助下,学习种植一二种种子大、容易生长的植物。

(9) 认识常见的家禽、家畜、野兽各二三种和鱼一二种,知道它们的名称、明显的外形特征、叫声、吃什么东西和某些动物对人们的益处。在成人帮助下饲养小动物,爱护小动物。

中班

(1) 知道父母的职业、家庭和幼儿园地址。

(2) 认识几种常见的材料制成的日用品,知道它们的名称、特征和用途,并会正确使用。

(3) 认识周围环境中和幼儿生活有关的地方,知道这些地方是干什么的以及在这里工作的成人的劳动。

(4) 认识几种常见的交通工具,从外形特征和用途比较明显的不同点。知道一些交通规则,听从人民警察的指挥。

(5) 认识日常生活中常见的二三种机器,知道它们的用途,并认识开机器的劳动。

(6) 知道"五一"国际劳动节是工人、农民、教师、售货员等劳动人民的节日。知道"十一"是国庆节,元旦是新年。

(7) 认识家乡的自然风景、著名建筑、名胜古迹,爱家乡。

(8) 知道五星红旗是国旗,尊敬国旗。

(9) 知道四季的名称,认识其明显特征及四季里成人的劳动和儿童的活动。

(10) 认识常见的蔬菜、水果、花草、树木各二三种,知道它们的名称,根、茎、叶、花、果中某些部分的外形特征,比较其明显的不同点。种植几种容易栽培的植物,观察它们的生长变化,知道植物的生长不可缺少土壤、阳光、空气和水。

(11) 认识常见的家畜、家禽、鸟、鱼、昆虫和野兽各一至三种,知道它们的名称、习性、外形特征、公用和危害,比较其明显的不同点。

(12) 在生活和游戏中培养幼儿对其他自然科学现象的兴趣,如水遇冷结成冰,冰遇热又化成水;磁铁能吸铁;颜色的变化等。

大班

(1) 认识三四种材料制成的日用品,知道这些材料的名称、特性和用途,并进行分类。

(2) 认识与人们生活有关的商店和公共场所,认识并尊重在这里工作的成人的劳动。知道"三八"国际劳动妇女节是奶奶、妈妈、阿姨们的节日。

(3) 认识几种海、陆、空交通工具,比较其异同,并进行分类。

(4) 认识常见的生产工具和大型机器,知道它们的名称和用途,知道用机器生产又快又好又省力。

(5) 简要介绍我国几个主要的少数民族,从服饰和某些生活习惯辨别他们,知道我国是个多民族的国家,尊重少数民族。

(6) 知道祖国首都——北京。北京有天安门、天安门广场、人民英雄纪念碑、毛主席纪念堂和人民大会堂等。

(7) 知道祖国的全称是中华人民共和国,自己是中国人,台湾是我国的领土。知道"七一"是中国共产党的生日。

(8) 认识小学,初步了解小学生的学习生活,为入小学做准备。

(9) 根据气温的高低、动植物生长变化的情况及人们的活动,认识四季的特征,知道其顺序。学习认识寒暑表,用阿拉伯数字、图画作简单的气象日志(气温、天气)。

(10) 认识常见的蔬菜、水果、干果、树木、花草和当地的主要农作物各二三种,比较其异同,并进行分类。区分常绿树、落叶树。参加力所能及的田园劳动。采集各种树叶、种子和野生植物,学习简单的保存方法。

(11) 认识家禽、家畜、鸟、昆虫和野生动物数种,从它们的外形特征、习性、功用与危害比较其异同,并进行分类。辨别几种常见的益虫和害虫,知道它们的外形特征和生活习性,知道人们怎样利用益虫防治病虫害,知道要保护对人们有益的动物,消灭有害的昆虫。学习饲养几种小动物,观察其生长变化及与人们的关系。

(12) 在生活中观察风、雨、雪、雷、闪电、虹等自然现象,知道风、雨、雪对人们生活的益处和危害。

在生活和游戏中培养幼儿对其他自然科学现象的兴趣,如镜子会反光;在水里有的东西浮起来,有的东西沉下去;可以使电铃响、风扇和风车转、电灯亮等。

1982年,根据该纲要出版了全国统编教材《常识(教师用书)》。

20世纪80年代初到80年代中期,西方早期儿童教育理论、发展心理学理论的引进丰富了幼教界的研究,重视早期儿童的智力发展成为当时的重点。这一时期的自然常识教育基本上是为智育服务的,内容上局限于认识自然现象和自然物;方法上虽然重视幼儿的直接观察,却仍未摆脱教师讲解、幼儿观察与听讲的模式。这种模式只满足于幼儿接受知识而忽视了幼儿的动手操作、探索学习的主动性。

20世纪80年代后期到90年代初期,随着教育改革的深化,幼教界除引进早期儿童教育理论外,还借鉴了国外现代儿童科学教育的有益经验。在自然常识教育的经验基础上,以"科学教育"取代了原有的常识教育,对幼儿科学教育进行了科学研究和较全面的改革,并初步建立了幼儿园科学教育和中师、高师研究幼儿科学教育的课程体系。这一时期幼儿科学教育改革的现状表现为:①

第一,明确了幼儿科学教育的目标和任务是:帮助幼儿获得广泛的科学经验,在感知经验的基础上建立概念;发展幼儿的观察、分类、测量、表达、思考等智力技能和学习、探索的方法;发展幼儿的好奇心、探索的兴趣、热爱大自然的情感;培养幼儿的主动性、积极性、独立性、创造性和自信心等良好个性品质。还强调上述各方面的和谐发展,而不是孤立地为智育服务。

第二,在原有基础上扩展和更新了科学教育的内容。把探索人体的奥秘纳入科学教育内容之中,建立了人体和健康的初步纲目:人体外部的形态结构和功能;人体主要脏器的结构和功能;个体的生长发育过程和成人的关心照料;人体生存和发展的必要条件等。把现代科学技术产品列入科学教育的内容,向幼儿介绍丰富多样的现代科技产品,帮助幼儿了解它们的功能和使用方法,以使幼儿适应科学技术迅猛发展的现代社会生活。把生态环境教育纳入科学教育内容之中,培养幼儿的生态意识和环境保护意识。把认识个别物体的属性和认识物体的多样性结合起来,把我国的传统文化、特产与现代科技教育结合起来。

第三,在方法和手段上进行了改革。在学科学的方法上强调参与,让幼儿主动参与科学探索活动,真正成为学习的主体。改变教师讲解、演示灌输知识,幼儿被动听讲、机械记忆的学习模式。让幼儿在与物体、环境的接触、相互作用中获取经验,建构概念,习得感知、分类、测量、思考、表达等智力技能和方法,发展良好的个性。重视创造学科学的环境和提供丰富的物质材料,以保证幼儿在与客观环境的接触和相互作用中探索、发现科学现象,解释科学现象。在教学的组织形式上,认为幼儿园的科学教育不应仅依赖于上课,而应贯穿于一日活动中,让幼儿在正规性的科学活动中学习,又通过非正规性的科学活动和偶发性的科学活动学科学。幼儿科学教育的场所不仅在室内,还应尽可能扩展到室外;不仅在幼儿园里学科学,还应在家庭、社会中进行科学学习。

1996年中国学前教育研究会与南京师范大学等单位合作,在南京召开了第一届全国幼儿科学教育研讨会,在幼儿园常识教育改革的基础上,建立了"幼儿科学教育"的理论与实践框架。十年来,幼儿园科学教育的研究与实践发生了巨大的变化。期间,教育部于2001年10月颁布《幼儿园教育指导纲要(试行)》,将幼儿园数学教育也纳入到科学领域中。《纲要》明确地将"自主探究"和"回归生

---

① 王志明:《幼儿科学教育改革综述》,《幼儿教育》1994年第11期(略有改动)。

活"作为幼儿园科学教育的主旨,既是对以往研究成果的总结和概括,又是对今后幼儿园科学教育领域改革和研究方向的指引,具有重要的意义。

国内学者张俊认为近十年来幼儿科学教育领域大致有四个特点:[①]

一是探究式科学教育研究。幼儿园探究式科学教育研究倡导于20世纪80年代末。20世纪90年代以后,在幼儿园课程改革的背景下,幼儿主动发展和活动教学等观念逐步深入人心,探究式科学教育因其对幼儿主体性的关注和对操作活动的强调,也开始被越来越多的实践者接受。从世界范围看,《美国国家科学教育标准》的颁布和法国"动手做"科学教育项目的推广,对我国幼儿园开展和推进探究式科学教育研究起到了积极的影响作用。尤其是2001年,教育部和中国科协正式发起、共同倡导和推动了"做中学"科学教育实验项目,将法国的成功经验介绍到中国,在幼儿园和小学中进行"动手做"的探究式科学学习和教育。探究式科学教育的研究是中国幼儿园科学教育改革的实质所在。

二是科学、技术与社会教育的研究。科学、技术与社会教育即STS教育,是20世纪70年代起在西方兴起的一种科学教育新取向。它强调科学知识的应用和科学的价值取向,即科学要为促进人类的进步和幸福服务,进而形成一种全新的科学观,即从科学、技术和社会三者的紧密联系来看待科学。STS教育的特色是:重视技术教育,主张向儿童介绍一些技术知识,让儿童了解技术的中介作用;强调知识的运用,主张让儿童通过参与社会生活和解决实际问题来获得对科学知识的理解;主张让儿童了解科学技术与社会之间的关系,以形成儿童对科学价值的认识。

三是科学教育生活化的研究。"回归生活"是《纲要》所着重强调的一个观念。它是针对20世纪90年代幼儿园课程发展中过于学科化、远离幼儿生活的倾向而提出的。此外,教育生活化的提出,也和"生成课程"理念在世纪之交得到广泛传播不无关系。

四是科学教育和其他领域的渗透、融合研究。幼儿园课程改革兴起以来,关于幼儿园课程模式的争论就一直徘徊在分科与综合的摇摆之中。20世纪90年代末开始,在瑞吉欧教育体系影响之下幼儿园课程改革又出现了一波"反学科化"的趋势,课程整合成为人们关注的焦点。针对学科化课程存在的割裂幼儿学习整体性的问题,人们探索以某种整合的方式进行科学教育活动,从而出现了"研究性学习"、"主题探索活动"等各种实质相似的教育形式。《纲要》则明确地将科学教育作为幼儿园课程的一个领域,但又提出"各领域之间应该相互渗透"。

---

① 中国学前教育研究会课程与教学专业委员会主编:《幼儿园科学探究的教与学》,南京师范大学出版社2006年版,代序。

在《纲要》精神指导下,科学教育的课程研究开始出现"领域+渗透"的新模式。

二、国外学前儿童科学教育的发展

1. 美国的学前儿童科学教育

20世纪50年代,苏联人造卫星上天和科学技术的迅猛发展,极大地刺激了美国朝野,促使美国教育进行了深刻的反思,迫切感到加速培养高质量的科技人才,提高科学技术水平的重要性。为确保美国在世界上的领先地位,也为了使个人能更好地适应未来的社会生活,美国对教育包括科学教育进行了较大范围的改革。由于当时科学教育的目标是培养科学家,颇受诟病,60年代末就中止了这项改革。

20世纪80年代的科学教育目标由60年代培养科学家转向面向全体学生,无论他今后是否从事科学工作。1983年,美国联邦教育部发表了《全美天才教育委员会的报告:国家在危机中》,其中就提出:科学课务必要进行修改,要适应现代化,要利于那些不准备进大学的人,又要兼顾准备考大学的人。

1983年,美国开始了以提高全美国人的科学素养为主要目标的科学技术教育计划,美科技界、教育界提出了"为全美国人的科学"的响亮口号,制定了长达25年的计划。这一年适逢哈雷彗星造访地球,而下一次哈雷彗星飞过地球的时间是2061年,因此美国科促会将该计划命名为"2061计划",其目的在于帮助国家的学校教育体制进行转变,使所有学生受到良好的科学、数学及技术教育。"2061计划"在美国和西方发达国家的未来发展战略中具有极高的影响和地位。该计划认为:[①]"教育的最高目标是为使人们能够过一个实现自我和负责任的生活做准备。科学教育——传授科学、数学和技术——是教育的一部分,这些知识有助于增进学生的理解,养成好的思维习惯,使他们变成富有同情心的人,使他们能够独立思考和面对人生。……美国的未来——建立真正公正社会的能力,维持经济繁荣的能力以及在被敌意分裂的世界中保持安全的能力——越来越取决于国家能否向全体美国儿童提供高质量并具有本国特色的教育。""2061计划"通过1989年的《面向全体美国人的科学》的报告对学生经过从幼儿园直到高中毕业这13年的学习之后应具有什么样的科学素养作了全面的描述。"2061计划"还提出了未来儿童和青少年从小学到高中应掌握的科学、数学和技术领域的基础知识的框架,包括主要学科的基本内容、基本概念、基本技能,学科间的有机联系,以及掌握这些内容、概念和联系的基本态度、方法和手段。这份报告所

---

① 美国科学促进协会著,中国科学技术协会译:《面向全体美国人的科学》,科学普及出版社2001年版,导言。

提供的实际上是为学生们制定的一整套学习目标,学生们照着这些目标来学习就能使自己最终步入成年时成为很有科学素养的人。随后1993年发布的《科学素养的基准》更着重于探讨怎样使学生朝着具有科学素养的目标进步,并对某一特定年级应该达到的标准提出了建议。这两个报告所渗透的思想把美国人对教育改革尤其是科学教育改革的努力引向了一个共同方向。美国从国家到州、市及具体的课程设计者及师范院校在制定一系列有关科学教育的标准、课程实施时都会参考这两个报告。目前该计划仍在进行之中。

  1996年之前,美国尚没有全国统一的学前儿童科学教育大纲。州和地方教育当局提供各种儿童科学课程方案,教师可根据需要选择合适的科学课程方案。1996年初,美国国家科学院推出《美国国家科学教育标准》,它将国家科学教育标准分解为科学教学标准、科学教师的专业进修标准、科学教育的评价标准、科学内容标准、科学教育大纲标准和科学教育系统标准等六个要素。该标准的导言中提到"美国教育质量的高低,关键掌握在地方,因为学生们要学些什么完全是由各地的教育委员会和教师委员会来决定的。国家标准就是给各州、各地方的学校人士和社区提供的判断依据,帮助他们判断什么样的课程、什么样的教师进修活动或者什么样的评价项目才是合适的。国家标准有助于各地制定出能使科学教育的改革工作步调统一、目标一致、首尾如一进行下去的政策"[1]。由此可见,《美国国家科学教育标准》的推行,改变了美国科学教育一直以来没有统一要求、自由选择、各自为政的局面。

案例

> **案例1-3　美国幼儿园怎样实施幼儿科学教育活动案例**[2]
>
>   这个教学活动主要向幼儿介绍观察、预测和验证三个抽象的科学术语,同时让幼儿理解与此相关的三种科学研究过程。在学习新内容之前,幼儿已经熟悉了视觉、听觉、嗅觉、味觉和触觉这五种感觉,也能够通过看、听、闻、尝和摸来获取新信息。教学活动从教师的提问开始。教师问幼儿,五种感觉分别与身体的哪一部分有关系,"我们用哪儿看东西?用哪儿听声音?"说着,教师拿出一个红苹果。看到苹果,孩子们的注意力一下子集中了过去。

---

  [1] 美国国家研究理事会著,戢守志等译:《美国国家科学教育标准》,科学技术文献出版社1999年版,第16页。
  [2] 刘彤、王斐:《亲历美国幼儿教育之九——幼儿园的科学教育》,《早期教育(教师版)》2005年第6期。

他们迫不及待地说："我爱吃甜苹果"，"我们家有绿苹果"……这时，教师提示幼儿，他们可以用五种感官"观察"这个苹果，"每个人都有一次机会，老师还将把你们观察的结果记在一个表格里"。听教师这么一说，孩子们的话匣子一下子打开了：苹果的颜色是红的，没有声音，表面是光滑的，是凉的等等。教师记录下幼儿的观察结果，并告诉他们，科学家们也是这样把他们观察到的内容记录下来的。活动之后，教师会将这张记录表格贴在活动室的墙上，并一直保持到下次活动。第二天，教师告诉幼儿，科学家在没法直接观察事物的时候，就会根据自己已经知道的进行预测，就像小朋友们猜明天是晴天还是雨天一样。然后，教师让幼儿预测苹果的里面是什么。孩子们说：苹果里面是甜的，是白颜色的，里面有苹果籽……教师又让儿童预测苹果里面有多少粒苹果籽。教师把孩子们的预测记录下来，并把苹果切开，让幼儿轮流观察，数一数里面究竟有多少粒籽，以此验证孩子们的预测。

2. 日本的学前儿童科学教育

二战以来，日本的文部省分别在1948年、1956年、1964年、1989年和2000年颁布了五个幼儿园教育大纲。1989年3月颁布的《幼儿园教育大纲》在1964年颁布的《幼儿园教育大纲》基础上经过了长期的酝酿和修改，将1964年的《大纲》中规定的六项教育内容（健康、社会、自然、语言、音乐、绘画和手工）改为健康、人际关系、环境、语言、表现五个领域，体现了日本社会对人才培养的新要求。新大纲指出，幼儿园教育的宗旨是：根据幼儿特征，通过环境来进行幼儿教育。幼儿园教育的目标是：① 培养健康、安全、幸福的生活所需要的基本生活习惯和态度，打好幼儿身心健康成长的基础；② 培养对他人友爱与信赖之心，培养自立、与他人合作的态度及良好的道德品质；③ 培养对自然等周围事物和现象的兴趣、关心和喜爱，从中得到许多快乐，提高思考能力；④ 培养在日常生活中对语言的兴趣和关心，养成积极听、说、问的态度以及对语言的感受力；⑤ 通过多种多样的体验增加丰富的感性认识和培养创造性能力。

根据上述目标，规定环境（与周围环境有关的领域）的教育内容为：① 在接触大自然的活动中，领悟到自然界的宏大、美丽和奇妙；② 注意到因季节的变化而造成自然界和人类生活的变化情况；③ 对自然等周围的事物和现象感兴趣并以此为中心进行一些游戏；④ 亲近周围的动植物，并加以珍惜和爱护；⑤ 爱惜周围的物品；⑥ 在游戏中，使用周围的物品进行思考和尝试；⑦ 对玩具和用具的结构和构造感兴趣；⑧ 在日常生活中对数量和图形感兴趣；⑨ 对与生活有密切关系的信息和设施感兴趣；⑩ 通过幼儿园内外的一些活动，亲近并喜爱国旗。

2000年,日本又一次修订并颁布了《幼儿园教育大纲》,将环境领域的目标改为:培养幼儿怀着好奇心和探究心去与周围各种各样的环境交往,并把交往中学到的东西运用到生活中去的能力。

日本的学前儿童科学教育的主要特点有:① 重视幼儿兴趣、情绪情感和态度的培养。大纲中,多次提到培养幼儿对事物的兴趣,喜欢各种活动,并从对事物的观察、接触中得到满足,受到感动,获得快乐;培养幼儿注意观察、亲手操作、坚持不懈等良好的学习态度等。这是大纲着重强调的内容。即使在幼儿不同的发展阶段,在进行有关知识技能方面的教育时,培养幼儿的兴趣、情绪情感和态度也是不可忽视的,是第一位的。② 幼儿和环境相互作用,独立自主地发展。大纲提出,保教人员应更多地注重幼儿和环境相互作用,提倡幼儿独立自主地发展;鼓励幼儿去尝试自己想做、自己愿意做的事,让幼儿从自身的兴趣和欲望出发,独立自主地活动。③ 五个领域的教育内容是通过游戏综合进行的。日本的幼儿教育界非常重视游戏的重要作用。大纲在第一章"总则"中明确指出,作为幼儿自发活动的游戏,是幼儿身心协调发展的基础,要重视游戏,教育内容是在游戏中进行的。

3. 法国的学前儿童科学教育

在法国,3岁的幼儿就开始接触科学教育了,其目的不是为了培养诺贝尔奖获得者,而是为了更好地培养孩子的思维品质。从小注意培养孩子对事物的独立看法,进行有根据有条理的思考,是法国科学教育追求的目标之一。同时,积极鼓励孩子提出问题,并以此作为教学的资源。法国教师几乎每一个人都有记录学生所提问题的习惯。翻开他们的教学方案,在科学主题下,就是学生所提出的各种各样的问题。教师首先要对这些问题进行选择,然后确定教学方案。他们认为,关键是创造提问题的环境,让孩子们意识到,他们能提问、可以提问且有权利提问。这些做法使孩子们切身感受到,课堂上的科学探究活动是真实的,他们是为寻求未知的答案在努力着,科学探索是要靠研究问题不断推动的,对外界事物不断地提出问题是十分重要的。法国科学教育把科学态度与价值观的形成放在了极重要的位置。他们力图通过以实验为基础的科学教学,让孩子们从小懂得事实最为重要,证据是说明事实最为有利的载体,尊重事实是最起码的科学态度。他们力图通过培养孩子对实验现象的解释能力,发展对事物进行缜密而有逻辑的思考,增进科学推理的能力。也力图通过激励和引导孩子们提出问题,使之养成良好的质疑习惯,培养其洞察力。法国学前儿童科学教育中对我国较有影响的主要是"动手做"项目。

美国的科学教育实验计划——"hands-on"(动手做)是一种由美国科学家总结出来的教育思想和方法,旨在使学生以科学的方法学习知识,强调学习方法、思维方法、学习态度的培养。这种教学活动在美国已经开展了14年。1992年,法国国民教育部派出了以学者、诺贝尔物理奖获得者乔治·夏帕克先生为首的代表团,专程到美国考察"动手做"科学教育改革。回法国以后,夏帕克先生写道:"在教室里,人们为学生表现出这一阶段少有的求知欲、好奇心和全身心的投入而感到震惊。教育质量无可挑剔。"他建议在法国小学里进行类似的科学教育改革。这一建议得到法国国民教育部和法国科学院的支持。1996年,法国引入这个项目,命名为LAMAP(其含义是"动手和面团吧"),由法国科学院付诸实施。

夏帕克先生总结说:"我们不仅在培育学生学习的方法和态度,也在培育他们对待生活的方法和态度。我认为这就是在通过基础教育,培育一种适应于新世纪知识经济社会的新文化。"

1994年,作为世界科学联盟科学能力建设委员会的成员,中国科学院院士、教育部副部长韦钰参加了每年一度的研讨工作会议,并于1996年、1999年利用出国机会参观了法国的"动手做"项目,于1997年参观了美国的"动手做"项目。2000年中国教育部和法国科学院签订协议开始进行此项目并命名为"做中学"。

"做中学"的基本理念为强调科学实践,强调从周围生活中取材,强调科学家的参与,适用于从幼儿园、小学到中学的科学教育。

(1)"做中学"的基本含义

强调在科学活动中引导学生动手动脑亲自实践,让学生充分体验科学探究、科学发现的整个过程,从而发展学生探究与解决问题的能力。它既注重在"做"的过程中培养幼儿对自然科学的兴趣,让孩子通过观察、提问,自己提出解决问题的假设,动手实验;让幼儿选择相关材料,记录实验内容并在讨论交流实验结果的基础上,建构起对自然科学及其规律的认识;更强调在体验和学会科学探究的基本方法中为幼儿形成良好的科学素质打下基础。

(2)什么是"做中学"的方式

活动的基本过程包括观察——提出问题——教师判断是否有价值——猜想和假设——做实验,自己设计实验方法(反复实验,挖空心思,智慧思维充分发展)——得出结果,记录实验表格——分享交流。

(3)教师如何教科学

① 让孩子有表现自己的机会:教师要捕捉孩子们的闪光处。如:冬天的某一天,外面下起了很厚的雪,某个小朋友和妈妈上幼儿园,坐在车里时,妈妈说下这么大的雪,应该撒盐了。孩子问,为什么要撒盐啊,妈妈说撒盐雪会很快地化掉。到了幼儿园后,孩子飞快地跑进教室,边跑边找杯子,老师问你拿杯子做什

么啊,孩子说,妈妈说外面要撒盐,雪会化得很快,我想看一看是不是撒盐后真的会化得快。老师抓住了这个闪光点和良好的契机,招呼其他小朋友一起来看,并让小朋友猜,究竟会不会化得快,再猜一猜还有什么情况下雪会化得快呢?就此让老师随机产生了主题。寻找方法的过程中,教师引导幼儿思考:你是怎么知道谁对呢?怎么证明?怎么实验呢?

② 提出相关问题。先是提问相关的问题,每位教师实验记录本的第一页都是孩子们最关心的问题。要求教师认真倾听每个孩子的问题,并仔细体味孩子似乎无绪的话语,从中寻找好的契合点。

③ 猜想与假设。猜想的原则是必须能验证的,否则无意义。猜想可以是现象原因的猜想、结果的猜想、方法的设计与设想;多些猜想,把主动学习融入到设计中去。

④ 记录。记录使人思路清晰,条理清楚;它是实验的足迹,对比的依据。

(4)"做中学"特别强调的学习方法的四个环节

① 面对问题要学生提出假设,引导学生动手之前先动脑。

② 动手实验,这是一个非常重要的环节。它的目的是证实或推翻实验前自己提出的假设。让结果的真实性来证明,让孩子从亲历的事实中得到结论。

③ 记录实验信息,这不仅是学生学科学的记录,也是他们成长的真实记录。

④ 表达交流,让学生从中学会相互尊重、相互交流、经验分享与合作。

知识链接

"做中学"教育原则

1. 十分珍惜孩子的好奇心。引导他们注意观察周围的某一件物品、某一种自然现象,或考察现实世界中发生的某一件事,鼓励孩子提出问题。勒德曼教授曾说:什么是科学家?首先是会问"为什么"的人。要十分爱护儿童的好奇心。

2. 当问题提出来以后,不是老师直接给出答案,甚至设计好实验,让学生去操作以验证老师给出的结论。而是强调一定要引导学生去探索。在探索的过程中,孩子自己提出假说,设计实验,进行说理和辩论,以利于孩子养成相互讨论,把自己的想法告诉别人和倾听别人意见的习惯。老师不轻易否定孩子的想法,而是鼓励他们进行讨论和尝试。

3. 在老师的引导和建议下，孩子们自己动手做实验。在实验的过程中，同样要求学生注意观察、提问、设想、验证。动手实验以后，学生要向班级的同学做报告（演讲），大家再对实验的结果进行讨论，以得到正确的结论。整个过程按教学要求和科学实验的规律分成阶段，在老师引导下循序渐进。

4. 孩子们每人要准备一本记录本，用他们自己的语言记录下实验过程中的想法和活动情况，最后把正确的答案记录下来，可以和自己原来的想法作对比。幼儿园的孩子不会写，就用画图代替。

5. 在对某个主题进行教学时，一般应安排若干个星期的时间，每星期至少三小时。整个小学阶段的"动手做"活动的内容与教学方法要有连贯性和整体安排。为了让所有的孩子都能参与，班级的人数不宜超过30人。为了能把科技课和语文等其他课程结合，统一调度时间，幼儿园和小学低年级的老师应是包班的，而不是分科目的。

6. 实验活动的设计要让学生逐步掌握科学概念与操作技术，同时学会用书面语言和口语进行表述，对所学的知识加以巩固。

7. 学生家长和学生所在街区应该参与支持课堂教学与实验活动。

8. 学校附近的大学和工程师学校中的科学家要运用各自的知识和条件帮助学生搞好这项实验。

9. 地方的教师培训中心（IUFM）应该提供帮助，让从事"动手做"实验活动的教师能够运用培训中心的教学理论与教学经验。

10. 教师们可以从因特网上（http://www.inrp.fr/lamap）下载可直接使用的教学模块、活动思路及问题答案；他们也可以和其他教师或科学家进行合作和对话，共同探讨教学方法。

摘自【资料】《LAMAP10项原则》

案例

案例1-4 "做中学"活动案例——我们能制造风吗①

活动目标

尝试利用多种方法制造风。

---

① "做中学"科学教育实验项目专家组、东南大学学习科学研究中心编：《"做中学"在中国——幼儿园、小学科学教育案例》，教育科学出版社2004年版，第57—59页。

活动材料

幼儿寻找、收集相关材料：扇子、吹风机、电风扇、木板、纸板、气球、报纸等以及自制的风中玩具。

情境与提问

教师手拿一件风中的玩具在屋子里玩，引导幼儿发现：玩不起来。此时教师及时提问："为什么（没有风）？能不能在屋里玩？怎么玩？"并提出具有挑战性的问题："没有风的时候你怎么让这些玩具在屋里也能玩？"并鼓励幼儿动脑筋想办法。

猜想活动

幼儿将选择的玩具、猜想的方法用绘画的形式记录下来。

探索活动

幼儿选择材料，尝试用多种方法制造风。

有的幼儿用嘴吹风车的扇叶，风车转动起来。有的幼儿用手掌扇小人，"风太小，小人没有动"。有的幼儿用纸板、扇子扇花穗、小鸟，花穗飘起来，小鸟飞起来。有的幼儿用电风扇、吹风机吹风筝、降落伞，风筝、降落伞飞起来。有的幼儿在屋里跑动，彩带飘起来、风车转起来。有的幼儿把气球吹鼓后撒气，蝴蝶飞起来。"对着手撒气，感觉凉凉的，有风。"有的幼儿用塑料袋装满空气，扎孔后让空气跑出来吹动滚筒……幼儿将实验结果逐一真实地记录下来。

交流与分享

"你玩的是什么玩具？""怎么玩的？"教师请幼儿用语言描述自己的工作。例如：

"我想让风车转动起来，我就用扇子扇，用吹风机吹，结果都成功了。"这时，教师发现了石雨韩的记录，他也用图画纸扇过风车，却失败了。教师问："用图画纸扇为什么没有成功？"

"图画纸太软了，扇不了。""有什么办法让图画纸变得硬起来？"石雨韩想了想，找来一摞图画纸，再次扇。结果，石雨韩发现风车还是不动。教师引导他："你对着风车的扇叶试试。"这下，石雨韩终于成功了。教师再次引导："你再对着风车的其他位置试试。"石雨韩终于发现了使风车转动的奥秘。

教学建议

在幼儿探究过程中，教师应给予肯定与鼓励并适时适当地引导与点拨，帮助幼儿发现风向不同、风力不同与玩具是否玩得起来之间的相互关系，让幼儿在亲身实验、相互交流过程中有所收获。因为实验材料涉及电风扇、吹风机等电器，所以要对幼儿进行必要的安全教育。

活动延伸

随着探究的进展,教师可以引导幼儿将他们对风的大小、方向的新经验,不断充实到班内的天气预报活动之中。每天边收听广播中的天气预报边运用观察的方法进行自我验证。"滚筒往葡萄架方向滚,今天的风是从大门方向吹来的。""国旗旗面是平的,今天刮的是大风。请大家注意防风防尘。"

关于风的活动,多年前的常识课里教师们就进行过许多有益的尝试。这些活动主要集中在让孩子认识风的特点、在风中做游戏、玩各种借助风的玩具如风车、风筝等。也有些教师尝试着带领幼儿探究风的形成,但这一内容对孩子来说确有一定的难度。本案例用"做中学"的理念诠释了关于风的活动,使我们对"做中学"的内涵有了直观的体验和认识。

4. 英国的学前儿童科学教育

(1) 英国学前儿童科学教育的兴起

由于在20世纪国际经济竞争中,英国处于不利地位,这使得英国政府多次直接干预科学教育。1988年,英国政府发表题为《5—16岁儿童科学教育政策》的白皮书。这是英国历史上首次提出国家科学教育政策。这个白皮书动员全社会关注儿童科学教育,一时在社会上形成兴办少年儿童科技博物馆、举办科学活动周的热潮。随后,英国进行全国基础教育的课程改革,组成了十几个专题课程研究委员会,重点仍然是自然科学课程。在此背景下,学前儿童科学教育得到了前所未有的关注和发展。[1]

但是,在具体实施中遇到了阻力:幼儿教师科学知识贫乏,难以承担科学教育改革的任务。这一状况引起了英国社会各界的关注。各种教育基金会、地方教育当局以及高等教育机构联合为教师进修科学课程筹集基金,支持举办一系列科学课程讲习班,并为顺利完成学业的教师颁发合格证书。

(2) 英国学前儿童科学教育的目标与内容

在英国"全国学校课程"中,科学与英语、数学并列为三大核心课程,所有5—16岁的儿童都必须接受法定的科学教育。5—16岁的儿童分为四个教育阶段,5—7岁为第一阶段。科学课程大纲有17个目标,每个目标又分为10级。处于第一教育阶段的5—7岁儿童相应的级别范围为1—3级。在英国1988年颁布的《教育改革法》中,除了将科学课列为核心课程外,还将技术课作为英国5—16岁儿童必修的基本课程之一。技术课分为两大部分:设计与技术能力、信

---

[1] 李济英:《英国科学教育从娃娃抓起》,《河南教育》1995年第1期。

息技术能力。英国从2000年9月开始实施的《基础阶段教育（3—5岁）课程指南》中，共提出六个学习领域：个性、社会性和情感发展，交流语言和读写，数学发展，认识和理解周围世界，身体发展，创造性发展。其中认识和理解周围世界领域的内容主要有探索和调查、设计及制作技巧、信息交流技术、感知时间、感知环境、文化和信仰等。

(3) 英国学前儿童科学教育的方法

① "问题解决"教学法[①]。以英国汉普郡乔纳涅预备学校的幼儿建筑课为例，该校教师维克斯蒂德给4岁儿童上"建筑课"是从一个小故事引入的。她先讲述，有一只小牛，站在河边，望着对岸的青草，不知道怎么办才好。"它怎么才能吃到青草呢？"维克斯蒂德问孩子们。孩子们争先恐后地说："过小河。"随后，教师就带孩子去看学校附近的桥，这时孩子们的问题就多了。他们问："桥是用什么做的？""为什么有各种各样的桥？""我们怎么做桥？"教师细心地记下所有问题，还转抄到班内墙报上，署上每个提问儿童的名字。下一步就是让儿童自己设计，建造小桥。他们各自按照自己的计划，用硬纸板搭立体的模型。搭不好，就修改自己的原"设计方案"。教师逐个和他们交谈，指点并帮助他们把纸板粘在一起。"建筑课"的另一项是实地参观房屋建筑工地。孩子们对各种各样的建筑材料很感兴趣，七嘴八舌提了很多问题。为了帮助他们解答，教师就指导他们自己和泥沙，用砖砌小墙。教师分析这个案例时说："我们发展儿童的能力，尽可能创设真实的情景、新鲜的环境，激起孩子们的好奇心，他们就会提出种种问题。然后，指导他们在实际动手过程中，解决问题，发展儿童的创造力。"这种教学方法在西方被称为"问题解决"，它的特点是重视实际情境的创设，诱导学生独立地提出问题，发展他们提出问题的能力，特别是提出新颖的、他人未曾提出过的所谓"非常规性"问题的能力。解决问题的条件是多样的、可变的，因而答案绝不是单一的，可能是多种答案，甚至是无限多的，因而被称为"开放式答案"。因此，不能单靠简单的演绎套用的办法解决问题，更多是依靠灵活、创造性的思维活动。英国教师将该方法引入并应用于学前教育领域，认为只有不断地吸收世界各种科学的教学方法，才能真正提高教师的水平。

② 科学教育游戏化和丰富多彩的儿童假日科学教育活动。不少学校借助电动程序控制玩具，向学生介绍自动控制技术，使科学教育成为师生兴趣盎然的"游戏课"。如在塑料玩具下装小轮，能用电池驱动，配有集成块，使之具有记忆功能。同时，儿童假日科学教育活动也举办得丰富多彩。例如，1995年，伦敦一家科学博物馆举办的儿童科技之夜活动受到8—11岁儿童的欢迎。据主办者珍

---

① 李冈原：《漫谈英国儿童的科学教育》，《家庭教育（婴幼儿家长）》1997年第2期。

妮·戴维斯说,他们举办的这类活动在欧洲尚属首次。在博物馆里孩子们被编进"黄星队"、"绿星队"之后就可自由参观了。晚上的活动是配乐科学知识讲座,与音乐相配合,讲解音频、波形甚至多普勒效应,声像并茂,深深吸引了每个儿童。第二项活动是造型活动。辅导教师指导孩子们用橡胶砖头搭建建筑物。转眼间15英尺高的金字塔就搭建起来了,指导教师要求孩子们推倒他们刚搭成的金字塔,可谁也推不倒它。这时,孩子们就懂得三角锥体的稳定性了。最后,是孩子们自己烧饭——试做意大利面饼。活动结束了,孩子们听着优美的童话故事进入梦乡。

(4) 英国学前儿童科学教育的基本原则

为所有儿童提供有效的学习机会,是英国颁布的关于中小学科学教育的国家课程标准(简称"标准")中对教师提出的最基本的教学要求,是教师在进行科学教育与教学时的出发点。为确保在教学实践中能切实有效地为所有儿童提供有效的学习机会,"标准"提出了提供灵活的教学方案、满足儿童多样的学习需求、克服儿童在学习和评价过程中潜在的障碍等三条基本原则。

本 章 小 结

科学教育是教育的一个组成部分,主要指以数学和自然科学教学为主的一种社会活动,即在各级各类学校中所进行的数学和自然科学教育的总称。科学教育的主要目的是实现人的科学化,包括使人掌握现代科学知识,培养人的科学精神和形成人的科学价值观。

学前儿童科学的主要特点表现为:"学前儿童的科学"是一种经验层次的科学知识;"学前儿童的科学"是一个理论建构过程;"学前儿童的科学"是对客观世界的独特理解。

学前儿童科学教育有广义与狭义之分。广义是指一切促进幼儿学习科学的教育活动。它包含了家庭、社会、幼儿园等各类施教者对于幼儿进行的科学启蒙教育。狭义主要指幼儿园的科学教育,是幼儿园课程密不可分的一个部分,它和其他教育领域如语言、健康、社会、艺术等共同构成幼儿园的课程,促进幼儿在各个方面的发展。

科学教育对幼儿的价值应更多地着眼于儿童的全面发展和对幼儿一生的影响。其作用主要表现在学前儿童科学教育旨在培养幼儿的科学素养,是在幼儿教育中落实"科教兴国"战略的重要举措;学前儿童科学教育能帮助幼儿适应现代社会的变化和发展,学会面对挑战;学前儿童科学教育有助于幼儿的全面发展。

儿童如何学习科学是许多心理学家关注的问题。对此颇有研究的心理学家首推发生认识论的创始人瑞士心理学家皮亚杰,他的认知结构和认知发展阶段的理论对儿童的科学学习与科学教育具有重要意义;苏联的心理学家维果茨基则从概念形成的角度,丰富了儿童科学概念发展的研究。近年来,研究者开始关注于认知发展的领域特殊性问题,强调认知的领域特殊性和朴素的理论观,出现大量关于儿童朴素物理学、朴素生物学和朴素心理学研究,对儿童科学学习有很好的启示作用。当代认知发展心理学研究的焦点问题之一就是儿童科学学习,尤其是很多建构主义心理学家研究的注意力转向儿童科学概念的形成和转变。

我国的学前儿童科学教育经历了一个曲折的发展过程,从古代蒙学读本中的名物介绍到近代将"常识"列入课程标准,进入现代以来从"认识环境"再到"自然常识"和今天的"科学"。西方发达国家如美国、法国、日本和英国的儿童科学教育给我们了很好的启示。

问题讨论

1. 儿童视野中的科学与成人科学有何不同?为什么?
2. 结合实例说明学前儿童科学教育的价值。
3. 试比较主要发达国家学前儿童科学教育的异同,及对我国的儿童科学教育有何启示。

第二章 学前儿童科学教育的目标

学习目标
1. 熟悉学前儿童科学教育目标的结构和层次。
2. 了解国内外现行的学前儿童科学教育目标。
3. 掌握制定学前儿童科学教育目标的方法。

学前儿童科学教育目标是构成科学教育实践活动的第一要素和前提,是科学教育的核心,对教育任务的明确、教育过程的组织起着指导作用,是教师进行科学教育的方向标和进行教育评价的依据。它既反映了社会对儿童的期望,又反映了对学前阶段儿童科学教育的一般要求;既关系到学前儿童科学教育的全面实施,也关系到学前儿童科学素质的早期培养及其个性的全面发展。

第一节 学前儿童科学教育目标的层次和结构

学前儿童科学教育的目标体系,是纵向层次和横向结构组成的一个矩阵式的网状结构。从纵向角度来看,学前儿童科学教育目标具有一定的层次;从横向角度来看,学前儿童科学教育目标则具有不同的结构要求。

一、学前儿童科学教育目标的纵向层次

学前儿童科学教育目标实际上是一个复杂的体系。它既是学前教育总目标的有机组成部分,又是学前阶段科学教育的特殊要求。从课程设计和实施的过程来看,学前儿童科学教育目标从纵向上可以分解为总目标、各年龄阶段目标、单元目标和教育活动目标四个层次。

1. 学前儿童科学教育总目标

学前儿童科学教育总目标是指根据教育方针、教育目的以及学前教育总目标制定的,是指学前儿童在教师不同程度的指导下进行科学学习时所应获得的发展。[①] 它既是我国教育方针和教育目的在学前儿童科学教育领域的具体表现,又是学前儿童科学教育目标体系中概括层次最高的目标。学前儿童科学教育总目标原则性地指出了科学教育的范围和方向,是学前儿童科学教育总的任务要求。

大卫·雷顿(Layton,D)在其1993年出版的著作《技术对科学教育的挑战》一书中提出,科学本身不应该被看作是目的,而是人们步入社会生活的必要因素。在科学和技术渗透到社会每一角落的时代,只有具备科学素养才能适应社会生活。"有良好的科学素养,你才有可能运用科学的原理和方法去做个人的各种决策,去参加讨论关乎全社会的各种科学问题。有很扎实的科学基础可以强化人们日常所用的许多能力,诸如创造性地解决问题的能力、运用判断进行思维的能力、在集体中协同工作的能力、有效地运用技术的能力、懂得活到老学到老的价值等等。"[②]基础教育新课程把中小学科学教育的课程总目标定位于提升学生的科学素养。与此相应,学前儿童科学教育课程的总目标也应该是培养学前儿童的科学素养。而且学前儿童的科学教育要结合学前儿童的年龄特点、身心发展水平,采取适合学前儿童的教育方法,方有可能培养学前儿童的科学素养。

科学素养主要指必要的科学知识、科学的思维方式、对科学的理解、科学的态度与价值观,以及运用科学知识和方法解决问题的意识和能力。科学素养大致可以分为知识与技能、过程与方法、情感态度与价值观三个维度。这正好与我国基础教育科学(含分科科学和综合科学)新课程所强调的三维目标相一致。

考虑到学前儿童身心发展特点和科学教育自身的特点,学前儿童科学教育的总目标可以具体化为:

(1)激发学前儿童对周围世界的好奇心和学习科学的兴趣,培养学前儿童对科学积极的情感和态度,训练学前儿童初步养成最基本的科学行为和习惯。

好奇心是指对周围环境中的新异刺激的积极反应倾向。儿童的好奇心常常表现为对新异刺激的注意、趋向、提问、操作、摆弄等行为。好奇心是学前儿童学习取得成功的先决条件,在学前儿童形成积极的学习态度方面起着重要作用。这种对科学的态度对于儿童的一生都会产生很大的影响。所以,呵护和发展儿童的好奇心,激发其求知欲是科学教育中极为重要的任务。

---

① 张俊:《幼儿园科学教育》,人民教育出版社2004年版,第69页。
② 美国国家研究理事会著,戢守志等译:《美国国家科学教育标准》,科学技术文献出版社1999年版,第15页。

科学需要好奇心。好奇心是学习科学的内在动机,它激发我们去探索;好奇心是问题的来源,它能使我们发现尚未被发现的问题。而科学恰恰最能吸引学前儿童的好奇心。大自然中的丰富事物千奇百怪,各种现象神秘莫测。这些事物和现象足以引发学前儿童的好奇心,对它们的探究也足以满足学前儿童的好奇心。

与好奇心相联系的是学前儿童对科学的兴趣。兴趣是一种积极的感情性唤醒状态,它是学科学的强大动力。"兴趣是最好的老师"——它可以使学前儿童积极地投入到科学活动中,并且在活动过程中有效地维持长久的智力行为。学前儿童最初的科学兴趣就是对新奇事物的好奇,但这种好奇是表面的、不稳定的、容易波动的。随着学前儿童从科学活动中得到满足,他们的科学兴趣也逐渐变成内在的、稳定的、持久的倾向。在科学教育中培养学前儿童科学兴趣的目标,就是使学前儿童从对事物的外在、表面的兴趣,发展为对科学活动过程的理智兴趣。①

学前儿童的"科学态度"具有自相矛盾的两方面特点:一方面,学前儿童对周围世界充满着兴趣和好奇。对成人看似平常的事物和现象,学前儿童都怀有许许多多的疑问,特别是对于环境中新颖、陌生、有趣、不协调、神秘或难以理解的事物,都会产生探索的欲望,并以自己的方式满足自己的好奇心,这似乎代表着一种强烈的科学精神。另一方面,学前儿童在坚持科学的客观性上又显得很薄弱,常常以自己的主观意愿代替科学的思考,从而得出和事实背离的结论。因此,学前儿童科学教育应该注重科学探究精神的开发,不能因为学前儿童科学的客观性的薄弱而忽视对其科学态度的培养。

良好的行为和习惯非常有益于学前儿童的科学探索活动。我们应通过有计划的训练使学前儿童逐步养成自己动手动脑的探究习惯,初步具有环保意识,逐步养成热爱自然、保护自然、爱护周围环境的行为习惯。

(2)帮助学前儿童学习探索周围世界和学科学的基本方法,初步经历一些简单的科学探索过程。

通过让学前儿童参与一些简单的科学探索活动,初步培养学前儿童的探索能力和理解能力,引导学前儿童意识到应该怎样想、怎样做、怎样去发现。学前儿童科学教育所要求的基本方法有很多,主要包括:

一是引导学前儿童学习使用感官,发展观察能力。感觉器官是学前儿童吸收外界信息的通路,学前儿童学会了使用感官,就能主动地去感知,积极地去获取各方面的信息,极大地丰富其科学经验,为科学概念的形成、思维的发展做好准备。

---

① 张俊:《幼儿园科学教育》,人民教育出版社 2004 年版,第 58—59 页。

二是帮助学前儿童学习分类和测量的方法。在学前儿童科学教育中,分类和测量既是一种技能,更是一种方法。分类是获取信息、简化信息的有效和经济的方法,它能帮助学前儿童把周围事物进行抽象与概括,有助于学前儿童探索事物之间的关系。对于对事物还缺乏"比较"概念的学前儿童来说,在学科学的活动中通过测量来观察和理解周围世界,并以数来较精确地表达所获得的信息,是很有益的。

三是帮助学前儿童学习思考,发展思维能力。通过思维,能更深刻、更准确、更完整地反映客观事物。在学前儿童科学教育中,我们除了使学前儿童获得大量丰富的感性经验外,还应有意识地帮助学前儿童学习思考,使学前儿童善于思考,发展其思维能力。

四是帮助学前儿童学习表达、交换信息的技能。学前儿童通过表达和交换信息,使感知获得的周围世界的第一印象在脑中形成的表象又转换为语言或其他方式表达出来。这样既使学前儿童对事物理解得更清晰,又有助于学前儿童语言的发展;既促进了学前儿童与同伴之间的交往和友谊,又有利于学前儿童与教师之间的沟通。

(3) 帮助学前儿童获取周围物质世界广泛的科学经验,并在感性经验的基础上形成初级的科学概念。

科学经验是最低层次的科学知识,它是指学前儿童在科学探索过程中,通过亲自操作,凭自身感觉器官直接接触周围世界获取的具体事实和第一手经验。它可以是对事物外部特征的认识,如对植物的形态认识,也可以是对科学现象的理解,如对溶解现象的感受和发现等。[1] 它为今后学前儿童学习抽象符号和系统的科学知识打下了良好的基础。尽管科学经验的层次较低,但它对于学前儿童非常重要,是他们认识事物的必由之路。

学前儿童的科学概念是初级的科学概念,指学前儿童在获得感性经验的基础上,对同类事物外在的、明显的共同特征的概括,是一种概括化的表象。它是由符号代表的具有共同关键属性的一类物体、现象、情景或性质,而不是直接的经验或具体的事实。[2] 科学经验与科学概念的区别是:科学经验是与具体事物和现象联系在一起的,离开了具体的事物和现象不可能获得这些经验;科学概念则是对事物的本质的、抽象的认识,是对具体事物进行概括的结果。如"铁块摸上去冷冷的、硬硬的,放在水里会沉下去"属于科学经验,而"固体"、"比重"则属于科学概念。

---

[1] 张俊:《幼儿园科学教育》,人民教育出版社 2004 年版,第 65 页。
[2] 施燕:《学前儿童科学教育》,华东师范大学出版社 2006 年版,第 53 页。

学前儿童形成初级的科学概念,能把已获得的具体的、丰富的,但又是片段的、孤立的科学经验加以归纳、概括,并以简化的方式把具体的信息转化为概念性的认知结构,储存在大脑中,因而容易保持和记忆。同时,形成科学概念可以增加学前儿童所学知识的适用性和迁移价值。

以上三条课程目标对应于科学素养的知识与技能、过程与方法、情感态度与价值观三个维度,其最主要的目标是注重对学前儿童科学态度和科学习惯的启蒙教育。这是因为,学前期所获得的知识是肤浅的,经历的科学探索过程也是最基本和非常简单的,而科学态度、科学习惯的启蒙却能成为一种强大而持久的动力,甚至可能影响儿童今后的发展和生活方向。

2. 学前儿童科学教育的年龄阶段目标

学前儿童科学教育的年龄阶段目标是指根据学前儿童科学教育总目标确立的、按学前儿童年龄阶段划分的中短期学前儿童发展目标。① 它对学前儿童科学教育总目标进行分解,从而形成总目标统率下的目标体系框架。它一般分为小班、中班、大班的科学教育目标。由于不同年龄阶段的儿童,其身心发展的特点、需求、兴趣也各有不同,因此,学前儿童科学教育的年龄阶段目标,反映了不同年龄阶段儿童教育目标的差异性,是学前儿童发展的年龄特征在科学教育目标中的体现。同时,为了体现学前儿童发展的连续过程,学前儿童科学教育的年龄阶段目标之间是具有连续性的,正是这样一步一步连续地发展,最终才能达到科学教育的总目标。

 **知识链接**

各年龄班幼儿科学教育的目标②

小班

1. 知识方面

(1) 引导幼儿观察周围常见的自然物(动植物和无生命物质的特征),获取粗浅的科学经验,初步了解它们与幼儿生活、与周围环境的具体关系;

(2) 引导幼儿观察周围常见自然现象的明显特征,获取粗浅的科学经验,并感受它们和幼儿生活的关系;

---

① 施燕:《学前儿童科学教育》,华东师范大学出版社 2006 年版,第 54 页。
② 张俊主编:《幼儿园科学教育活动指导》,人民教育出版社 2008 年版,第 40—42 页(供参考)。

(3) 引导幼儿观察日常生活中直接接触的个别人造产品的特征及用途，获取粗浅的科学经验，感受它们给生活带来的方便。

2. 方法技能方面

(1) 帮助幼儿了解各种感官在感知中的作用，学习正确使用各种感官感知的方法，发展感知能力；

(2) 引导幼儿用词语或简单的句子描述事物的特征或自己的发现，与同伴、教师交流；

(3) 帮助幼儿学习使用日常生活中常用科技产品的简单方法，参与简单的制作活动。

3. 情感方面

(1) 激发幼儿对周围事物的好奇心，使其乐意感知和摆弄他们能够直接接触到的自然物和人造物；

(2) 启发他们探索自然现象和参与制作活动的兴趣；

(3) 使其喜爱动植物和周围环境，并能在成人的感染下表现出关心、爱护周围事物的情感。

中班

1. 知识方面

(1) 帮助幼儿获取有关自然环境中动植物及沙石水等无生命物质及其与人类关系的具体体验，了解不同环境中个别动植物的形态特征和生活习性；

(2) 帮助幼儿了解四季的特征及其与人们生活的关系，观察常见的自然现象，获取感性经验；

(3) 引导幼儿获取周围生活中常见科技产品的具体知识和经验，初步了解它们在生活中的运用。

2. 方法技能方面

(1) 帮助幼儿学会综合运用多种感官感知事物特征，发展观察力；

(2) 帮助幼儿学会按照指定标准，对物体进行简单分类；

(3) 帮助幼儿学习运用简单的工具进行测量的方法；

(4) 引导幼儿用自己的语言描述自己的发现，并与同伴、教师交流；

(5) 指导幼儿学习使用常见科技产品的方法，运用简单工具进行制作活动。

3. 情感方面

(1) 发展幼儿的好奇心，引导幼儿探究周围生活中常见的自然现象、自然物和人造物，愿意参加制作活动；

(2) 培养幼儿关心、爱护动植物和周围环境的情感和行为。

大班

1. 知识方面

(1) 帮助幼儿初步了解不同环境中的动植物及其与环境的相互关系；

(2) 向幼儿介绍周围生活中的环境污染现象和人们保护生态环境的活动；

(3) 帮助幼儿获取有关季节、人类、动物、植物与环境等关系的感性经验，形成四季的初步概念；

(4) 引导幼儿探索周围生活中常见的自然现象，获取有关的科学经验；

(5) 让幼儿接触周围生活中的现代科学技术，及其在生活中的运用。

2. 方法技能方面

(1) 使幼儿能主动运用多种感官观察事物，学会观察的方法，发展观察力；

(2) 使幼儿能按照自己规定的不同标准对物体进行分类；

(3) 帮助幼儿学习使用各种工具进行自然测量，掌握正确的测量方法；

(4) 引导幼儿用完整、连贯的语言与同伴、教师交流自己的探索过程和结果，表达愿望、提出问题和参与讨论，能够表达发现的愉快，能够和他人交流和分享经验；

(5) 引导幼儿学习使用常见科技产品的方法，运用简单工具和多种材料进行制作活动，能够发现物品和材料的多种特性和功用，并能表现出一定的创造性。

3. 情感方面

(1) 激发和培养幼儿好奇、好问、好探索的态度；

(2) 激发幼儿对自然环境和现代社会生活中的科技产品的广泛兴趣，能自己发现问题、提出问题、寻求答案；

(3) 使幼儿喜欢并能主动参与、集中于自己的科学探索活动和制作活动；

(4) 培养幼儿主动关心、爱护周围环境的情感和行为。

3. 学前儿童科学教育的单元目标

单元目标是对单元学习结果(即期望学前儿童在完成单元学习方案中设计的学习活动之后所发生的变化或所达到的行为状态)所作的规定。

由于每个单元的学习内容和重点不同，各个单元的学习目标也应各有侧重，并且未必每个学习单元的目标都是多方面的。但是这众多学习单元所构成的累积效应,最终使总目标的达成成为现实。

学前儿童科学教育单元目标一般有两种:一是"时间单元目标",即在一段时间内所要达到的目标,如"月活动目标"、"周活动目标"等;二是"主题活动目标",指一组相关联的科学教育活动应达到的目标,如"美丽的春天主题活动目标"、"热闹的大马路主题活动目标"……在当前的学前儿童科学教育活动中,由于主题单元活动比较多见,所以主题单元活动目标也成为了学前儿童科学教育单元目标的主要类型。

在确定学前儿童科学教育单元目标时我们应注意:(1) 所确定的单元目标与年龄阶段目标和总体目标应一致;(2) 所确定的单元目标与该单元的学习内容和学习重点应一致。

 案例

案例2-1 幼儿园小班10月份科学教育目标

(1) 愿意接触大自然;
(2) 有好奇心,喜欢模仿、摆弄;
(3) 认识易于接触的动物"兔子",了解其主要外形特征及生活习性;
(4) 认识常见的植物,如"一串红",了解其主要外形特征;
(5) 了解自己身体的主要部位"脸",学习如何保护它;
(6) 观察秋天的景色,初步体验大自然的美;
(7) 初步学习运用感官认识物体。

案例2-2 幼儿园中班9月份科学教育目标

(1) 喜欢生活在大自然中;
(2) 喜欢观察、操作和提出问题;
(3) 对社会生活中人们的各种活动和成果感兴趣;
(4) 认识几种比较常见的动物,了解它们的生活特性及与人们生活的关系;
(5) 了解一些常见的自然现象及其与人们生活的关系;
(6) 知道常见物品与人们生活的关系,了解几种常见物品的正确使用方法。

案例2-3 幼儿园大班4月份科学教育目标

(1) 继续养成热爱大自然的积极情感;

(2) 有初步的环境保护意识;

(3) 了解人的生存与环境的关系,学习基本的自我调节、保护健康的方法;

(4) 了解人类的科学技术是不断发展的;

(5) 能根据事物的不同特征,按自己的标准分类。

案例2-4 幼儿园小班主题活动"有趣的气味"的单元科学教育目标

(1) 引导幼儿学会用鼻子闻物体的气味,尝试感知不同的气味,发展感知能力;

(2) 鼓励幼儿关心周围事物,培养他们对感知活动的兴趣;

(3) 鼓励幼儿用语言表达所得到的信息;

(4) 帮助幼儿懂得爱护自己的鼻子。

案例2-5 幼儿园中班主题活动"水"的单元科学教育目标

(1) 激发幼儿观察探究水的兴趣;

(2) 引导幼儿在玩水的系列操作活动中,运用自己的感官,感知水的特性;

(3) 帮助幼儿了解生物的生长、人类的生活都离不开水;

(4) 帮助幼儿学习边观察边操作的方法,引导其及时观察操作中产生的有趣现象,并努力探究原因。

案例2-6 幼儿园大班主题活动"昆虫"的单元科学教育目标

(1) 在捕捉、饲养、观察昆虫的过程中,激发幼儿对昆虫的兴趣;

(2) 引导幼儿对几种昆虫的求生本领及生长过程作较细致的观察;

(3) 继续引导幼儿学习运用典型特征观察法和顺序观察法对各种昆虫进行观察,比较其异同,以初步形成昆虫的概念;

(4) 帮助幼儿学习区分常见昆虫中的益虫和害虫;

(5) 培养幼儿细致观察和分析综合概括的能力。[①]

4. 学前儿童科学教育活动目标

学前儿童科学教育活动目标指一次具体的科学教育活动所要达到的目标,

---

① 施燕:《学前儿童科学教育》,华东师范大学出版社1999年版,第52—54页(略作修改)。

它应与学前儿童科学教育总目标、阶段目标和单元目标相一致,并且结合具体活动的特点和儿童的特点而提得具体、可以操作,以有利于教师的把握。一方面使教师能在活动中观察到儿童掌握目标的情况,观察、判断儿童的发展状况,同时又使教师能依据对这一活动的评价设计后面的教育活动,提出相应的、更高层次的目标。

活动目标的表述可以有不同的方式。为了让教师在教育活动中将注意的焦点集中在关心儿童变化、研究儿童发展上,在制定科学教育活动目标时,我们尽可能采用发展目标,用行为化的语言加以描述。

案例

> **案例2-7　幼儿园小班"夹心冰块"科学教育活动目标**
>
> (1) 喜欢玩冰,在玩的过程中感知冰的特性,产生探索的兴趣,体验探索的快乐;
> (2) 乐意用语言表达所看到的现象;
> (3) 能够借助简单的工具解决简单的问题。
>
> **案例2-8　幼儿园中班"有趣的磁铁"科学教育活动目标**
>
> (1) 主动积极参与探索活动;
> (2) 发现生活中有磁性的物品;
> (3) 认识磁铁的磁力现象。
>
> **案例2-9　幼儿园大班"小小动物气象员"科学教育活动目标**
>
> (1) 对探索天气奥秘感兴趣;
> (2) 学习根据动物的特殊表现推断并预报天气;
> (3) 知道一些天气变化与动物习性之间的关系。①

二、学前儿童科学教育目标的横向结构

布卢姆等人的《教育目标分类学》以人的身心发展的整体结构为框架,为建构科学教育目标体系提供了一个比较规范化、清晰化的形式标准。以布卢姆教

---

① 张小永主编:《山东省学前儿童科学教育实验研究课题成果选编》,2004年(未出版)。

育目标分类标准为依据,用情感态度、认知能力、动作技巧这三个范畴确立学前儿童科学教育目标可以弥补以往课程目标单一的价值取向,从而构建出新的学前儿童科学教育目标的理论模型。

1. 科学的情感、态度

科学的情感、态度方面的教育目标,是指对科学活动兴趣爱好的培养,特别强调进取、负责、合作、客观、虚心、细心、耐心、信心、自动自发和喜欢创造思考的态度的培养。科学的情感、态度目标具体包括以下内容:

(1) 乐于参加科学活动,喜爱动植物,具有对身边事物和现象的特点、变化规律进行探究的好奇心和兴趣。

(2) 对周围世界有浓厚的兴趣,愿意动手动脑进行探索活动,喜欢观察、提出问题、寻求有关信息和答案。

(3) 了解一些著名科学家的故事,培养尊重科学劳动和对科学家的崇敬的情感。

(4) 初步了解常见的动植物与人、环境的关系,关心爱护周围环境,爱护动植物,亲近大自然,有初步的环境保护意识和行为。

(5) 了解常见科技产品与人们生活的关系,感受科学技术对生活的影响,培养学前儿童对科学的兴趣和热爱。

(6) 能表达、交流、分享科学活动中的快乐,初步具有交流、合作的意识。

2. 科学的方法和技能

科学的方法技能方面的教育目标,是指学习探索周围世界和学科学的方法,如观察、分类、测量、思考、表达交流和解决问题等,以及发展儿童的观察力、思维能力、创造力、动手能力和初步解决问题的能力。科学的方法技能目标具体包括以下内容:

(1) 有初步的感知能力,初步了解各种感官在感知中的作用。学习运用各种感官感知的方法,能够观察自然物和自然现象的明显特征和基本变化。

(2) 学会从一组物体中根据某些特征挑选出归入一类的物体,学习用词汇或简单的句子描述事物的特征和自己的发现。

(3) 会运用简单的非正式测量工具(如绳子、棍子等)和正式测量工具(如尺子、温度计等)进行测量并学会正确的测量方法和简单的记录方法。

(4) 具有动手操作的习惯,能在老师的指导下使用工具进行操作,进行科技小制作。

(5) 能用语言与成人或同伴交流自己的发现、探索过程和方法,表达存在的问题和自己的愿望。

(6) 能大胆地提出问题，发表不同意见，学会尊重别人的观点和经验。

3. 科学知识

科学知识方面的教育目标，是指获取周围世界的广泛的科学经验，或在感性经验的基础上形成初级的科学概念。科学的知识经验目标具体包括以下内容：

(1) 获得有关季节与人类、动植物、环境等关系的感性经验，形成春、夏、秋、冬四季的初步概念。

(2) 认识日常生活中常见的动植物，了解不同环境中个别动植物的形态特征和生活习性。

(3) 认识日常生活中常见的生活用品的明显特征和主要用途。

(4) 了解身边最常见的物理、化学现象，获得有关的感性经验。

(5) 认识太阳、地球、月球等最常见的天体，获得有关宇宙的感性经验。

(6) 能按指定标准对物体进行两个或三个特征的分类。

第二节 我国现行学前儿童科学教育目标的内容

我国迄今为止对学前儿童科学教育目标的最新官方表述是教育部于2001年7月颁布的《幼儿园教育指导纲要(试行)》(以下简称新《纲要》)中对学前儿童科学教育目标做出的具体规定。和过去的学前儿童科学教育目标相比，新《纲要》中的科学教育目标发生了明显的变化，它充分体现了我们对于学前儿童科学教育目标的新认识、新观念，尤其突出了"科学探究"在目标中应有的中心地位，已成为新世纪学前儿童科学教育改革的努力方向。现在我们更加关注培养儿童的科学素养，关注完整意义上的科学的涵义。完整意义上的科学包括三个方面的内涵，即：作为科学探究结果的科学知识、贯穿科学探究过程的科学方法和以科学探究态度为核心的科学精神。

新《纲要》规定的科学领域的目标是：

1. 对周围的事物、现象感兴趣，有好奇心和求知欲；
2. 能运用各种感官，动手、动脑，探究问题；
3. 能用适当的方式表达、交流探索的过程和结果；
4. 能从生活和游戏中感受事物的数量关系并体验到数学的重要和有趣；
5. 爱护动植物，关心周围环境，亲近大自然，珍惜自然资源，有初步的环保意识。①

这五条目标中,除第4条是关于数学教育的目标外,其他四条目标中有两条(第1和第5条)是关于科学情感、态度和价值观方面的目标,另有两条(第2和第3条)是关于科学方法和过程方面的目标。我们试图对其作一解读。

1. 关于情感、态度目标

情感、态度是指同人的特定需要相联系的,具有一定内在体验和外在表现的感性反应。情感、态度目标在学前儿童科学教育中是非常重要的。一方面,情感态度目标体现了对科学内涵的完整把握。注重科学情感的目标就是关注科学本身的人文价值,使科学精神与人文精神高度统一。另一方面科学情感目标的提出与实施有利于培养学前儿童的完美个性,促进学前儿童的全面发展。我们认为,让学前儿童在有兴趣的科学活动中增长知识、发展科学认知,与让学前儿童怀有对科学本身的深厚情感,从而引导其行为与认知,是两个不同层次的目标。前者把目标的方向指向认知;后者相对于前者,是上位目标、高层次目标,它直接把情感目标的方向指向科学本身,如果得以实现,可有效地发挥科学情感教育在引导学前儿童进行科学探索活动中的特殊作用。因此,在学前儿童科学教育活动中,加强对学前儿童科学情感的培育已是当务之急。新《纲要》科学领域的目标中有两条是涉及情感态度方面的目标,即对周围的事物、现象感兴趣,有好奇心和求知欲;爱护动植物,关心周围环境,亲近大自然,珍惜自然资源,有初步的环保意识。

(1) 保持学前儿童永久的好奇心、兴趣和求知欲

科学需要好奇心和探究欲望。好奇心和探究欲望是人类认识活动必不可少的主观前提。它不仅能提高认识活动的积极性和效果,还能使认识活动成为快乐的事情。正如爱因斯坦所说:"我没有特殊的天赋,我只有强烈的好奇心。"可以说,没有好奇心,就没有发现;没有人类的好奇心,就没有科学的进步。

好奇心是学前儿童探索和学习的内驱力,对学前儿童形成积极的学习态度起着重要的作用。

但是,儿童的好奇心好似星星火花,还需要成人的支持才能燃烧出智慧的火焰。如果成人能够理解儿童的好奇心,并且加以鼓励和引导,就能把儿童学科学导入科学探索的道路,激发他们的求知欲。否则,如果成人对儿童的问题敷衍了事,甚至不耐烦的话,儿童的好奇心就会慢慢地被磨灭,他们对周围事物的态度

---

① 教育部基础教育司组织编写:《幼儿园教育指导纲要(试行)解读(第2版)》,江苏教育出版社2002年版,第34页。

会越来越冷漠,科学对他们也就不会再有多大的吸引力了。这种对待科学的态度对于儿童的一生都会产生很大的影响。所以,保护和发展儿童的好奇心、激发其求知欲是科学教育中极为重要的任务。

和好奇心相联系的是学前儿童对科学的兴趣,兴趣可以使学前儿童积极地投入到科学活动中,并且在活动过程中有效地维持长久的智力行为。在科学教育中培养学前儿童科学兴趣的目标,就是使学前儿童从对事物的外在、表面的兴趣,发展为对科学活动过程的理智兴趣。

(2) 培养学前儿童关爱环境的积极情感和态度

这一目标的核心是建立人与自然的和谐关系。在世界环境问题日益严重的今天,提出这一条目标具有重要的意义。

通过与周围环境、动植物、大自然的直接接触和探究活动,孩子们会逐渐发现和感受到自然界的奇妙和美好,感受和体验到人与环境和动植物,以及动植物之间及其与环境的依存关系;通过全身心投入珍爱生命、关爱环境的活动,逐步产生珍惜自然资源的情感和初步的环保意识。

自然是科学的研究对象,是人类赖以生存的环境。我们不仅要让儿童形成对自然界的探究兴趣,还要培养儿童对于自然的责任感——关爱生命,尊重自然;还要引导儿童发现自然界的美,学会欣赏自然界的美。只有这样,我们对大自然的热爱才具有完整的意义。

2. 关于科学方法和过程方面的目标

科学方法是指收集客观信息、整理加工信息和表达、交流信息的方法。科学方法具有独特的"不定型"性质,是一个人在探索解决问题的过程中不断获得的,也是一个人创造能力的体现。世上不存在一种万能的"科学方法",也不存在一种固定的方法模式。一个真正掌握了科学方法的人,决不是学会了关于科学方法的"知识"的人,决不是只懂得科学方法"一般模式"的人,而是能运用科学方法于具体的情景之中解决具体问题的人。① 因此,学前儿童在科学教育活动中获得的科学方法应是探究解决问题的策略,即知道如何去探究和解决问题。我们不应把观察、分类、小实验等方法作为一个个知识点传授给学前儿童,也不应把每一种方法都做成固定的模式让学前儿童学习。

新《纲要》科学领域的目标中有两条是涉及科学方法和过程方面的目标,即能运用各种感官,动手、动脑,探究问题;能用适当的方式表达、交流探索的过程和结果。

(1) 发展学前儿童探究解决实际问题的能力

---

① 周川:《科学的教育价值》,江苏教育出版社 1996 年版,第 172 页。

学前儿童探究解决问题的策略是在科学研究过程中获得和得以体现的。学前儿童的科学活动是在以往经验基础上学习他们的"未知"内容（可能是成人或年龄稍大的儿童已知的内容），对于各种疑惑或问题，孩子们通过运用各种感官，积极地观察、操作和实验，对探究的结果进行推理，得出结论，用适当的方式表达并与同伴交流。这使孩子们学到的是如何去获取知识，也就是学会学习。

（2）增进表达与交流能力

科学探究过程的关键是用观察和信息建构合理解释的能力。同样，学前儿童的科学探索过程也需要有机会在讨论中描述、分析和交流他们的发现。

描述和表达能帮助孩子们理清思路，形成对问题的清晰认识。通过探究操作，孩子们有了自己的感受、体验和发现；通过思考，孩子们梳理头脑中的信息，形成想法，并以自己的方式描述和表达出来。这有助于澄清和明晰各种关系，也有助于使学前儿童养成"思考事物关系所在"的习惯。

研讨交流能使孩子们的思维产生碰撞，激发他们深入思考，提高其认识水平。一方面，在讨论中发言的学前儿童自然有了思考、梳理和澄清的机会与可能，加上与老师和同伴的对话和观点的交锋，认识水平得以提高；另一方面，在讨论中没有发言的孩子，当他们听的时候，肯定也在进行着思考，并在鉴别同伴们的讨论。这个过程也就是他们在头脑中不断思考，明晰所发现的事物特征和关系以及自己的探究经历的过程，它同样使学前儿童的认识水平得以提高。

3. 关于科学知识和经验的目标

新《纲要》中值得注意的一个变化是，它没有专门列出具体的科学知识目标。有些老师产生了这样的疑问：科学知识不再重要了？科学教育是否还有必要教给学前儿童知识？我们应如何看待科学教育中的科学知识？

实际上，新《纲要》中没有专门列出具体的科学知识目标，而是把知识的目标蕴涵在其他目标中，强调学习的经验性，没有对应该获得哪些科学知识作具体的规定，以避免教育实践中片面追求知识的倾向，纠正以往科学教育中"重知识"的错误观念。① 如新《纲要》明确提出了"求知欲"的目标，这是学前儿童获取科学知识的最大动力；对科学探索的过程——"运用各种感官，动手、动脑，探究问题"提出了详细的要求，这是学前儿童获取科学知识的必由之路；还特别强调"能用适当的方式表达、交流探索的过程和结果"，实际上也暗示了学前儿童需要通过同伴之间的表达、交流和分享来共同建构科学知识。

因此，真正需要我们讨论的不是要不要知识的问题，而是要什么样的知识，以及怎样让学前儿童获取知识的问题。

---

① 张俊：《幼儿园科学教育》，人民教育出版社 2004 年版，第 64 页。

(1) 经验性的知识是学前儿童能够获得的最有价值的知识

对于学前儿童来说,他们的科学知识有两种层次,即科学经验和初级科学概念。

经验知识是通过"从个别到一般"的归纳法获得的。对于学前儿童来说,其独特的年龄特征和认知特点就注定了他们只适于获得经验性的知识。他们是在亲身活动中,在获得了大量的特例、丰富具体的实际经验的基础上归纳、概括成一个概念化的认知结构的。

概念是对事物或现象的内在、共同、本质特征的概括,是认识事物的高级形式,一般用词语来表示,在学前儿童科学教育中,儿童获得的概念还不是真正严格意义上的科学概念,而只能称为"初级科学概念",是学前儿童在感知和经验的表象的基础上,对同类事物的外在的、明显的共同特征的概括,是一种概括化的表象。它既区别于具体的经验,也区别于真正的抽象概念。随着儿童的经验的增长,这些初级科学概念也经过不断修正,演变成真正的科学概念。

我们强调经验性的知识和初级科学概念是学前儿童能够获得的最有价值的知识,主要原因有两个:一是学前儿童对事物及其关系的认识不是靠记忆,而是靠他们在和物体不断相互作用的过程中,经过反复操作而体验、感知到的,经过思考而悟出来的;二是学前儿童通过亲身经历获得的经验性知识是学前儿童理性思维和今后学习的基础。

(2) 应强调让学前儿童通过自己的探索活动自己获取科学经验

在学前儿童获取知识的过程中,我们要强调让每个孩子积极主动地获取他们"自己"的科学知识,而不是由教师向他们灌输科学概念。

学前儿童只有通过积极主动的学习才能获得有益于终身发展的素质基础。学前儿童主动学习的基本前提是教育要最大限度地把与教育目标相符的价值与经验转化为学前儿童的需要。同时还要支持学前儿童不断地按自己的想法作用于环境,主动地顺应环境,调整、丰富和发展自己的经验和认识。

(3) 应强调运用已经获得的知识经验

对于学前儿童来说,能够运用的知识才真正是学前儿童自己的知识。学前儿童的科学知识必定是通过亲自体验获得的知识,并且是能够运用的活的知识。这种运用有利于学前儿童内化已有的知识经验,使其不断丰富和深化。

学前儿童科学教育中儿童应该获得的科学经验主要有:周围环境中的具体事物的多样性的经验;周围环境中发生的自然现象的经验;周围环境中事物和事物、现象和现象之间的关系和联系的简单经验;在操作活动中的简单的技术经验等。

 **知识链接**

幼儿可能获得的知识经验①

物质和材料

物质和材料的性质

(1) 能描述常见材料的简单性质;

(2) 能按照明显的特征将材料归类;

(3) 知道对日常材料的加热和冷却会使它们熔化和凝固,甚至产生永久性变化;

(4) 能将一些常见材料的用途与它们的简单性质相联系;

(5) 知道许多材料是天然生成的,而许多材料是由原始材料加工制成的。

物体的位置和运动

(1) 懂得推和拉可以使物体移动;

(2) 理解推和拉可以使物体开始、加快、减慢或停止运动;

(3) 理解力可以影响物体的位置、运动情况及形状。

自然力

(1) 接近地球的物体如果没有东西支撑,会落在地上;

(2) 磁体可以不接近物体而使物体运动。

能量的形式,光、热、电和磁

(1) 知道许多家用设备是用电的,但不正确的使用是危险的;

(2) 知道声和光的简单性质;

(3) 知道磁铁能吸引某些材料,但不吸引其他材料,磁铁还能相互排斥;

(4) 懂得冷和热是相对于他们本身体温的概念;

(5) 知道要使器工作需要完整的电路;

(6) 了解家庭中使用的一些燃料;

(7) 知道光和声音能被反射。

生命与生命过程

(1) 知道生物品种繁多,其中包括人类;

(2) 知道人需要水、食物、空气、排泄、温度和适宜的环境;

---

① 刘占兰:《学前儿童科学教育》,北京师范大学出版社 2008 年版,第 75—76 页。

(3) 知道动植物需要一定的条件赖以生存；

(4) 能根据一些明显的特征对常见的生物作粗略的归类；

(5) 知道不同种类的生物发现于不同的地方；

(6) 知道某些废弃的材料会自然腐烂，但要经历不同的时间过程；

(7) 知道人类和其他动物所共同的生命过程；

(8) 知道环境的生态平衡直接关系到人类的健康和生存，懂得保护环境；

(9) 知道人类活动有可能改变环境，从而影响动植物的生存；

(10) 知道从环境中进入人体的某些东西会伤害人体，细菌可以引起疾病，预防接种和其他手段可以预防疾病。

地球和宇宙

(1) 知道地面上有平地、山、河流；

(2) 能从降雨、温度、风力方面了解和记录天气的变化；

(3) 能描述太阳在空中的运动情况；

(4) 知道地球、太阳、月亮是相隔一定距离的球体，天空中的星星比我们任何一个人所能看到的都多；

(5) 知道月亮的外形和太阳的高度做着规则的周期性变化；

(6) 知道四季的交替和明显的特征。

第三节　国外现行的学前儿童科学教育目标

一、美国的学前儿童科学教育目标

美国的学前儿童科学教育设置特殊目标与一般目标。前者包括促进学前儿童认知、情感、心理原动力的发展。其中认知发展的具体任务是促进学前儿童的感知、理解、应用、分析、综合、评价等六级认知能力发展；情感发展的具体任务是引发学前儿童对周围世界积极的情绪反应，使他们获得对科学和教育的积极态度；心理原动力的发展指学前儿童获得像支配自己身体一样的支配环境的能力。科学教育的一般目标是发展学前儿童的创造性、批判性思维，良好的个人品德表现以及拓宽的职业意识与性别角色。可以看出，美国学前儿童的科学教育目标是与科学课程的内容和从事科学活动所需要的品质相吻合的。他们还强调性别角色,让女孩子认识到科学同样也是她们可以胜任的,让所有的学前儿童知道科学工作是光荣而又充满乐趣的职业。通过科学教育来培养学前儿童的良好品德,使学前儿童可以通过科学的方法来做出各种决定并树立世界观。

美国提出的学前儿童科学教育的一般目标和特殊目标是比较全面和科学的,其中对发展学前儿童创造性、批判性思维的重视尤其值得我们借鉴。此外,我们还应该注意到美国很大程度上是把科学知识的教学作为促进学前儿童发展的手段而非教学的目标。

应该注意的是,由于美国是一个多元文化的移民国家,因此,它没有统一的学前儿童科学教育的课程方案。而在不同的课程方案中,目标也不完全相同。如在由美国科学促进会和科学教育委员会提出的科学课程方案 S-APA 中,科学教育的目标是:激发好奇心,刺激思考,增进儿童学科学的技能和智力。而在 SCIS 方案中,制定的课程目标是:给予学前儿童关于自然现象的第一手经验,建构和理解基本概念,发展自由探索和好问的态度。①

知识链接

美国全美学前儿童教育协会(NAEYC)制定的《学前儿童科学教育标准》:

(一)发展每个学前儿童对世界的好奇心,使每个孩子:

1. 对新鲜事物与事件有探究的欲望、有兴趣;
2. 热爱生命;
3. 喜欢、欣赏美丽、整洁、和谐、有序的环境。

(二)发展学前儿童发现问题、解决问题和做出决定的能力(科学探究的能力),使每个孩子:

1. 积极主动地参与科学活动;
2. 用适宜的感官去感知和了解新鲜事物;
3. 准确使用并照管好科学活动设备(如放大镜、磅秤等);
4. 运用数量化的方法进行观察(如点数、测量);
5. 区分物体、事件和现象之间的相似性、差异和变化;
6. 对材料、事件和现象进行分类,并解释理由;
7. 运用科学探究的过程(预测、收集数据);

---

① 袁爱玲:《中美幼儿科学教育课程的差异性比较》,《比较教育研究》2001 年第 1 期。

8. 乐于与同伴一起交流信息并欣赏他人的观点；

9. 熟悉了解科学过程的技术，在科学过程中有以下共同的行为类型：

(1) 观察：运用各种感官去了解环境的特点，即实际的资料；

(2) 交流：命名、记录、与他人交流信息；

(3) 比较：测量、点数、数量化，或考察物体与物体之间的相似性或差异；

(4) 组织：对所收集的信息数据分类、排序；

(5) 建立联系：在具体和抽象的观念之间建立联系，以试验或解释一种现象，形成并检验假设；

(6) 推断：决定所收集的信息的意义，包括做出预测；

(7) 运用：运用知识和技能来解决问题。

(三) 增进对自然界的认识，使每个孩子：

1. 积极参与可以丰富各种科学经验的活动(如组织、原因和结果、系统、标准、模型、变化、结构和功能、多样性和差异性)；

2. 经历各种不同科学领域的活动；

3. 了解与基本科学概念有关的技术；

4. 表现和交流科学知识。[①]

二、日本的学前儿童科学教育目标

为了迎接 21 世纪的挑战，日本《幼儿园教育大纲》(以下简称新《大纲》)2000 年开始实施。

日本新《大纲》中对科学教育领域称之为"环境"。他们之所以不采用"科学"这个提法，是有其教育文化和语言习惯背景的。其一，相对来说，日本人对"科学"的印象主要是学科的"科学"或"科学技术"等狭义的概念；其二，由于对以往经验的反省和注重，很多日本学者对学科化的讲述都很敏感，担心会导致学前儿童科学教育的"小学化"，因而新《大纲》采用了"环境"的提法。另外，日本新《大纲》的最大特点还在于它的科学教育还包含关于文字、电视、计算机以及社区和社会等方面的相关内容。由此也不难看出，"环境"的内容是学前儿童在他们的生活中直接或间接所接触的一切东西，因此，该领域可以说是整个学前儿童教育的支柱与中心。

从科学教育的目标上来看，日本新《大纲》中除了高度关注学前儿童的好奇心和探究欲望，关注情感态度的培养，关注科学教育的生活化等问题之外，还增

---

① 张俊：《幼儿园科学教育》，人民教育出版社 2004 年版，第 83 页。

加了"带着亲切感接触身边的动植物,发现生命的宝贵……"等内容;同时在注意事项中也提出,"在幼儿期里,自然对学前儿童具有博大的意义。直接接触,体验到自然的浩大、美丽、神秘等经历,能让学前儿童心灵平和、情感丰富,并为其好奇心、思维能力、表现能力的发展打下基础。基于此,应努力帮助学前儿童加深自己与自然的关系"。从而强调让学前儿童在与环境的直接接触中,发展其对环境,尤其是对大自然的兴趣、敬畏,对外部事物和现象的好奇、探究、思考、发现以及丰富的情感等。实际上,在大自然中活动是日本学前儿童教育一直以来的主要方向,现代的社会环境更需要幼儿园给孩子提供接触大自然的机会。

 **知识链接**

日本1989年修订并颁布的《幼儿园教育大纲》,明确地将人际关系、环境、表现列入幼儿园的教育内容中,以纠正偏重智育的倾向,促使儿童在天真、活泼、幸福的气氛中得到良好的发展。而其中的"环境"部分也明确提出,要"着眼于培养儿童对周围各种各样的环境具有好奇心、探究心以及适应生活的能力"。在该文件中列出的目标有三个方面:

(1) 让儿童熟悉周围环境,在与大自然的接触中,培养对各种事物和现象的关心与兴趣;

(2) 让儿童自主地同周围环境发生联系,能从中有所发现和思考,并应用到生活中;

(3) 在观察、思考和处理周围事物与现象中,丰富儿童对物质的性质、数量、文字等的认识。[①]

三、英法的学前儿童科学教育目标

英国学前儿童科学教育目标中最显著的特征是十分强调设计与技术教育方面的目标。英国教育界的专家认为:设计与技术应让学生意识到技术的发展以及这些发展通过什么途径影响我们的工作环境和生活方式,懂得技术变化的重大意义;设计与技术应教会学生如何开展设计活动,如何运用所掌握的知识和技能来解决实际问题,如何使学生产生想法、制作和行动。

总之,英国学前儿童科学教育目标体现出重视学前儿童的科学调查和探索活动,重视学前儿童创新意识和创新能力的培养,强调技术与科学的密切关系并

---

① 张俊:《幼儿园科学教育》,人民教育出版社2004年版,第84页。

使学前儿童了解和学会运用这些技术的发展趋势。

 **知识链接**

英国从2000年9月开始实施的《基础阶段教育(3—5岁)课程指南》中,共提出了六个学习领域,分别是:个性、社会性和情感的发展,交流语言和读写,数学发展,认识和理解周围世界,身体发展,创造性发展。这里介绍的是"认识和理解周围世界"中的发展目标,其中又包括六方面具体内容:

1. 探索和调查的早期学习目标

(1) 运用面部表情、身体动作及声音表示出好奇和兴趣

表现出对物体的好奇心,观察、摆弄物体;

描述物体及事件的简单特征;

仔细观察物体和生物,以便发现更多的信息;

用各种感知觉去探究物体和材料;

观察生物、物体、事件的特征,建立各特征之间的联系。

(2) 探究物体

表现出对事物的发生机制及工作机制的兴趣;

根据某一特征对物体进行分类;

讨论看到过的事情和正在发生的事情;

认识、评价自己的行为方式;

注意到变化;

仔细观察物体的相同点、不同点、结构及发生的变化;

对新事物为什么发生及工作机制提问。

2. 设计及制作技巧的早期学习目标

探索结构性材料:

认识到工具可以根据自己的目的来使用;

连接物体的各部分去建构,并保持建构物的平衡;

开始试着使用一定的工具,了解使用安全问题;

利用各种材料,有目的地建构;

正确、适当地使用简单的工具和技术;

运用多种物体进行建造和建构,选择合适的资源,必要时调整自己的工作;

选择所需要的工具和技术去设计、收集、连接他们正在使用的材料。

3. 信息交流技术的早期学习目标

对信息交流技术产生兴趣；

知道如何使用简单的设备；

在电脑上完成一个简单的程序，及/或在信息交流技术机上实现一个简单的功能；

发现并了解技术在日常生活中的应用，运用信息交流技术设计好的玩具来支持自己的学习。

4. 感知时间的早期学习目标

回忆并讨论自己所经历的重大事件；

对与自己相似的人的生活表现出兴趣；

开始区分过去和现在；

认识自己、家人及其他人生活中过去经历的事件和现在发生的事件。

5. 感知环境的早期学习目标

对自己生活的世界表现出兴趣；

谈论自己的居住环境和自然界，并就此提出一些问题；

注意到当地环境的特点；

观察、找出、确认自己的居住地及周围自然界的特征；

考察周围环境，谈论自己喜欢和不喜欢的一些特征。

6. 文化和信仰的早期学习目标

表达对重要的私人事件的情感；

讲述家庭或朋友家的重要事件；

意识到他人的文化和信仰；

开始认识自己的及他人的文化和信仰。[①]

法国教育部于1996年6月宣布在全国范围推广科学教育改革项目，并于2000年6月制定了一个学前儿童园、小学科学教育革新计划，吸收了"动手做"项目的经验，并将该活动作为教育革新计划的创新部分。

"动手做"的教育目标：让所有学前和小学阶段的儿童有机会亲历探究自然奥秘的过程，使他们在观察、提问、设想、动手实验、表达、交流的探究活动中，体验科学探究的过程，建构基础性的科学知识，获得初步的科学探究能力，为促进儿童的全面发展，成长为具有良好科学素养的未来公民打下必要的基础。

---

① 张俊：《幼儿园科学教育》，人民教育出版社2004年版，第81—82页。

四、学前儿童科学教育目标设定的基本走向和趋势

比较世界各国的学前儿童科学教育目标,我们可看出学前儿童科学教育发展的基本趋势主要表现为:①

1. 培养儿童具有良好的科学素养成为各国科学教育的共同目标

《美国国家科学教育标准》中写道:我们大家,无论作为个人还是作为社会,同科学素养都是利害攸关的。懂科学,你才可能感受到你在领悟自然界的事理时油然而生的充实之感和兴奋之情。有良好的科学素养,你才有可能运用科学的原理和方法去作个人的各种决策,去参加讨论关乎全社会的各种科学问题。有扎实的科学基础可以强化人们日常的许多能力,诸如创造性地解决问题的能力、运用判断进行思维的能力、在集体中协同工作的能力、有效地运用技术的能力、懂得活到老学到老的价值等等。我们社会的经济生产率与我们的劳动大军的科学本领和技术能力是密不可分的。

科学素养作为科学教育的共同目标既反映了科技社会对公民的新要求,也是生活在其中的每个人获得全面和谐发展的必要条件。将科学素养作为科学教育的价值追求,真正体现了社会发展需要和个人发展需要的统一,同时也较全面地反映了科学的学科特点。

2. 强调发展儿童的科学探究能力

美国的科学教育标准强调把科学探究作为获取知识和认识世界的一种方法,构成教育的一个独立的组成部分,探究被看成是学科学的中心环节。

之所以强调发展儿童的科学探究和调查研究的能力,是因为各国的教育家已深切认识到这一能力的重要价值。在参与探究时,学生主要能描述物体和事件,能提出问题,能做出解释,能根据现有科学知识对所做解释加以检验,并且能把自己的看法和意思传达给别人。儿童会自己提出假设,会运用判断思维和逻辑思维,会考虑各种可能的解释。这样做就可以把儿童的科学知识与推理和思维的技能结合起来,从而可以能动地获得对科学的理解。

3. 重视基础技术教育

近年来,在一些西方国家,除了大力推行科学教育的改革外,越来越多的人开始重视基础技术教育。他们认为,要适应科学技术飞速发展的社会,要培养各方面的合格人才,必须要加强各层次的技术教育,特别是基础教育阶段的技术教育。

---

① 刘占兰:《学前儿童科学教育》,北京师范大学出版社 2008 年版,第 34—36 页。

本章小结

　　学前儿童科学教育目标从层次上看,可以分解为学前儿童科学教育目标的总目标、各年龄阶段教育目标、单元目标和教育活动目标四个层次。从结构上看,学前儿童科学教育的目标主要由三部分构成,即情感、态度方面的目标、科学方法和过程方面的目标和科学知识和经验方面的目标。

　　现行的学前儿童科学教育目标依据学前儿童的发展特点、现代社会的发展需要和学前儿童科学教育学科的特性而确立,本章阐述了我国及国外现行的学前儿童科学教育目标,并对学前儿童科学教育目标设定的基本走向和趋势进行了分析。

问题讨论

1. 试分析在实践中应如何把握学前儿童科学教育目标的层次和结构。
2. 请谈谈你对我国现行的学前儿童科学教育目标的理解。

第三章 学前儿童科学教育的内容

学习目标
1. 了解选择学前儿童科学教育内容的依据和要求。
2. 熟知学前儿童科学教育内容的范围。
3. 掌握选择适当的学前儿童科学教育内容的方法。

学前儿童科学教育的内容对于完成教育目标是至关重要的,它是体现学前儿童科学教育领域的指导思想,实现学前儿童科学教育目标的媒介,是设计与实施科学教育活动的主要依据。它以学前儿童周围世界的自然科学现象、科技产品等为学前儿童的学习对象,既有反映这个年龄段的儿童喜欢的传统教材内容,也有随着科学技术的发展、社会文明的进步体现当今科技社会的新内容。学前儿童科学教育的内容不仅要使其感兴趣,可探索,还要使其从中受益,接受科学启蒙教育,实施科学素质的早期培养。

第一节 选择学前儿童科学教育内容的要求

学前儿童生活在一个丰富多彩、变化万端的世界里。在他们周围的世界,充满了值得探索和学习的科学经验、科学概念,甚至是科学的规律。如动物的生活、植物的生长、糖的溶解、水的凝结、食物的发霉、轮子的转动、声音的产生、影子的发现等等,这些都寓有科学的道理,是学前儿童探索、发现、思考的源泉,是教师向学前儿童进行科学启蒙教育的好教材。如果说学前儿童科学教育的内容就在幼儿身边,这是恰如其分的。加之学前儿童好奇、好问、好探索的特点使其具有了自发探索和学习的动力。他们通过感官与周围世界直接接触,认识自我和周围世界,又通过科技媒体,了解一些他们不能直接接触的事物。他们无时无刻不在学习科学,其内容遍及其日常生活的各个方面。通常,幼儿园的科学教育内容越是贴近学前儿童的生活,越是为学前儿童生活中所常见,就越容易引起学前儿童的关注,为他们所接受。因此,密切联系学前儿童所处的活生生的生活,着眼于学前儿童身边有趣的科学现象选择内容,有选择地运用不同的指导策略,激活学前儿童学科学的兴趣与热情,就可以让科学教育的种子似春天的小草一样在学前儿童的生活中蔓延、繁荣,呈现活力。然而,如何在如此丰富的内容中选择适合于学前儿童学习并能取得最佳教学效果的内容,则必须要依循一定的要求。

一、关注幼儿生活

新《纲要》中强调:"科学教育应密切联系幼儿的实际生活进行,利用身边的事物与现象作为科学探索的对象。"即强调幼儿园科学教育应生活化,这是引发幼儿主动学习和探究的重要前提和条件。在学前儿童科学活动中,我们应沟通生活与科学活动的联系,使幼儿体会科学就在身边,感受科学的趣味与价值,让幼儿对科学产生亲切感,更好地发现、理解、探索和应用科学。这就更需要我们倡导以幼儿生活为内容的科学教育,让幼儿在生活中,通过不断地获得丰富的经验来促进他们知识、能力、情感、品行的发展。

1. 观察幼儿生活,选择幼儿感兴趣的科学活动内容

生活是科学教育的源泉,科学教育根植于幼儿的日常生活。正像我国著名教育家陈鹤琴先生所比喻的,幼儿的课程就像幼儿的手指,它们只能长在幼儿的手掌上,不能长在成人的手掌上。越是来自幼儿生活的课程越能让幼儿产生兴趣,越能引发幼儿主动积极地活动。对幼儿来说,最有效的学习就是他们感兴趣的学习。因此在选择科学教育的内容时,应以幼儿的社会生活为基石,抓住幼儿身边的物和事来组织活动。当他们驻足观望,不停地发问甚至直接动手操作时,我们应善于捕捉孩子的兴趣,并随机扩展成科学教育的内容。如幼儿园、社区、小超市、学校、工厂等等,这些社会自然环境都是幼儿进行科学探索的极好场所,秋天老师可和孩子一起观察树叶的变化,看落叶飞舞,看小草枯黄,看菊花开放;可以让孩子观察自行车的修理、磁铁的吸引、种子的发芽、商品的运输等等,孩子在观察、探索、讨论、交流和操作的过程中发展多种能力。教室的环境也是科学教育的资源,门上的锁、墙壁上的涂料、窗户上的纱窗、室内的空调和电扇,甚至活动场地上的塑胶跑道等等都蕴涵着丰富的科学教育的素材,这些来自幼儿生活的活动,都会受到孩子们的欢迎,因为它们亲切自然,有一种无形的吸引力吸引着幼儿的参与。

案例3-1 不会枯黄的草地

赵老师所在的幼儿园最近铺设了人工草坪,时值秋天,树叶和草地都枯黄了,赵老师带领孩子们在草地上活动,铭杰突然问老师:这里的草地怎么不会枯黄呢?由这个问题赵老师设计了一个关于人工草坪和自然草坪比较的科学探究活动。

2. 贴近幼儿生活,注重科学内容的生成

现代的教学观认为,幼儿是学习与发展的主体,教育教学活动所追求的主要目的是支持、帮助幼儿学会学习,构建与发展学习者主体。教育已不再是从外部强加在学习者身上的东西,而必须是从学习者本人出发的。① 基于这一观点,学前儿童科学教育的内容应该贴近幼儿的生活,从幼儿的兴趣、需要和原有水平出发,融入适宜的教育目标和内容,这样才能引起幼儿的主动学习和探究。因此,学前儿童科学教育内容的确定除了有关教材、大纲外,还应充分考虑生成的问题。在活动实施过程中随着活动情景的变化,利用当时、当地涌现出的新的活动线索和幼儿的需要,生成新的活动内容。教师在开展生成课程时最主要的是"捕捉"开展生成课程的"引子",这就需要教师有敏锐的观察能力和筛选能力,能及时开发和利用幼儿需求和兴趣中的教育价值,生成科学教育活动的内容;或巧妙地将教育目标转化为幼儿的需求,生成能激发幼儿探究和学习兴趣的科学教育内容。

案例3-2 滚瓶子

在公园玩耍的时候,A小朋友把喝完饮料的水瓶随手啪地扔在了地上,滚到了B小朋友的脚下,B小朋友甩脚就把瓶子踢了出去,滚到了老师脚下,老师见状(没有批评"不讲卫生",而是抓住时机扩展知识),也伸脚把瓶子踢

---

① 刘占兰:《幼儿科学教育》,北京师范大学出版社2000年版,第77页。

了出去,边喊的是B小朋友的名字,但是却滚到了A小朋友脚下了,边上的小朋友们都觉得很好奇,老师提出了一个问题:为什么瓶子会拐弯了呢?什么样的瓶子能滚得更直、更远呢?小朋友们都在各说各的理由,老师于是请小朋友们找来不同形状的瓶子或者可以滚动的像瓶子一样的东西(可以引入"圆柱体"的概念),体积可以是大的,也可以是小的;形状有两头大小不一样的,也有两头都是同样大小的;老师让小朋友们亲自验证一下自己的"结论",再来比赛看看谁的瓶子可以滚得更远,接下来,老师可以启发孩子们去比较不同的形状和滚动距离长短的关系。

贴近幼儿生活的教育内容不仅为幼儿获得能真正理解和内化的科学知识、经验提供了前提和可能,而且,只有幼儿真正体验到学习内容对自己及与自己相关的人有意义,是自己当前想要了解和知道的东西和解决的问题时,他才能积极主动地去探究,才能发现和感觉到周围世界的神奇,体验和领悟到科学就在自己身边,才能保持永久强烈的对周围生活中科学问题的好奇心和求知欲。

3. 反映生活的整体性,强调科学内容的整合

幼儿的科学活动源自幼儿的生活。儿童的生活是一个整体,生活不可能只反映人类知识体系中的某一部分而与其他部分无缘,社会、自然是以"整个"的形式呈现在幼儿面前的,要实现科学教育内容的生活化,就不应把整体的生活拆散而去追求将生活割裂的知识体系。儿童的学习是整体性的,是将认识纳入他们整个的经验体系之中的。幼儿在行动中不会去区分科学的行动、艺术的行动、社会的行动,幼儿只有综合的行动。

 案例

案例3-3 做饺子

在一次"做饺子"的活动中,王老师正在揉面,晶晶用手按压了一下面团说:"老师的面好软啊!"立刻有几个孩子围拢过来对面团的软硬产生了兴趣。王老师灵机一动,将面团分为几块,分别加不同比例的面和水,然后让孩子们尝试做饺子,结果不同的面不仅软硬程度不同,而且口感也有很大差异。由此次包饺子的活动王老师衍生出了"面团的变化"的科学探究活动。

生活中充满了千奇百怪可供人们探求的问题,孩子对周围的事物充满着好奇,只要我们关注幼儿的生活,了解幼儿的生活需要,把握幼儿的生活规律,感受

幼儿的生活趣味,明了幼儿的生活见解,就能引导孩子进行他们感兴趣的科学活动,获得他们需要的科学经验,培养他们的探索欲望与探索精神,使幼儿园的科学教育既来源于幼儿的生活,又能指导幼儿的生活。

二、体现广泛性和代表性

科学对于幼儿来说是一个综合性的学习领域,它本身涉及很多自然科学的学科,内容十分广泛。同时,绝大多数的科学内容又都以各种形式展现在幼儿的日常生活中,吸引着幼儿去注意、去探索,幼儿的科学探索遍及科学的各个领域。他们既关心遥远的宇宙,也关心灭绝的恐龙;既对小小的西瓜虫感兴趣,也想知道飞机的秘密……因此,只有为他们提供广泛的学习内容,才能满足他们广泛的兴趣,使他们对大千世界有广泛的接触,以便于今后进一步学习科学。但是学前儿童科学教育还要面向幼儿的未来,为幼儿将来学习科学打下知识经验的基础。因此,幼儿园科学教育的内容又应是有选择的,能代表自然科学各个领域的基本知识结构,使幼儿对科学知识的各个方面都有基本的了解,掌握各门学科的最基本的结构。为了保证选择的幼儿科学教育内容符合广泛性和代表性要求,我们建议按下列步骤进行内容选择:

1. 从广泛的范围中选择内容

我们既可以从幼儿广泛的生活中,也可以从广泛的学科知识中选择合适的教育内容。比如,在幼儿的生活中会遇到许许多多能引起幼儿兴趣和注意的事物和现象:"有趣的叶子"、"天上的彩虹"、"各种各样的纽扣"、"吃草的羊"等等。对于这些,幼儿甚至会自发地进行探索。教师则可以从幼儿生活中的这些事物受到启发,寻找科学教育的内容。又如,物理学中有关力的种类的知识:重力、浮力、弹力、摩擦力;生物学中有关动物的种类的知识:海洋中的动物、陆地上的动物、空中飞的动物,等等,都属于自然科学的学科知识,教师可以从自然科学知识体系中得到启发,按知识领域确定内容。

2. 衡量所选内容的代表性

衡量代表性就是衡量这些内容能否反映学科知识的基本结构,能否使幼儿举一反三,为幼儿学习其他类似的内容提供帮助。为了使幼儿了解完整的物质世界,我们在选择幼儿科学教育内容时,应注重从不同的角度,选取有代表性的基本知识让幼儿认知,通过学习,以点带面,举一反三,让幼儿了解物质世界的广泛性。可供幼儿园选择的科学教育的内容,包括动物、植物、自然现象、科技成果、人文景观、社会生活等许多领域,每一领域又包含了许多分支内容。如植物领域包含树木、花卉、小草、水生植物、水果、干果、农作物、蔬菜及有关植物的常识(根、茎、叶、种子等)九种。每一种都应选择有特点的加以介绍,如蔬菜类,根据人们吃蔬菜的不同部位又可细分为：吃根的（萝卜）、吃茎的（莴苣）、吃叶的（白菜）、吃花的（黄花菜）、吃果实的（茄子）、吃种子的（青豆）六种。幼儿通过对不同植物的认知、生活经验的积累，就可归纳出一定的规律，即：植物都有根、茎、叶、花、果，不同季节有不同的植物生长，植物的生长离不开水、阳光、空气、土壤，随着人们对植物的改良，植物的生长周期在改变，如过去只在夏季才生长的黄瓜、茄子、西红柿等蔬菜，人们用塑料大棚种植，冬季也能吃到这些新鲜的蔬菜，丰富了人们的物质生活。

3. 考虑各部分内容的均衡性[①]

所谓均衡性就是要使教育内容能基本覆盖所有的内容范围，各部分内容的比例保持协调，不能过多考虑某个部分而忽视其他部分的内容。比如，认识植物的内容，不仅要认识树木，也要认识花草，还可以认识苔藓等低等植物；不仅要认识生长在陆地的植物，也要认识生长在水中的植物，这样就能使幼儿获得广泛而又具有代表性的科学经验。如果我们一个学期都安排认识植物的内容，尽管幼儿认识了各色各样的植物，但他们也失去了认识其他科学现象的机会。这样的做法不仅没有必要，而且也失去了幼儿科学教育内容的均衡性。

三、反映时代特征

随着科学技术的突飞猛进，人类社会进入了科学化的时代，幼儿周围世界中，也充满着各种包含现代科学技术的日常生活用品，他们能通过各种途径充分感受到现代科技在人们生产、生活中的应用，这些应用引发了幼儿的好奇心和探索的兴趣。学前儿童科学教育不能只关注幼儿对自然的认识，更应引导幼儿了解科学技术的新发展，使他们在了解科技现象的同时，感受科技的重要性，以适应时代的发展、变化。

在科学技术的发展给人们的生活带来了便利的同时，由于乱砍滥伐森林，破坏草原，工厂中排出大量的污水、废气、废渣，各种垃圾的存在，大气臭氧层被破坏，地震、火山爆发等人为的和自然的原因，造成了许多危害人类生产、生活、身体健康以至影响生存的环境问题。维护生态平衡、保护人类赖以生存的环境已经迫在眉睫。因此，可通过"我们只有一个地球"、"植树节"、"爱鸟周"、"绿色的森林"、"地震"、"清洁工"、"水的变化"、"世界环境保护日"等活动，对幼儿进行环保教育，教育他们从自身做起，从小事做起，不乱丢果皮纸屑，不随意伤害动植物，节约用水，做一个节约资源、保护环境的"小卫士"。

[①] 张俊：《幼儿园科学教育》，人民教育出版社2004年版，第91页。

1. 选择介绍幼儿生活中常见的先进科学技术作为科学教育的内容

现代科技已经渗透到我们生活的各个方面,我们可以围绕幼儿的生活向其介绍能为其所理解的、体现时代特点的现代的科学技术及其应用,如食品加工、无土栽培、现代通信、现代建筑、现代交通、网络技术等,也可以向幼儿介绍一些他们感兴趣的高新技术,如航天技术等。

案例 3-4 汽车的演化

小胖是个车迷,家里有很多车模,从老爷车到充满想象力的未来跑车应有尽有。李老师请小胖帮忙在班里开了个车模博览会,吸引了很多小朋友,大家对汽车的发展历史十分感兴趣,李老师也以此为契机设计了一系列科学探究活动。

2. 选择介绍科学技术发展过程的内容

我们可以向幼儿介绍科技产品的发展变化,让幼儿不仅知道科学的今天,也了解它的昨天。如向幼儿介绍磨豆浆的工具——电动豆浆机的同时,还应向幼儿介绍另一种工具——石磨。我们也许会发现幼儿对后者的兴趣甚至超过了前者。他们惊讶于这样原始的工具,并用自己的操作来加以验证。当教师介绍这是古代中国人的发明时,他们不禁为之骄傲。通过这种内容,一方面可以让幼儿积累科学技术发展史方面的知识,在对比中体验科学技术的发展,同时也使他们体会到现代科学技术的先进性以及古代人民的智慧,从而帮助他们了解科学技术的昨天,知道科学技术的今天,更有助于他们去探索科学技术发展的明天。

案例 3-5 造 纸 术

在介绍我国四大发明的时候,孩子们对造纸术很感兴趣,徐老师按照造纸术的原理在教室里设计了一个"造纸实验室",让孩子们亲自尝试用身边的材料造纸,在经过反复尝试后,大家终于造出了"纸"。

另外,在学前儿童科学教育内容的选择中,应注意内容是否能引导幼儿积极主动的学习,并能在做的过程中运用多种形式进行表现。通过不同形式和途径的表达,可以加深幼儿对世界的认识和理解,发展幼儿多方面的能力。如把"认识电池"变成"让电动玩具动起来"、"让手电亮起来",在做的过程中,孩子们可以尽情发挥自己的想象,尽情探寻自己的思想,尽情释放自己的喜怒哀乐……

案例

> **案例3-6 蜡烛燃烧**
>
> 在"蜡烛燃烧"活动中,张老师给幼儿准备了许多大小不一的杯子,让幼儿想办法把燃烧中的蜡烛熄灭。在这个活动中,幼儿肯定会假设许多方法,用东西把蜡烛盖住或是直接用嘴吹灭蜡烛。后者马上被实验的结果所验证,因为用嘴使劲一吹火就熄灭;而前者,幼儿必须用老师提供的杯子进行实验操作。于是他们用杯子盖住燃烧中的蜡烛,蜡烛便慢慢地熄灭了。实验证明了他们的假设,这样,幼儿的兴趣也就更浓了,达到了让幼儿在快乐的情绪中学习的目的,并保持了幼儿对学习活动的积极态度。

第二节 学前儿童科学教育内容的范围和设置

随着时代的发展和学科的完善,学前儿童科学教育的内容也在原有的基础上不断地更新和扩展,更加强调科学、技术和社会的融合,强调以探究为中心的观点以及生态教育的观点。这些在新《纲要》中已有较充分的体现。在新《纲要》科学领域中,提出的内容和要求是:

1. 引导幼儿对身边常见事物和现象的特点、变化规律产生兴趣和探究欲望。

2. 为幼儿的探究活动创造宽松的环境,让每个幼儿都有机会参与尝试,支持、鼓励他们大胆提出问题,发表不同意见,学会尊重别人的观点和经验。

3. 提供丰富的可操作的材料,为每个幼儿都能运用多种感官、多种方式进行探究提供活动的条件。

4. 通过引导幼儿积极参加小组讨论、探索等方式,培养幼儿合作学习的意识和能力,学习用多种方式表现、交流、分享探索的过程和结果。

5. 引导幼儿对周围环境中的数、量、形、时间和空间等现象产生兴趣,建构初步的数概念,并学习用简单的数学方法解决生活和游戏中某些简单的问题。

6. 从生活和媒体中幼儿熟悉的科技成果入手,引导幼儿感受科学技术对生活的影响,培养他们对科学的兴趣和对科学家的崇敬。

7. 在幼儿生活经验的基础上,帮助幼儿了解自然、环境与人类生活的关系。从身边的小事入手,培养初步的环保意识和行为。①

因此,学前儿童科学教育的内容,主要包括以下几个方面。

一、自然生态环境及其与人们生活的关系

生态环境教育在当今已不是陌生的字眼,它随着世界环境问题的突出而备受关注。从可持续发展战略角度看,幼儿生态环境教育无疑是学前儿童科学教育的一个重要内容。

儿童生态学是开展幼儿生态环境教育的理论基础。儿童生态学是一门交叉学科,它借助于生态学的基本原理和方法,将儿童放置于其生存与发展的真实社会环境之中进行研究,它认为,儿童的行为及其状态与其背景是一个密不可分的整体,儿童的发展是不断成长的有机体与其所处的不断变化着的环境之间的逐步的相互适应。我们应从儿童的生态出发来研究如何开展全面的生态环境教育,构建幼儿生态环境教育的课程、目标、原则及方法。

地球上任何事物的变化、发展都是和环境息息相关的:它既受环境的影响,也会给环境造成影响。全球性的环境危机强烈地呼唤生态环境教育,而生态环境教育作为面向年轻一代的保护环境的行动,必须从小抓起。另一方面幼儿周围的动植物和无生命物质——沙、石、土、水、空气和太阳等都是构成自然生态环境的重要因素,同时也是幼儿经常接触的事物,它们都是向幼儿进行生态环境教育的好内容。

生态学的观点为我们思考幼儿认识自然环境的教育内容提供了一个新的视角:即不能拘泥于对环境中孤立的事实的认识,而要教给幼儿一个基本的观点——生态学的观点,一种思考问题的方式——生态学的思考方式。幼儿具备了这样的观点和思考方式,就不会孤立地看待环境中的事物,而是以一种联系的和整体的观点来看待,这对于他将来处理重要、复杂的问题是非常有益的。我们不必也不可能向幼儿介绍很多抽象的生态学知识,但完全可以在各种具体的内容中渗透生态学的观点。如鸟的内容教学,由于幼儿已经了解了各种各样的鸟,我们就可以

---

① 教育部基础教育司组织编写:《幼儿园教育指导纲要(试行)解读(第 2 版)》,江苏教育出版社 2002 年版,第 34 页。

引导他们认识鸟生活在不同的环境:鸵鸟生活在沙漠中,丹顶鹤生活在沼泽地,企鹅生活在南极,海鸥生活在海边……让幼儿体会生物和环境之间的关系。学前儿童自然生态环境教育可以包括以下的内容:

1. 自然界中常见的动植物及其与环境的关系

(1) 观察常见动植物的生活及特征,探索动植物的多样性

通过观察动植物,使幼儿认识常见动植物的典型特征,了解它们的生活习性,知道自然界中的动植物是多种多样的:动物中,有大的、有小的、有凶猛的、有温顺的,有多毛的、有皮肤光滑的,有会生蛋的、有会生"小宝宝"的,有爬的、有跳的、有飞的……植物中,有高大的树、有矮小的树、还有低低的草,有各种各样的叶子,也有各种各样的花和种子。

 案例

> **案例 3-7 神秘的植物王国**
>
> 李老师经常带领孩子们去植物园参观,在参观结束后,她还会收集各种植物的图片,让孩子们对植物的种类有初步的了解,并比较相似种类的植物在哪些方面相近。在李老师的努力下,孩子们对植物分类有了初步的认识,极大地拓展了他们的视野。

(2) 探索和初步发现动植物和环境的关系

在观察动植物的同时,还可通过具体的事实,引导儿童探索和初步了解动植物和环境之间的关系,如不同的环境中,生活着不同的动植物;动植物的形态结构以及它们的生长变化往往和它们生活的环境密切相关;同时,动植物之间、动植物和人类之间也有着十分密切的关系。如,啄木鸟嘴巴的形态使它能够顺利地从树洞中捉虫,既使自己有了美味的食物,又有利于大树的生长,而大树的长成又给人类带来了无限的阴凉和财富。

 案例

> **案例 3-8 社区的生态系统**
>
> 在科学活动课上,魏老师给孩子们播放了关于非洲草原生态系统的 DVD,

孩子们被多种多样的动物、复杂的生态系统迷住了。在活动结束时,魏老师要求孩子们在家长的帮助下绘制自己所在社区的生态系统简图,并观察身边的生态系统是如何运作的。

2. 自然界中的无生命物质及其与人、动植物的关系

自然界中的无生命物质,主要指沙、石、土壤、水、空气以及太阳、月亮、星星等空间环境。它们都是儿童经常接触的事物,也是构成自然生态环境的重要因素。

(1) 沙、石、土

可以让幼儿玩沙、石、土,感知并比较它们的特征;让幼儿了解沙、石、土在日常生活中的用处;通过探索活动让幼儿知道沙、石、土都是覆盖在大地上的,但是沙和石头上都很难长出植物,只有土壤上能够长出植物来,让幼儿体会土壤和动植物乃至和人类的关系,知道要珍惜土壤。

案例

案例 3-9 最佳设计师

王老师为了让孩子们体会沙、石、土的不同特性,给大班孩子设计了一个活动。要求孩子们自选沙、石、土、水等材料设计并建造结实的房子。孩子们很有兴趣,利用各种材料实现心中的设计,并在这个过程中体会到不同材质的不同特点。

(2) 水

幼儿对水的认识应该包括两个方面:一是对水的物理性质的探索,二是对水的生态意义的认识。

关于水的物理性质,可以让幼儿感知它的无色、无味、无嗅、透明,但无需幼儿用语言描述;可以让幼儿探索一些和水有关的物理现象,如水向低处流,水有浮力,水能溶解一些物质等等;可以让幼儿探索固态、液态和气态的水以及相互变化的现象。

关于水的生态意义,主要包括让幼儿了解自然界中的水对于人和动植物生存的重要性;让幼儿了解自然界中的各种水源——江河湖海等;通过实验、讨论等活动让幼儿认识水对于生命的重要性;结合幼儿的生活经验让幼儿懂得要节约用水,保护水源的清洁。

> **案例3-10 水用途的调查**
>
> 在认识水资源的活动中,李老师给孩子们布置了家庭作业。要求大家在家里和社区中观察哪些地方用到了水,水的作用是什么,并用绘画的形式表现水的发现地点和用途。在随后的讨论中,李老师让孩子们想象如果这些地方的水都没有了,大家会想什么办法来代替这些水资源。

(3) 空气

由于空气比较抽象,缺乏具体的形象供幼儿探索,幼儿较难理解。因此,对于幼儿来说,只要让他们体会到空气就在我们的周围,我们看不见、摸不着但也离不开它。可以通过探索空气的流动(风)、充气等和空气有关的现象以及空气污染的现象来增强幼儿对于空气的感性体验。[①]

> **案例3-11 风 筝 节**
>
> 刘老师想让孩子们在感兴趣的活动中体会空气的流动,于是她制作了很多风筝,选择了有风的天气让孩子们在户外放风筝。在放风筝前,孩子们讨论了如何才能让风筝飞起来,并在刘老师的带领下测定了风向,刘老师特别提醒孩子们感受和观察风力、风速和风向对风筝飞行的影响。

(4) 太阳、月亮和星星

儿童从小就对神秘的天空有着探索的兴趣。他们想知道太阳公公落山以后在哪里休息,星星为什么会眨眼睛……但限于思维的水平,他们很难理解那些抽象的天文知识,于是就会产生很多离奇的想象,如有的儿童认为星星眨眼睛是因为上面有人拿着手电筒在照……

对于学前儿童来说,我们不必向他们解释各种抽象的天文知识,而是要通过幼儿能够直接观察到的现象,使其获取相关的经验。可以让幼儿观察天空中的

[①] 张俊:《幼儿园科学教育》,人民教育出版社2004年版,第100页。

太阳(注意不能用肉眼直接观察);通过实验来让幼儿体会到太阳能给我们带来光和热,这是人、动植物生长所必需的;可以让幼儿观察并记录月相的变化,等等。如果儿童对更多的天文知识感兴趣,可以引导他们从图书等途径来获取知识。

3. 人与自然环境的关系

幼儿是环境的一分子,人与自然环境关系的教育应该渗透和体现在认识自然界中的动植物和无生命物质的内容中。我们可以从孩子能亲身感受到的环境问题入手,既向幼儿适当介绍周围生活环境的污染情况及其危害,如水污染、大气污染、噪音污染和生活垃圾的污染等,也向幼儿介绍人类保护环境的行动,引导幼儿从力所能及的事做起,积极参与环境保护的行动,养成幼儿良好的保护环境的行为习惯,比如教育儿童爱护花草树木,爱护小动物,保持环境整洁。

 **案例**

案例3-12 生命教育的意义

"善待周围的环境就是善待自己,尊重每个生命就是尊重自己",这是马老师所在幼儿园开展的生命教育的主题。在幼儿园各种活动中,生命教育的精髓都渗透其中,如在角色游戏活动中学着关爱娃娃、关爱病人;在玩具分享活动中,体验同伴友好相处、互换玩具的乐趣以及学着爱护同伴的玩具;在种植饲养活动中,孩子们细心照料、耐心关怀,随着蚕豆发芽、兔宝宝长大……这些感性经验的获得,能够唤起孩子们心底爱的体验。在科学教育中,马老师也着力从孩子们的感受出发,让他们切身体会到我们和自然环境的关系。

二、自然科学现象

幼儿认知发展的水平还不能理解抽象的科学概念,而自然现象则将深奥的科学概念和原理以具体形象的形式呈现在幼儿的面前,符合幼儿的认知特点。可以说,幼儿对自然现象的探索,是其迈向科学殿堂的第一步。

让儿童学习有关自然科学现象的内容,不要求他们掌握和理解抽象的科学概念和原理。如"浮力"的内容,不是要让儿童知道什么是浮力,或者用浮力来解释生活中的现象,而是让儿童探索生活中和浮力有关的科学现象。我们还要注意让儿童了解这些现象和动植物与人类生活的密切关系,所选内容要结合儿童的生活经验,而不是用复杂的装置做实验,以避免和实际生活脱节。

学前儿童可以探索的有关自然科学现象的内容包括:气候和季节现象;常见的物理现象;简单、安全的化学现象等。

1. 气候和季节现象

让儿童观察和理解气候和季节现象有一定的困难。因为儿童很难直接探索这类现象发生的原因和全部过程,如云雨的形成、四季更替等。所以这部分内容主要是结合具体的天气,引导儿童观察、探索和熟悉可见的现象及其和人类、动植物的关系,重在积累这方面的经验,培养儿童对周围自然环境的关注。具体包括:

(1) 观察和感受不同情形下的风的不同。

(2) 观察空中的云及其运动和变化,特别是不同天气时云的变化。

(3) 观察并记录晴天、阴天、雨天等不同的天气现象,以及小雨和大雨等的不同。

(4) 观察和探索冬天常见的天气现象——冰、雪、雾、霜等,夏天常见的天气现象——雷雨、彩虹等。

(5) 认识四季的名称,观察其变化,感受并了解各个季节的典型特征,包括常见的天气、气温的变化、人类生活及动植物的变化等,初步了解季节变化和人类、动植物的关系,人如何适应季节变化等。①

 **案例**

案例3-13 以季节为主题的活动设计

中班科学教育活动以季节为主线设计了四个主题:春姑娘的礼物(主要涉及春天季节变化和动植物生长)、夏天趣事多(主要涉及季节特点和与水相关的各项活动)、金色的秋天(主要涉及农作物成熟等)、雪的王国(主要涉及冬季动植物变化和保健教育等内容)。

2. 物理现象

有关物理现象的内容很丰富,按照涉及的知识领域划分,主要包括:力、光、热、声、电、磁等内容。

(1) 力和运动

力是物体间的相互作用,是我们日常生活中常见的自然现象。自然界中有

---

① 张俊:《幼儿园科学教育》,人民教育出版社2004年版,第102页。

各种各样的力：重力、浮力、弹力、摩擦力等。儿童虽然不知道这些力的性质，但在生活中却处处和力打交道。我们让儿童探索力，主要是启发儿童探索和思考日常生活中的这些经验，从平常的事情中发现其规律性。如物体在不同光滑程度的平面上，运动的快慢会不同；玩跷跷板、天平、平衡架等探索平衡的条件，体验力的平衡；探索各种自然力（如风力和水力），了解人类对它们的利用。

具体的内容有：

初步了解力的大小、方向、作用点和物体运动之间的关系。

知道力有很多种，如浮力、推力、压力、弹力、摩擦力以及风力、水力、电力等，感受各种力的作用。

探索力的平衡，发现它们的作用。

探索省力的方法，了解人类对它们的运用。

(2) 光和颜色

光是自然界中普遍存在的现象，和人类的生活有着密切的联系。儿童可以探索的光的现象有：

认识各种光源（自然的、人造的）以及它们的不同（太阳、燃烧的物体、电灯、闪电等会发光；月亮、镜子等会反光），探索光和影子的关系。

了解光对于我们的重要性：光为我们带来光明，使我们可以看见周围的世界，光还为植物的生长提供了条件。

探索各种光学仪器和日常的物品、玩具，如望远镜、万花筒等，了解简单的光学现象（如光的反射和折射现象）。

探索颜色的现象，了解颜色是由于光的反射造成的。

(3) 热和温度

儿童对于热的生活经验比较多，但对于热的现象很难进行研究和探索。所以结合儿童的日常经验，儿童学习的内容有：

知道任何物体都有温度，感受有的物体热，有的物体冷。

探索并发现物体之间的传热现象，热的物体会变冷，冷的物体会变热；讨论可以用什么办法使物体变冷、变热。

知道天气的冷热，讨论生活中有关热的问题，如夏天怎样散热，冬天怎样取暖保暖，并了解几种取暖或散热产品。

(4) 声音

我们生活在一个充满声音的世界。幼儿自出生起就对外界的声音做出反应。声音是幼儿最初了解世界的重要信息来源。在学前阶段可结合听力的培养让儿童探索有关声音的内容：

注意倾听、感受并辨别各种声音：自然的声音、人的声音、机器的声音等。

探索声音的产生,知道各种能产生声音的物体和能产生声音的方法。

知道声音有乐音、噪音之分,乐音给人以美的感受,噪音给人们带来危害。

通过游戏、实验等探索声音的传播,观察几种生活中常见的能传播声音的现代科技产品,探索它们是如何将声音传得更远的。

培养幼儿爱护嗓子,养成轻声说话的习惯,要用好听的声音说话和唱歌,不要大声喊叫。

(5) 电

电在我们生活中的作用越来越大,现在的儿童也接触到很多和电有关的物品:家用电器、电动玩具等。我们不能因为电有危险就禁止儿童接触和探索电的现象,相反要进行适当的有关电的知识教育。这样既满足了儿童的好奇心,又可预防事故。

通过游戏探索摩擦起电的现象,使幼儿了解静电现象。

初步了解日常生活中电的来源,知道电是发电厂通过电线输送来的。

初步了解干电池也能产生电,在游戏或实验中探索干电池的用途,还应告诉幼儿,废旧的干电池是有毒的,不能随便丢弃。

探索各种家用电器的功能,初步了解电在日常生活中的应用。

玩各种电动玩具或进行简单的实验操作,发现电能够产生光、声、热和动力。

介绍电的危害性,教给幼儿安全用电的基本常识。

(6) 磁

尽管儿童并不理解磁究竟是什么,但是磁的现象由于其带有神秘和魔幻般的色彩,自古以来就吸引着儿童的好奇。让幼儿探索磁的现象,有益于激发幼儿的好奇心和科学探索的欲望。儿童可以学习的磁的内容有:

探索各种大小和形状的磁铁,发现磁铁能吸铁的性质。对于稍大的幼儿,还可探索不同磁铁的磁力大小。

探索磁铁之间的相互作用,发现吸引和排斥的现象。

玩指南针或磁针,探索指南针指南的现象。

探索磁铁在生活中的应用,寻找哪些物品里用到了磁铁,了解磁铁在人类生活中的用途。[①]

3. 化学现象

化学现象在儿童的生活中也是比较常见的。但出于安全的因素,过去很少让儿童探索这类内容。而且,化学现象所反映出的规律性也比较隐蔽,幼儿直接探索比较困难。不过,有些化学现象的表现形式也是很有趣的,而且简单、安全。

---

① 张俊:《幼儿园科学教育》,人民教育出版社2004年版,第103—105页(有改动)。

我们可以引导幼儿探索周围物质世界和日常生活中存在的简单的化学现象：如碘酒和淀粉产生变色反应的现象；大米经过烧煮变成米饭；面粉发酵做成馒头以及食物的霉变现象等。

三、科学技术教育及其对生活的影响

现代科技的快速发展是一把双刃剑，一方面促进了人类社会的进步，为人们带来了幸福；另一方面又为人类带来了全球性的严重的社会问题，诸如生态平衡的破坏、环境的污染等。为此，我们把科学技术教育作为科学教育内容的一个部分。其具体内容包括：

1. 学前儿童生活中常见的科技产品及其作用

生活中常见的科技产品是科学技术应用于生活的具体体现。可以让儿童探索认识现代家用电器，如电灯、电话、电视机、空调、洗衣机等，初步学习简单的使用方法，并体会它们在家庭生活中的作用；探索、观察常见的各种交通工具，如摩托车、汽车、轮船、飞机等，比较它们的优缺点，并体会它们和人们生活的关系；初步了解几种农业科技产品，如温室种植的蔬菜、瓜果，人工饲养的水产、家禽，以及经过加工的食品等；可以让儿童玩各种玩具如拖拉玩具、机械玩具、电动玩具等，体会玩具的发展。

2. 科技产品的发展

可以向儿童介绍常见科技产品的发展、进步，了解科技给人们生活带来的方便。如向儿童介绍交通工具的发展史，让儿童了解从古至今的交通工具都是什么样的，由此体会科学技术的发展提高了人们的生活质量。

3. 简单的科技小制作

对儿童来说，儿童完成一个科技小制作和探索一个科学现象是不同的经验。我们可以让儿童学习运用工具和材料制作简单的科技玩具，如做风车、不倒翁等。他们不仅获得了亲手制作的经历，还获得了一些具体的操作技巧。

 **案例**

案例3-14 帆船大集合

将与磁铁摩擦后磁化的珠仔针制作成帆船，并利用长形磁铁棒操控帆船，会有同极相斥、异极相吸的现象。

操作步骤与现象：

器材：脸盆、磁铁、珠仔针、色纸、泡沫塑料、剪刀。

> 1. 珠仔针(可以在文具店购买)在磁铁的同一极以"同一个方向"摩擦约60次,以磁化珠仔针。
> 2. 将珠仔针穿过纸片并将其竖立在泡沫塑料上以做成帆船的样子。
> 3. 制作六艘帆船。
> 4. 用长形磁铁棒的一端向脸盆中一指,帆船会全部靠拢过来;换另外一极靠近帆船时,帆船会被弹开。
>
> 原理:
> 一些含有铁质的物质,当使用磁铁靠近时,若接触时间较长可使原本不具磁性的铁质物质暂时具有磁性,这种情形叫做磁化作用。珠仔针在摩擦磁铁的过程中被磁化了,所以变成一块小型的磁铁。磁铁异极相吸,所以当使用磁铁的异极时帆船会全部靠拢过来;因为同极相斥,所以当使用磁铁的同极时帆船会被排斥开。

4. 熟悉的科学家的故事

向儿童介绍著名的科学家的事迹实际上是一种科学价值观的启蒙。它可以激发儿童对科学家的崇敬之情,以及科学创造的欲望。

总之,学前儿童的科学技术教育,不是向儿童进行抽象的说教,而是要通过儿童熟悉的内容,让儿童在生动、具体的经验中,体会科学技术和社会的关系,萌发正确的科学价值观。

四、人体及自我保护教育

幼儿认识和探索人体具有重要的意义。它能使幼儿获得对自己身体的认识,以及有关的人体科学和健康知识,对于保护幼儿的身体安全和健康是非常必要的。除此之外,它还为幼儿奠定了科学自然观的基础,即让幼儿从小就做到客观地看待自然世界,认识到人体作为自然的存在物,也是可以探索的对象。对自己身体的认识和探索,是对世界的认识和探索的一部分。

幼儿可以学习的有关人体的科学内容包括:

1. 人体的结构、功能及保护

幼儿对自己身体的结构,特别是外部结构是非常感兴趣的。我们可以结合幼儿直接的生活经验,向他们介绍人体的基本结构和功能,以及怎样保护自己的身体。

(1)观察、探索人体的整体结构、活动、功能及保护

让幼儿了解人体由哪些主要部分构成,它们是怎样活动的,初步知道要保护身体。

(2) 观察、探索人体的外部结构、功能及保护

可以让幼儿观察、探索人体的外部结构,包括:头、颈、躯干、四肢、五官、皮肤、毛发等,了解它们的功能,初步知道怎样保护。比如小班幼儿就可以探索自己的脸上有什么,是什么样的,并且照着镜子把它们画下来,还可认识人的身体的其他部分,如手、脚等等。

(3) 感受、体验内部主要器官的活动和功能

2. 人的心理活动

人的正常心理活动对于维持人的生存是非常重要的。但是幼儿很难直接探索他们的心理活动的过程,因此可以结合心理健康的教育,引导其了解一些简单的心理知识,比如情绪就是幼儿可以感受和体验的心理过程。具体的教育内容可以包括:

(1) 感受、体验、表现自己的情绪,如高兴和难过等,知道每个人都会有情绪的感受和体验,在不同的情况下会有不同的情绪表现。

(2) 观察、体验和理解同伴的情绪表现。

(3) 学习适当地表现或控制自己的情绪,发展积极的情绪。

 案例

案例 3-15 情景故事

人的心理过程是隐性、不可见的。如何能让幼儿学习适当地表现情绪,侯老师想了很多办法。侯老师将孩子们生活中的典型情景做成了一幅幅图画,编成一个个小故事,并在活动中有意去掉一些情节让孩子们自己补充并创编结尾。孩子们会将内心的想法投射在创编的故事中,侯老师因此而了解到了孩子们的心理发展特点和存在的问题,有针对性地进行教育。

3. 个体的生命过程(生长、发育和衰老)

认识人的生命过程包括以下具体内容:

(1) 初步知道自己的出生、生长过程和生长发育的条件。

(2) 观察人的出生、长大和衰老的过程,并且知道每个人都会经历从小长大到衰老的过程,教育幼儿尊老爱幼。

(3) 初步知道生命是一个客观的过程,生命是最宝贵的,要珍惜和保护人的生命。

案例

> **案例3-16 生命的历程**
>
> 雷老师设计了一个名为"生命的历程"的活动,让孩子们收集自己从婴儿时期一直到幼儿园的照片和父母从出生到现在的照片,并将所有照片贴在一起,让孩子们比较成长过程中的变化,体会生命的奇妙。

学前儿童科学教育的内容十分丰富,科学教育教师要将庞杂的内容有机地联系在一起,结合幼儿的认知特点设计和组织活动。学前儿童科学教育内容应是全面的、科学的、启蒙性的、丰富多彩的,既要来源于学前儿童的生活,又能在学前儿童的生活中得以运用。只有做到这些,教师才可能有效引导幼儿通过直观的方式将抽象的科学知识转化为自身的经验和知识。学前儿童科学教育的作用和价值才能够最大化。

本章小结

学前儿童科学教育的内容依据科学性和启蒙性、广泛性和代表性、地方性和季节性、时代性和民族性等要求而选择,主要包括自然生态环境及其与人们生活的关系、自然科学现象、科学技术教育及其对生活的影响、人体及自我保护教育等方面。

确定学前儿童科学教育的内容除了依据有关教材、大纲外,还应充分考虑生成的问题。也就是说,我们在执行计划的过程中要根据儿童的兴趣与需要以及活动情况随时调整活动内容及活动方式,以满足幼儿主动学习和探究的需要。

问题讨论

1. 请简要介绍学前儿童科学教育内容的范围。
2. 请谈谈你对学前儿童科学教育中生成内容的看法。

第四章 学前儿童科学教育的方法

学习目标
1. 了解学前儿童科学教育的基本方法。
2. 理解学前儿童科学探究的基本原理和方法。
3. 能在实践中恰当选择学前儿童科学教育的方法。

学前儿童科学教育的方法,是指为完成科学教育的任务,实现科学教育的目的所采用的途径和方法,它既包括教师教的方法,也包括幼儿学的方法。随着我国幼教改革的不断深入,幼儿学科学的方法越来越受到人们的重视。

第一节 多样化的学前儿童科学教育方法

在学前儿童的科学教育中,多样化是一个核心词汇。多样化的教育内容、多样化的教育方法、多样化的评价指标体系等等。为什么在学前儿童的科学教育中,多样化的方法如此重要?首先,幼儿是通过多种感知通道来认识、理解客观世界的,单一通过视觉、听觉灌输科学知识等于剥夺了孩子们更多学习的机会;其次,科学概念和科学规律的表现方式也是多种多样的,在不同情景中认识、感受科学规律会给学习者留下深刻印象;最后,学前儿童个性化的认知学习方式决定了学前儿童科学教育方法多样化是必然的。本节我们将要了解学前儿童科学教育中常见的一些方法,并论述选择这些方法进行教学的依据。

一、科学观察与记录

观察法是人类科学认识中的重要实践活动。作为一种科学方法,其手段和功能都是随着科学的发展而发展的。在学前儿童科学教育中,观察法是指教师有目的、有意识地组织和启发幼儿运用多种感官去感知周围世界的事物和现象,使之获得具体的印象,并在此基础上逐步形成初级科学概念的一种有效方法。①

1. 科学观察和记录在学前儿童科学教育中的作用

(1) 观察是幼儿认识世界,取得直接经验的重要途径

幼儿认识世界是从具体的感知活动开始的,他们观察具体事物,区别事物的特征及其变化,从而发现事物间简单明显的联系与因果关系,并在此基础上形成概念。因此,有人把观察比喻为"知识的门户",它可以使幼儿获得第一手的科学经验。

(2) 观察能有效地促进幼儿智力的发展

作为一种复杂的心理活动过程,观察不仅能提高感觉器官的机能,还可以锻炼大脑的信息加工能力。幼儿通过观察,能有效促进其智力的发展。

(3) 观察能有效地促进幼儿语言的发展

丰富的感性认识是幼儿语言发展的源泉。幼儿在运用观察的方法感知事物的同时词汇数量不断增加;同时,丰富多彩的事物也能激起幼儿用语言表达的愿望。

(4) 观察能激发幼儿的求知欲,培养幼儿的探索精神

在观察中,周围陌生而又熟悉的世界展现在孩子面前,使幼儿产生好奇,从而激发幼儿的求知欲望和探究兴趣。

(5) 观察记录可以培养幼儿尊重事实的科学态度与精神,逐步形成对周围事物的正确态度

通过观察,孩子们可以亲自感知事物的形态,感受到人与自然的亲密关系,探索出世界存在的多种奥秘。幼儿如实地将观察的过程记录下来,并以此为依据进行交流,得出结论,有助于幼儿养成尊重事实、实事求是的科学态度和科学精神。

(6) 观察记录有助于幼儿自我建构科学知识和经验

引导幼儿把所观察、探索的经验用不同的方式记录下来,能促进幼儿更细致地观察与更认真地思考,使他们将零散的知识经验系统化,从而在一次次的记录与实验的对比中调整自己的认识,为最终形成科学的概念奠定坚实的基础。

2. 观察法的类型

在学前儿童科学教育中,观察一般可分为个别物体和现象的观察、比较观察、长期系统观察三种类型。

(1) 个别物体和现象的观察

这是指幼儿有目的地运用多种感官,对某一特定的自然物、自然现象或科技

---

① 施燕:《学前儿童科学教育》,华东师范大学出版社2006年版,第79页。

产品进行的观察。①

个别物体和现象的观察是最基本的观察技能,是其他各种观察的基础。通过观察,幼儿应该获得有关物体的以下信息:物体的外形特征;物体的外部结构和功能;物体的生活、生长习性和特点;物体相对的动态和静态;个别物体的存在与周围环境的关系等。比如观察鸭子,除了要观察它头上的扁扁的嘴巴和两只眼睛、细长的脖子、身上的羽毛和翅膀、身体下面的脚和趾间的蹼等静态特征外,还应该观察鸭子走路摇摇摆摆、喜欢用蹼游水等动态特征。

个别物体和现象的观察在各年龄班均可进行。

（2）比较观察

比较观察是指幼儿对两种或两种以上的自然物或自然现象、科技产品进行的观察和比较,以找出物体的异同点。比较观察是分类的基础。②

比较观察要求对事物进行比较分析,需要较复杂的认知活动,因此它只在小班后期与中、大班进行。可以从把一种认识过的物体与新的观察对象进行比较（如在认识了白杨树的基础上将其与柳树比较）过渡到对两种新的物品进行比较观察（如冰箱和冰柜的比较等）。

（3）长期系统观察

长期系统观察是指幼儿为探索动植物的生长、变化或自然现象而进行的连续、持久的观察,以对其质和量两方面的发展变化过程有较完整的认识。由于需要观察的时间较长,对儿童观察的持久性要求高,因此常用于中、大班儿童观察、探索事物的生长、变化的过程。

案例

案例4-1 用听觉进行观察的活动

年龄:3—5岁

目的:倾听不同物体落到桌面时发出的声音。

收集落到桌面发出不同声音的物体若干。建议这些物体可以包括:硬币、纸夹、橡皮擦、橡皮圈、棍子、钥匙、铅笔、空心粒子、书、糖果、空罐、铃铛、塑料杯等。让幼儿手拿每一个物体,并保持距离桌面5厘米左右的高度,然后落下物体,并用一个或更多的词汇描述物体落在桌面时发出的声音（叮当作响、砰的一声、轰的一声、撞击声等等）。

---

① 张俊:《幼儿园科学教育》,人民教育出版社2004年版,第173页。
② 同上注。

案例4-2 用触觉进行观察的活动

年龄：3—6岁

目的：观察不同织物的质地。

用不同质地（如丝、绒、毡布、缎带、灯芯绒、毛巾布、粗麻布、人造皮毛等）的织物各剪出两个正方形，形成两套材料。让幼儿触摸其中的一套，并说出触摸某种织物的感觉（是柔软的、毛皮的、光滑的还是粗糙的）。将另一套材料放入一个纸袋中。当幼儿熟悉了每一种织物的手感之后，教师出示一种织物，请幼儿将手伸进纸袋里，凭触觉找出与之配对的织物。

案例4-3 用嗅觉进行观察的活动

年龄：3—7岁

目的：使用嗅觉识别物体。

找几只用过的胶卷筒，在每一个胶卷筒里放上一个棉球或一小张棉纸。用一个细钉在每个胶卷筒的盖上刺3—4个小孔。然后在每一个胶卷筒中喷一种不同味道的物体，如苹果汁、橙汁、柠檬汁、菠萝汁、洗涤剂、肉桂水、酱、烹调必须品（杏仁、香草、胡椒、薄荷），并用有孔的盖子盖紧。给每一个胶卷筒编号，请孩子们闻一闻每个筒中的味道并说出筒里装的是什么。

安全提示：在活动中不要使用孩子们过敏的物质及有毒物质。

案例4-4 用多种感觉进行观察的活动

年龄：3—7岁

目的：观察每日的天气情况。

询问孩子在来校的路上所观察到的天气情况，然后带孩子到户外观察。可以提问："你感觉天气怎么样？你看到了什么？听到了什么？闻到了什么？"请孩子们特别留意某些天气方面的指示物，如：云、雨、露珠或雪、水坑、冰块、人们的穿着以及旗子或树枝与树叶的飘动等等。为了帮助孩子们观察户外的风，可以在孩子们透过窗户能看到的空旷处放置一辆风车，然后让孩子们说说风车的转动情况。你可以在一张大表上用图画或文字或者图文并茂地记录孩子们的观察情况。有时，也可以让孩子们在自己的科学日志上记录观察结果。坚持每天观察，并让孩子们说说天气变化情况。①

---

① ［美］大卫·杰纳·马丁著，杨彩霞等译：《建构儿童的科学——探究过程导向的科学教育》，北京师范大学出版社2006年版，第43—48页（略有改动）。

3. 科学观察的主要步骤和指导要点

（1）科学观察的主要步骤

一次完整的观察，一般应包括以下主要步骤：

- 确定观察的目的和选定观察的对象；
- 做好观察前的准备工作，如，准备观察工具，设计、印制观察记录表等；
- 进入观察场所，获得被观察对象的信赖（用于观察有生命物体）；
- 进行观察并作记录；
- 依据观察记录进行交流。

例如，我们选择"磁铁能吸住哪些东西"作为观察的目的，那么选定的观察对象就是磁铁以及一系列可以或不可以被磁铁吸起的物品，还应该准备观察记录表等材料。观察时可在能被磁铁吸起的物品下画笑脸，在不能被磁铁吸起的物品下画哭脸。最后根据自己的观察记录和同伴交流，以得出磁铁能吸住哪些东西的结论。

（2）科学观察的指导要点

教师在指导幼儿观察时，要注意：

① 利用观察对象的显著特征激发幼儿的观察兴趣。幼儿对于新奇的事物容易产生观察和探究的欲望。因此教师可以利用这一特点吸引幼儿对观察对象的注意，鼓励幼儿观察。如，在观察小鸡和小鸭时，教师就应该突出其显著特征，如小鸡的尖尖嘴和小鸭的扁扁嘴以及它们的脚趾的不同，以此来激发幼儿的观察兴趣。

② 引导幼儿运用多种感官感知事物的特征。观察不仅是用眼睛看，也包括其他感官的运用。在科学观察中，教师应尽量启发幼儿运用多种感官观察。让幼儿在看看、听听、闻闻、尝尝、摸摸中，获得全面的观察信息。如观察高大的白杨树，除了让孩子们用眼睛去观察它的树干和树叶，也可以让他们用手去摸摸粗糙的树干，张开手臂去感受树干的粗大等等。如果是能尝、能闻的物体，还应让幼儿尝尝、闻闻。

③ 引导幼儿全面、系统、有序地观察。教师在指导时，要注意引导幼儿既观察事物的整体，又观察其主要的细节，处理好观察整体与局部的关系，以保证观察的全面性。

④ 引导幼儿通过对观察对象的操作、摆弄，将观察和操作相结合，以全面地观察事物，并了解观察对象的变化。如"玩具怎么会动"就是让儿童在尝试摆弄电池、学习安装电池的同时，观察、发现电动玩具的特点。

⑤ 要鼓励幼儿用语言表达观察中的发现。语言可以帮助幼儿整理自己的观察结果，并使之系统化，还可以促进幼儿之间的交流。教师一方面要鼓励幼儿

将初步经验生动形象地介绍给大家,另一方面要帮助幼儿准确地表达科学概念。

⑥指导幼儿学习用各种方法记录观察结果。观察记录就是由幼儿以形象化的绘画、图表,表达对自然物、科学现象的观察结果。它是幼儿观察活动中的一个方面,也是一种表达的方式。通过对观察结果的记录、描述和交流,可促使幼儿反省和评价自己得到的信息。如关于小鸡吃什么的问题就可以进行观察记录。表格上方的尖尖嘴代表小鸡,✹中画上或粘贴小鸡爱吃的或不爱吃的各种食物;表格下方的眼睛表示幼儿可以根据自己的观察用不同的符号表示小鸡是否爱吃上面的食物。

4.科学活动中的观察记录

学前儿童科学活动中的观察记录已越来越受到人们的重视。一方面它能有效地培养幼儿做事认真、实事求是的科学态度,锻炼幼儿进行独立操作并养成其善于发现问题、解决问题的良好习惯;另一方面它有助于我们更准确地把握科学活动的规律,有效地指导科学教育活动,同时它还能充分发挥幼儿、教师丰富的想象力、创造力,为培养新时期勇于创新、不断进行自我挑战的新型人才奠定坚实的基础。

(1)科学活动中观察记录的涵义

根据观察的对象与年龄特点的不同,可以将观察记录分为广义和狭义两种概念。广义的概念:泛指科学家或成人在科学活动中经观察、思考、审视、分析后对观察对象或实验现象所进行的比较规范和科学的记录活动,通过观察记录,形成一定的科学论断。狭义的概念:是专指在科学活动中,幼儿通过实验、观察、探索,把自己的所见、所闻、所想、所得,用不同的形式或独特的语言,加上自己丰富的想象记录下来的那种符合幼儿年龄特征的记录。

(2)幼儿观察记录的种类

①专门组织的科学活动中的记录。这类记录,教师是有目的、有计划地组织孩子进行的,可以先让孩子进行猜想记录,也可以是实验设计记录,还可以进行过程记录、结果记录。如小班科学活动"落下来了"中,教师可以选择过程记录,幼儿记录鸡毛、纸条、积木落下来时不同的样子;大班科学活动"音乐喷泉"中,教师应有效地将猜想记录和结果记录结合运用,然后引导幼儿对两次记录进行对比分析,使幼儿更加清晰地明白压力的大小与喷泉形状、远近等

因素的相互关系。这几种形式,教师要根据幼儿的年龄特点和内在需求有选择地运用,不可盲目地滥用,而使记录成为孩子的负担,从而抹杀了孩子对记录活动的兴趣。

② 日常生活中的观察记录。这类记录,教师只是为幼儿提供可记录的素材,孩子们根据自己的观察,对事物比较缓慢的变化进行记录。如:自然角是孩子喜欢的场所,自然角动植物的变化会给孩子带来惊喜,我们可以在自然角准备一本记录本和笔,鼓励幼儿将自己的点滴发现记录下来与大家分享。开始时可以由教师把孩子们的发现记录下来,在孩子们的兴趣被调动起来之后,就引导他们自己记录,并协商解决不会画或画得不像的问题。或请人帮忙,或选一些图片贴,还可以用图章印出自己要的物体。这样的观察记录是孩子们自发的,必将给他们带来快乐,激发他们探究的兴趣,同时提高他们的绘画能力,增加其与同伴的交流。

③ 随时随地的观察记录。有的观察记录也可以是随时随地进行的,记录可多可少,可长可短,重点在于培养孩子记录的良好习惯。如:幼儿在科学活动区中观察、探索的"惯性小球运动的轨迹"、"小陀螺是怎样转动的"、"镜子成像的样子",外出活动时看到的蚯蚓钻土、花儿开放,有的小朋友觉得天很热,用温度计现场测温度进行的记录等。

(3) 幼儿观察记录的形式

孩子的想象力是丰富多彩的,创造力是令人称奇的,他们的记录形式也是异彩纷呈的,主要有以下几种形式。

① 动作体现,即把自己观察到的现象用动作表现出来,是最简单、最明了的一种记录方法,这种形式比较适合于小班。如小班的科学活动"落下来了",有90%的幼儿都能用动作来表现不同事物落下来的不同样子。表现鸡毛落下来,有的小朋友就张开小手转着圈从高到低慢慢蹲下来,有的就用小手来回轻轻摆动着,边摆边往下落。表现纸条落下来的样子,小朋友就转着边飞快跑,最后停下。表现积木落下时,小朋友则跳起来一下子落下,表示落得很快。再如:大班科学活动"奇异的多米诺",老师请小朋友用不同的动作来表现多米诺牌依次倒下的样子,来体验力的传递现象。孩子们就想出了多种动作来表现。有的是小朋友一个挨一个分腿前后坐下,从前往后一个接一个依次倒下;有的是双腿跪地,从后向前依次倒下;还有的是站立,只用胳膊来表现力的传递。孩子们的动作多种多样,极富创造性,而且表现得惟妙惟肖、栩栩如生。

② 语言表达,即把自己所观察到的现象用语言表达出来,幼儿的智力发展水平又进了一步。在科学活动中,幼儿不仅需要去观察、探索,而且要动脑筋,把动作转化成语言表达出来,让人人都听明白,这就对幼儿提出了更高的要求。还

是举小班的科学活动"落下来了",有50%的孩子能将自己观察、感知到的现象表达出来。小朋友说:"纸条落下来像在跳舞"、"鸡毛是轻轻地飘落下来的"、"积木是一下子掉下来的"、"鸡毛落下来像是飞机降落一样"……这是多么富有创造性的想象。有时幼儿不会用语言准确表达,而是用动作帮助表现,老师就应用语言帮助其归纳并进行记录,以丰富孩子们的语言。

③ 符号记录,从动作表现到语言表达,再到用符号记录,幼儿的思维活动发生了质的变化,实现了质的飞跃。简单的符号记录,把自己观察到的现象表现出来,既形象又便于操作。图4-1是一幼儿对于怎样让热水快快变凉的两个构想:一是让空调吹冷风,二是用调羹不断搅拌杯中的热水。符号简洁、形象,体现出幼儿丰富的想象力。[1]

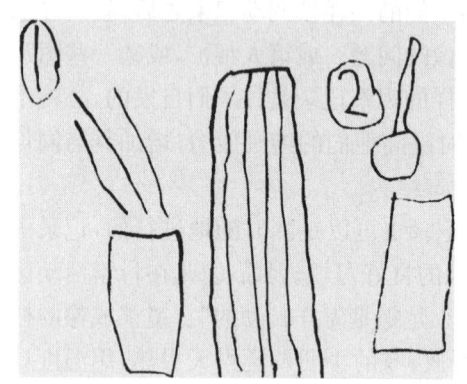

图4-1 幼儿通过图画表示"怎样让热水变凉"

④ 艺术表现。除简单的符号记录外,绘画、粘贴等艺术形式也是孩子喜欢的记录方式。它们能将抽象的知识具体化,枯燥的原理趣味化。如科学活动"自制碳酸饮料",孩子们把自己实验的整个过程做了详细记录:一杯水先加上糖后变甜,画个笑脸,再加上小苏打,变酸、起泡,画出气泡和咧嘴的小人脸。糖加多了饮料发甜,小苏打加多了饮料发涩,画个哭脸,通过不断的反复实验,孩子们明白了制作饮料的配比问题。通过用不同的表情,把瞬间即逝的味道形象生动地记录下来,也给孩子们的活动增添了无穷的乐趣。当孩子们品尝着自己制作的碳酸饮料时,不管味道怎样,内心的那种成功感、自豪感溢于言表,这是任何事物也无法比拟的。

⑤ 间接补充。根据幼儿年龄特征或实际需要,有些记录活动教师可给幼儿提供一些半成品或成品,引导幼儿来做补充记录。天气预报的记录,除用绘画形式外,教师还可以引导幼儿用插袋或转盘的方法进行记录(见图4-2)[2]。记录种子发芽需要的条件时,教师可先准备好种子发芽需要条件的图片,幼儿只是选图片来补充粘贴记录,这种形式对个别能力相对较弱的孩子来说,操作性很强,有利于教师因人而异地选择教法,因材施教。

---

[1] "做中学"科学教育实验项目专家组、东南大学学习科学研究中心主编:《"做中学"在中国——幼儿园、小学科学教育案例》,教育科学出版社2004年版。

[2] 王志明主编:《学前儿童科学教育》,南京师范大学出版社2001年版。

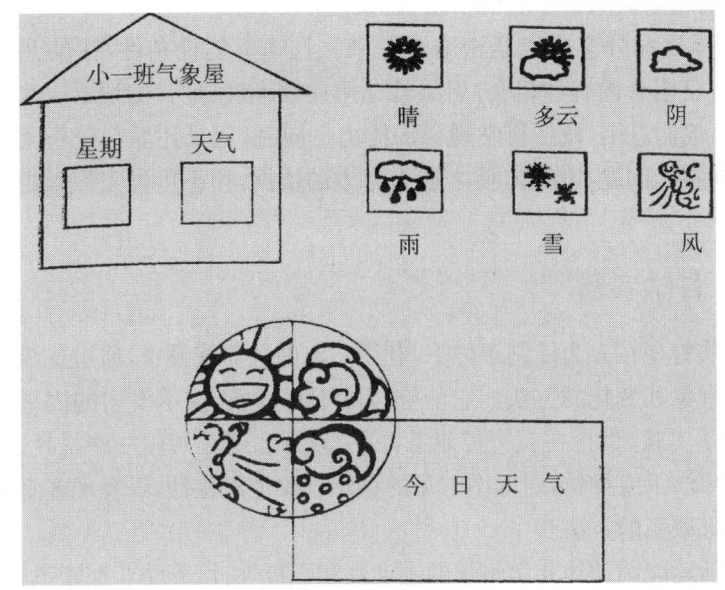

图 4-2 多种记录天气的方法

（4）培养幼儿进行观察记录应注意的问题

① 要有明确的目的。让幼儿进行观察记录是为了培养他们做事认真、实事求是的科学态度，培养对科学活动的兴趣，养成良好的记录习惯，教师应明确这一目的，恰当地指导幼儿进行有意义、有目的的记录，使幼儿也明确为什么要进行记录，怎样做好记录。同时，观察记录也给教师的自我管理和反思成长提供了重要依据，有利于今后分析、整理信息，从中得到启示，因此，观察记录应有效地运用，否则会适得其反。

② 幼儿的记录意识、记录习惯与记录能力的培养应随时随地进行。教师要善于引导幼儿记录的动机，随时启发幼儿抓住记录的时机，调动他们的积极性，使记录成为孩子积极主动的活动。同时，鼓励孩子寻找多种形式的记录方法，勇于创新，用与别人不同的方法尝试记录，记出自己的特色。

③ 观察记录应伴随幼儿的观察、探索活动同时进行。科学活动记录要由孩子内心而发，随着科学实验、事物发展的过程同时进行，记录探索过程中最关键、最有意义的环节和现象，避免样样都记，也不能事后补记，更不能让幼儿记录还没有发生或探究过的现象。如孩子观察到种子发芽了，老师就抓住这一"契机"让孩子记录，但是种子还没长多少叶子，就让孩子画出许多。这种做法一是对培养孩子实事求是的科学态度不利，二是违反了孩子观察直观形象的年龄特点，他们没有看到种子长出叶子的样子，凭想象怎能画出生动形象、符合实际的画面

呢？这样的记录就失去了它的价值、意义。

④ 记录要与分享交流紧密结合起来。教师要创设条件，让幼儿有充分展示、说明自己记录内容的机会，引导幼儿用比较准确、连贯的话语去表达自己的意思，提高他们总结、概括科学现象的能力。同时，记录还要与分析实验进展情况、活动存在的问题相结合，使之成为有力的依据，切不可做完后就把它们束之高阁。

二、科学实验

科学实验是在人为控制条件下，利用一定的仪器或设备，通过操纵变量来观测相应的现象和变化的方法。它能够排除干扰因素，揭示事物的因果关系。学前儿童科学实验，是指在人为控制条件下，教师和幼儿利用一些材料、仪器或设备通过简单演示或操作，对周围常见的科学现象加以验证，以发现客观事物的变化及其因果联系的方法。[①]

实验活动能调动幼儿学科学的主动性和积极性，培养幼儿探索科学的兴趣；能让幼儿体验到科学探究的本质，有助于幼儿理解科学现象。还能培养幼儿的动手操作能力，发展观察、分析和思维能力，是对幼儿智力和能力的综合训练。

学前儿童的科学实验分为教师演示实验和幼儿操作实验两种。不过，由于前者不符合幼儿自主建构知识的原理，在学前儿童科学教育中并不提倡使用，只是在实验难度较大或实验材料不足的情况下使用。而在幼儿操作实验中，他们亲自动手操作，并可反复尝试，能够充分观察到实验过程中发生的现象和变化，因而深受幼儿的喜爱。

1. 学前儿童科学实验的特征

学前儿童科学实验与研究自然科学的实验法不同，有其独特的特点：

① 仅是重复前人的部分实验，实验所产生的结果是成人有结论的，而对幼儿来说却是新的发现或需要学习的特定知识；

② 实验设备和材料简单，一般不是专用的实验设备，不需要特定的实验室；

③ 实验操作简单，要求低，实验活动时间短，幼儿在较短时间内就能观察到实验结果或变化，得出简单的结论；

④ 实验往往与游戏相结合，没有明显的界限。

2. 科学实验的指导要点

教师在组织幼儿开展科学实验时，应注意以下问题：

① 提供充足、多样的实验材料和充足的时间，以保证幼儿能反复操作、与客

[①] 施燕：《学前儿童科学教育》，华东师范大学出版社2006年版，第84页(有改动)。

体相互作用,在实验过程中去探索、发现、判断,自己找出问题的答案。

② 积极引导幼儿主动参与活动,使实验活动成为幼儿主动的探索活动。鼓励幼儿大胆尝试,激发其探究欲望。

③ 引导幼儿通过观察,注意实验材料在操作过程中的变化,认真观察和记录实验过程和结果。必要时,对幼儿的实验操作方法给以适当指导。

④ 指导幼儿正确使用工具和材料,学习操作技能和注意安全事宜。

⑤ 组织幼儿就实验的现象和结果开展讨论、交流,引导幼儿分析实验中观察到的现象,鼓励幼儿解释实验的结果。

案例

案例4-5 科学实验"会变的影子"

活动目标:
1. 对探索影子的科学现象感兴趣。
2. 发展观察力和想象力。
3. 获得有关影子形成和变化的具体经验。

活动准备:
台灯或手电筒灯光源;带有手影图像的幼儿用书。

活动过程:
1. 激发幼儿对影子的关注:创设环境,将孩子们的身影投在大屏幕上。
2. 引导幼儿观察物体的影子及变化:改变光的位置,观察影子的变化。
3. 利用幼儿用书玩手影游戏。

活动延伸:
1. 玩踩影子的游戏,启发幼儿思考"怎样使别人踩不到自己的影子"。
2. 晚上在路灯下感受自己影子的变化。①

3. 幼儿园常用小实验举例

(1) 种子发芽的实验。

(2) 植物茎输送水的实验。

(3) 植物生长需要水、空气、阳光的实验。

(4) 小动物生长需要空气的实验。

(5) 空气到处都有的实验。

---

① 张小永主编:《山东省学前儿童园科学教育实验研究课题成果选编》,2004年8月(未出版)。

(6) 各种物体产生不同的声音的实验。

(7) 水的三态变化的实验。

(8) 物体沉浮实验。

(9) 磁铁吸铁实验。

(10) 阳光与颜色关系的实验。

(11) 太阳发热的实验。

(12) 力的平衡的实验。

(13) 电的功能的实验。

(14) 影子的实验。

(15) 地球引力实验。

……

 案例

案例4-6 磁力研究实验

年龄：4—7岁

目的：设计并实施实验，研究磁力对不同物质的穿透力。

给儿童分发磁铁，请他们自由操作。孩子们会发现有些物质能被磁铁吸住，而有些则不能。这时，向孩子们提问："磁铁能穿过不同材料吸引物体吗？""磁铁能穿过纸板吸引回形针吗？"请孩子们设计并实施一个实验来研究这个问题。①

三、分类与测量

1. 分类

分类是将一组物体按照特定的标准加以区分的过程。许多情况下，我们都会用到分类，如：整理玩具、安排班级进度表、分配孩子到不同的汽车里、识别影响行动结果的各种变量以及设计科学实验等。分类是一种可以通过练习来提高的过程技能。学前儿童的分类是指幼儿在教师的帮助下把具有某一个或几个共同特征的物体聚集在一起的活动。通过分类练习可以加深、巩固幼儿对各类物

---

① ［美］大卫·杰纳·马丁著，杨彩霞等译：《建构儿童的科学——探究过程导向的科学教育》，北京师范大学出版社2006年版，第180页。

品的特征的认识,通过分析、比较的过程,促进幼儿思维的发展。

(1) 学前儿童分类的类型

由于学前儿童思维的局限,他们只能对简单、具体、形象的物体进行分类。而且只能在具体的操作活动中,经过多次、反复的尝试才能学会初步的分类技能,他们还无法进行抽象概念上的分类。因此,学前儿童科学教育中常见的分类主要有以下类型:

① 挑选分类。这是一种简单的分类活动,幼儿根据某种要求,从各类物体中选出所需要的物体。一般用于小班。

② 根据特定的标准分类。这是指幼儿根据活动的特定要求学习分类。一般依据的要求有:

● 物体的外部特征,如颜色、形状、大小等。
● 物体的用途,如玩具、学习用品、交通工具等。
● 物体的材料,如木制品、塑料制品、玻璃制品等。
● 事物之间的联系,如兔子和萝卜、猫和鱼等。
● 物体的基本特征,如鸟类、家禽、家畜等。

③ 根据自己确定的标准分类。这是指幼儿自己根据自然物的各种特征和自然属性确定分类标准进行分类。如分树叶,幼儿可根据自己确定的标准,或按大小分,或按颜色分,或按形状分……但每种分法都必须把所提供的材料分完。

(2) 学前儿童分类的指导要点

在组织幼儿的分类活动时,教师应注意以下问题:

● 给幼儿充分的感性材料,让幼儿在活动中细致观察,帮助他们将单个物品的属性与分类标准进行分析比较,最后作出判断。
● 帮助幼儿明确分类标准或鼓励幼儿自己确定分类标准。
● 提供幼儿充分摆弄和尝试的机会。

案例

案例 4-7 关于种子的分类活动

年龄:3—5岁

目的:设计种子的分类体系。

给幼儿提供不同种类的种子(如豌豆、瓜子、玉米、萝卜籽以及其他花与蔬菜的种子),请幼儿将种子分类,把相似的种子单独放在一堆。然后让幼儿为每一类种子起一个能描述这类种子特征的名称。

案例 4-8 关于动物的分类活动

年龄：4—6 岁

目的：对动物图片进行分类。

收集不同动物的图片，与孩子们讨论动物的特征，如颜色、有无毛皮、足的数量、尾巴的种类、习性、食性等等（讨论动物的哪个特征由孩子们定）。然后将这些图片放在一个盘子里，请孩子们将它们分类，给每一类别命名，并说明分类的理由。

案例 4-9 关于能否被磁铁吸引的物体的分类活动

年龄：4—6 岁

目的：学生们将依据能否被磁铁吸引这一标准对物体进行分类。

给每个孩子提供一块磁铁。在一个盘子里放一些能被磁铁吸引和一些不能被磁铁吸引的物品（指甲刀、纸夹、木块、蜡笔、树叶、钥匙、螺丝、金属垫片、硬币、银币、石英、纸片等），请孩子们以小组的形式进行探究，一次选择一种物品，用磁铁试试，看看哪些东西能被磁铁吸引，哪些不能。为帮助孩子们更好地组织试验结果，设计一个图表（两列，一列是"能被磁铁吸引"，一列是"不能被磁铁吸引"），将所有物品按能否被磁铁吸引进行分类。这个活动也可以锻炼孩子们的预测能力，孩子们每选择一种物品，先预测它能否被磁铁所吸引，然后用磁铁验证，再将它添加到"能被磁铁吸引"或"不能被磁铁吸引"的表中。

在这个活动中还可以讨论磁铁在日常生活中的用处，如冰箱门的关闭、碗碟橱的关闭时都使用了磁铁。请孩子们分享自己知道的关于磁铁在生活中的其他用处。

案例 4-10 关于树叶的分类活动

年龄：5—7 岁

目的：学生们将根据自己的标准对树叶进行分类。

带领孩子外出采集树叶。请注意：之前，教师一定要检查场地，以确保那儿没有危险的植物，如有毒的常春藤或橡胶树，还要注意不要让孩子品尝或咀嚼树叶，因为许多树叶有毒。将采集的许多树叶带回教室后，请孩子们根据一个或多个特征将树叶分类，并说说自己这样分类的理由。

孩子们还可以印画树叶：取一片树叶，将其背面朝上，再在树叶上盖一张纸，用一支蜡笔在纸上轻轻地擦画，就可以印画出树叶了。教师还可以保存这些树叶或者将方法教给孩子的父母：将叶子放在两张正方形蜡纸中间（蜡面朝着叶子），上面盖上一块布，用熨斗烫平。冷却后，轻轻移去蜡纸，就得到了便于保存的叶子。①

2. 测量

测量是指幼儿运用目测或简单的工具，对物体进行简单的、初级的测定活动。测量是帮助我们认识事物大小、重量、冷热和长度等的科学方法。我们通过测量来认识物体和事件的量化信息；我们通过测量来了解我们的行为结果；我们通过测量来对不同物体或事件进行比较。学前儿童科学教育中有五种基本的测量内容：长度、体积、重量、温度和时间。

（1）学前儿童测量的内容和类型

学前儿童科学教育中可以进行测量的内容有：测量物体的个别特征；观察与测量动、植物生长情况；观察与测量天气情况等……学前儿童测量的类型主要有以下三种：

① 观察测量。观察测量是指通过眼、手等感觉器官测量物体的方法，一般用于特征比较明显的认识对象。

② 非正式量具的测量。非正式量具的测量指不采用通用、标准的量具，而是运用一些自然物，如木棍、绳子、手指、步长等作为量具，对物体进行直接测量的方法。由于幼儿时期掌握标准计量单位有困难，所以较多使用此种方法进行测量。

③ 正式量具测量。正式量具测量是指以通用的标准量具对物体进行测量的方法。适合幼儿使用的测量工具主要有尺、天平、温度计、钟表、家庭健康秤等。

（2）学前儿童测量的指导要点

在组织幼儿的测量活动时，教师应注意以下问题：

① 重在培养幼儿的测量意识。幼儿时期已经有了通过测量来认识周围事物的需要。因此，应该让幼儿从小树立应有的测量意识。我们应该鼓励孩子们测量许多东西，鼓励孩子们创造出他们自己的"非标准化"的测量系统，以促使他们理解测量的本质。

② 帮助幼儿学习使用量具进行测量的方法。幼儿运用测量的方法稍晚于

---

① ［美］大卫·杰纳·马丁著，杨彩霞等译：《建构儿童的科学——探究过程导向的科学教育》，北京师范大学出版社2006年版，第43—48页。

分类的方法。中班以前幼儿的测量只是通过感知来比较量的差异；中班以后，幼儿才有可能学习使用测量工具。教师应帮助幼儿学习使用测量长度、体积、重量、温度和时间的正式量具及非正式量具。

③ 教会幼儿记录测量结果的常用方法。记录测量结果的形式有图画记录或表格记录等，幼儿运用这些方式记录测量的结果，既生动形象，又便于交流。

案例

案例4-11　长度测量活动

年龄：3—5岁

将全班幼儿分为若干个小组，每组三或四个孩子。活动前确保孩子们都理解身体部位的名称，如手臂、手、拇指、腿、脚等。然后说出一个身体部位的名称，让孩子们在教室里寻找比这个身体部位更长或更短的物品。教师可以提议"找一找比你的脚长的东西"、"找一找比你的手短的东西"、"找一找和你的拇指差不多一样长的东西"、"找一找比你的手臂长的东西"。

持续进行这一活动，直至班上所有的孩子都有机会回答至少六个类似的问题。

案例4-12　长度测量活动

年龄：5—7岁

目的：测量不断生长的植物的高度，并用图表记录其结果。

在这个活动中，孩子们用画在一张图纸上的方格来测量植物的高度。教师为孩子们提供生长速度较快的植物秧苗，如万寿菊、蚕豆、绿豆或牵牛花等。孩子们每天将一张薄薄的图纸纸条放在植物后面，在纸条上对植物生长的最高点做标记，然后从标记处剪断纸条。孩子们将剪好的纸条贴在一张大图表上，点数纸条上的方格数，并将方格的数目和当天的日期记录在纸条的底部。这张大图表最后成为一个柱状图，以图解的方式显示出不同时间的植物高度比较。

案例4-13　体积测量活动

年龄：3—4岁

目的：比较不同容器的体积。

给学生提供不同的容器,如：不同型号的塑料杯、不同型号的锡罐头(确保边缘是光滑的)、苏打瓶、牛奶盒、量杯、量匙以及类似的东西。请孩子们用沙盘中的沙或水槽里的水每次灌满一个容器。然后把灌满的沙或水倒入另外一个容器,判断一下哪个盛得多一些？哪个盛得少一些？

案例4-14　重量测量活动

年龄：3—4岁

目的：比较不同物体的重量。

提供多种具有不同重量的物体,如大石头、小石头、实心玩具、一个塑料汉堡、一本书、一个纸夹、一支铅笔、一支粉笔等类似物品。请每个孩子选择一件物品把它拿在手里掂量一下,感觉它的重量。然后请孩子们选择两件不同的物品,一件他认为会比手里的物体更重,另外一件他认为会稍轻一些。请孩子们用另外一只手举起他选择的物品比较一下它们的重量,并检查他之前的判断是否准确。

除此之外,孩子们可以把每一件物品放到天平秤的不同托盘或吊桶上,看看哪个更重？首先要确保孩子们知道如何使用天平秤。

案例4-15　温度测量活动

年龄：3—5岁

目的：测量不同条件下水的相对温度。

为每个孩子提供两个泡沫杯子。孩子们把他们的两个杯子装上半杯水。请他们把手指分别放到盛有水的两个杯子里面,说一说水的温度是相同的还是不同的。然后,把一个杯子放到阳光下,另一个放到阴凉处。大约放一小时后,请孩子们用他们的手指再测一测每一个杯子里水的温度。哪一个更暖和？哪一个更凉？你为什么认为在阳光下的半杯水会更暖和,而在阴凉处的水更凉一些？[①]

四、科学游戏

1. 幼儿科学游戏的含义

科学游戏就是能够让幼儿获取有关科学学习经验的游戏活动。幼儿的科学

[①] ［美］大卫·杰纳·马丁著,杨彩霞等译：《建构儿童的科学——探究过程导向的科学教育》,北京师范大学出版社2006年版,第91—103页。

游戏,借助自然界的物质材料,包括水、土、沙、石和科技产品、玩具、图片等,把科学的知识与幼儿愉快的游戏紧密联系在一起,形成幼儿对科学的浓厚兴趣和初步的科学经验。在幼儿科学教育实践中,科学游戏的形式应该是灵活多样的。我们既可以面向全体幼儿专门组织集体的科学游戏活动;也可以将游戏材料或玩具放在活动区中,让幼儿自己选择参与;还可以将游戏活动作为集体教学活动中的一个环节进行。

幼儿科学游戏的显著特点是:特定的操作规则,广泛的适用范围,满足幼儿探索天性,渗透科学教育因素,重复动作等。

幼儿科学游戏很多都属于规则游戏,每一个游戏都具有特定的游戏规则。这些规则约束了幼儿获得科学经验的某些行为,却能引导和放大幼儿对科学现象或问题的探索。例如:"奇妙的口袋"游戏,规则是幼儿不能看到口袋里面的东西,只能用手的触觉来判断袋中是什么物体、有几个物体等。游戏虽然限制了使用视觉,但这样的限制并没有阻碍幼儿的探索,相反,会因为视觉的限制而使游戏增加了几分神秘感,而且还能使幼儿的触觉变得更加灵敏。

幼儿的科学游戏具有广泛的适用范围,既可用于正规性的科学教学活动中,也可独立开展。在游戏的材料和规则运用方面,学前儿童的科学游戏还具有很大的设计空间,可灵活地增减游戏的难度,因此既可用于年龄小的孩子,又可用于年龄大的孩子。例如,"奇妙的口袋"游戏,让幼儿摸索的材料如是幼儿体验过的或特征明显的就比较容易让幼儿猜出来,反之则要困难一些。

幼儿科学游戏的教育要求具有隐性渗透性质,教师并不道破自己的用心,让幼儿在无压力的放松状态下,用幼儿乐于接受的游戏方式来渗透教育要求,符合幼儿学习的心理特点,满足幼儿好奇、好动、好探索的天性,容易取得良好的教育效果。

幼儿科学游戏渗透了科学的教育因素,是教师依据教育教学的需要精心设计出来的,每一个游戏的教育价值都值得反复体会,这就是一个好的游戏为什么常常会让孩子们百玩不厌的原因。幼儿在反复游戏的过程中,能获取并巩固有关的科学经验。

幼儿在科学游戏中的操作往往不是尝试性的、探索性的,而是重复性的动作,而且幼儿常常满足于简单的重复。

2. 学前儿童科学游戏的价值

(1) 科学游戏使幼儿在自由、愉悦的心态下学习科学

幼儿的科学游戏,是一种建立在内部动机基础上的活动,这就在很大程度上保证了幼儿学习的自主性。而幼儿投身于科学游戏的最主要的原因就是游戏好玩。新颖的材料、有趣的现象、游戏的形式、重复的动作……都能使幼儿在愉悦的心态中轻松地学习科学。

(2) 科学游戏是幼儿认识世界的方式

高尔基曾这样描述幼儿的游戏:"游戏是幼儿认识世界的方法,这个世界是他们生活的,也是他们有责任改造的。""幼儿要求娱乐,他的要求合乎生物学的规律,他愿意游戏,愿意玩弄一切,他愿意在游戏中来认识他周围的世界。"游戏是幼儿主要的活动方式,观察正常幼儿一天的活动,你会发现,除非睡着了的时候,幼儿做任何一件事情,都是在玩。幼儿在玩的过程中发现了自己同时也发现了世界:原来黏土是可以随心所欲地捏成各种物体的;两块方瓷砖拼在一起,就变成了长方形;一个大套蛋竟能"生"出一群大小不同的蛋娃娃!……

(3) 科学游戏使幼儿懂得规则的意义

规则是科学游戏的支柱,幼儿必须按照游戏的规则来进行,方能发现和领悟事物的特性以及事物之间的关系。例如:幼儿必须按一定的大小顺序来套蛋,才能将所有的蛋依次放进那个最大的蛋里。幼儿在活动中理解了规则的意义,在执行规则中发展了控制能力以及科学严密的思考习惯。

3. 科学游戏的类型

幼儿科学游戏内容丰富而有趣,以活动类型来分,可分为如下几个类型:

(1) 感知游戏

感知游戏指幼儿运用各种感觉器官,感知辨别自然物体的属性和功能。其作用在于发展幼儿的感知能力,帮助幼儿学习运用自己的感觉器官来认识物体,体验物体的特性。依据参与感知的不同感官,感知游戏包括视觉游戏("伪装小路")、听觉游戏("听听谁在叫")、嗅觉游戏("气味瓶")、触觉游戏("奇妙的口袋")等。感知游戏需要在一种心平气和的心境下进行,否则,会因心浮气躁影响感知的效果。

(2) 操作性游戏

这类游戏是指幼儿通过操作玩具或实物材料,并借助一定的活动规则,获得科学经验与技能。操作游戏包括分类、排序、配对等游戏。

分类游戏是幼儿将一组物体按其共同属性分作几组的游戏。如对若干不同的实物玩具、实物卡片,按"一样的"放在一起。分类游戏就是把一个大的集合分为若干子集。分类游戏可以有效地帮助幼儿体验集合的存在,强化对物体共同属性的注意,为理解类包含关系以及数概念的形成打下基础。

排序游戏是以自然物、玩具、卡片等为材料,按物体某一特征(大小、长短、粗细、厚薄、深浅、轻重)的差异(如等量递增或等量递减)来排列物体。也有以动植物生长过程的顺序(如小蝌蚪长成青蛙)进行的排序和按事件发展变化的顺序(一颗树种从发芽生长到衰老,最后轰然倒地)进行的排序等。排序游戏有助于发展幼儿观察、比较和简单的判断推理能力。

配对游戏是根据物体与物体之间的相同关系、相关关系、从属关系进行的一种匹配活动。如"它们的家在哪里"、"给小动物找耳朵"等。

(3) 情景性游戏

情景性游戏是教师根据科学的教学要求,创设特定的情景,让幼儿观察、思考,从中发现事物之间的联系,让幼儿运用已有的知识经验反映他们对事物的认识,并处理特定情景下遇到的问题。情景性游戏需要以幼儿的认知经验为学习背景,对巩固知识、发展智力和表现力有一定的作用。如开超市、角色扮演、帮粮店分粮食等。

(4) 运动性游戏

运动性游戏是寓科学教育于体育活动的游戏。幼儿通过身体的活动,加深对事物及科学现象所产生的因果关系的理解。运动性游戏充分满足幼儿好活动的特点,激发幼儿的学习热情,发展幼儿活泼开朗的个性。运动性游戏以幼儿具备一定的活动能力和一定的科学与数学基础知识为前提,非常适合复习、巩固学过的概念,如猫头鹰和田鼠、捉影子、玩纸风车、老鹰捉小鸡等。

案例

> **案例 4-16　科学游戏:追光斑**
>
> 目的:了解光的反射现象。
>
> 用具与材料:平面镜一面。
>
> 玩法:在有阳光的教室中使镜子面向阳光,将光斑映射到墙上。缓慢转动镜面,使幼儿能用手摸到光斑,并跟着光斑走;加快光斑移动的速度,让幼儿用眼睛追光斑。有时使镜面离开阳光,光斑就不见了。
>
> 规则:最先发现光斑并能始终追逐光斑的幼儿为胜。①

(5) 竞赛游戏

竞赛游戏是以发展幼儿思维敏捷性和灵活性为特点,以竞赛判别输赢的游戏。竞赛游戏适合在中、大班开展,满足中、大班幼儿日益增长的求知欲和好胜的心理。在竞赛游戏中,棋类竞赛是游戏性强、孩子们乐于参加的游戏形式。学前幼儿的棋类竞赛,一般都借助跳棋、转盘棋的基本走棋规则,然后融入科学方面的有关知识概念设计而成。如:"动物食性棋",要求幼儿按所选动物爱吃的食

---

① 孙汀兰主编:《科技思维培养:趣味科学游戏》,北方妇女儿童出版社 1993 年版(有改动)。

物为走棋的依据;"加法棋"要求幼儿用两个骰子所示数相加,按最后得出的数为走棋的依据。

(6) 智力游戏

智力游戏是运用科学与数学知识促进幼儿智力发展的游戏。智力游戏通常以智力题的形式出现,解题时需要幼儿摆脱干扰,突破原有的单一角度思考方式或正向思维习惯,学习多角度兼顾地来考虑问题。幼儿在解题的过程中体味其巧妙和乐趣。

4. 科学游戏的设计与指导要点

(1) 设计(或选择)科学游戏要考虑的问题

游戏要体现科学经验的属性,充分挖掘游戏隐含的教育功能。科学游戏的设计直接影响幼儿学习经验的获得。设计时,要将科学经验融于游戏的材料和游戏的规则中去,这一点在设计感知游戏、操作性游戏和智力游戏时尤为重要。

游戏要能激发幼儿的学习兴趣,具有趣味性。趣味性是游戏的生命,设计幼儿科学游戏,要注意结合幼儿的兴趣特点。一是带有神秘的色彩;二是具有自己动手操作的内容;三是可用自己喜欢表现的方式来反映对事物的认识;四是带有竞赛和富有挑战性的问题。因此在设计游戏时,应尽可能多地融进幼儿感兴趣的成分,让幼儿在游戏的快乐中,体会到学习的愉悦。

科学游戏要具有一定的规则。任何游戏都有一定的规则,科学游戏也不例外。科学游戏的规则,应服从于科学教育的要求和游戏的展开,有利于幼儿的操作和智力活动,而不能限制幼儿的活动。游戏的规则要简单,便于幼儿执行。

设计不同类型的游戏,要突出显示各类型游戏的独特功能。如设计感知游戏,诀窍之一就是设法让人们的五官分离,使其专心使用其中一种器官(视觉、触觉或听觉),这样才能有效增强某感觉器官接受信息的敏感性。而设计运动性游戏,就要考虑让身体的活动与大脑的活动结合起来,使体、脑的灵活与敏捷同时获得发展。

综合考虑科学游戏的设计要素,使游戏设计完整、清晰。每一个科学游戏的设计由下列要素构成:游戏的名称;游戏所具有的功能;游戏所体现的概念、态度及品质;游戏的玩法;参加游戏的人数;适合该游戏的最佳年龄范围;游戏所需的材料准备。

(2) 科学游戏的指导要点

集中幼儿的注意力,调动幼儿参与游戏的热情。教师或以多种方式导入游戏,或以丰富多彩的材料吸引幼儿,使幼儿以期盼的心理来接受游戏。

帮助幼儿理解游戏的规则。教师应讲清楚游戏的玩法,根据需要,可示范玩一次或做一点热身活动,待幼儿完全理解了游戏的规则、要求后再正式开始。

关注游戏的进展和幼儿在游戏中的反应。必要时可对个别幼儿提供一些帮助,如提示下一步可进行的操作。为了给游戏助兴,教师也可介入游戏之中以推动游戏的发展,但应注意的是不要身陷其中,自己玩得乐不可支,却忘记了组织领导的责任。

做好游戏的评价工作。在游戏过程中或结束时,可组织幼儿交流一下游戏中自己的所见所想以及自己的发现和内心的感受等。记住要为每一个幼儿在游戏中的出色表现喝彩,如果是团队集体游戏,还应感谢大家为成功开展游戏所付出的努力。①

五、科学信息交流

科学信息交流是指幼儿将所获得的有关周围环境的信息,以语言的或非语言的形式进行表达和交流。②

科学信息交流使每个幼儿都有机会表达自己的观点,每个人都可以向老师或同伴质疑。通过科学信息交流,使幼儿感知周围世界的第一印象在脑中形成的表象,又通过语言或其他方式表现出来,这样不仅使幼儿对事物的理解更清晰,也有助于幼儿语言的发展;既促进了幼儿与幼儿之间的交往,也使师幼之间得到有效沟通,使教师及时了解幼儿的学习情况,使教学及时得到反馈。

1. 科学信息交流的类型

(1) 语言方式

科学信息交流中的语言方式包括描述和讨论。

描述是指在教师的指导下,幼儿用语言向同伴或成人讲述自己在科学探索中的发现、质疑等。③ 由于语言发展和知识经验的局限,小班幼儿在交流时多用描述的方式。

讨论是指幼儿与幼儿、幼儿与成人之间通过口头语言,表达、交流自己在科学探索中的发现。④ 讨论应以描述为基础,幼儿不但可以向教师和同伴表述自己的各种发现、疑问和想法,还可以交流自己使用的科学探索的方法以及在科学探索过程中感受到的情绪体验等。

(2) 非语言方式

科学信息交流中非语言的方式包括图像记录、手势、动作、表情等。

---

① 张俊:《幼儿园科学教育》,人民教育出版社 2004 年版,第 237 页。
② 施燕:《学前儿童科学教育》,华东师范大学出版社 2006 年版,第 98 页。
③ 同上书,第 99 页。
④ 同上注。

图像记录指幼儿在对周围事物进行观察后,用各种不同的方式(数字、表格、绘画等)记录下他们的发现、认识及感受与体验。因其需要具有一定的绘画技能,所以主要在中、大班进行。

手势、动作、表情也是科学信息交流的非语言方式。当幼儿在科学探索中遇到一些难以用语言表达的物体或现象,或情绪高涨时,常常用手势、动作、表情等来进行交流,作为语言的补充。

2. 科学信息交流的指导要点

(1) 语言方式的指导

给予幼儿充分的描述和讨论的机会,及时鼓励幼儿用语言表达所获得的信息。教师可以通过参与交流和讨论或做一名忠实听众的方式引导幼儿的交流。

指导幼儿学习用简单明确的语言表达、描述有关的科学发现。在交流过程中培养幼儿在理解词意的基础上正确运用词语,培养幼儿正确的发音和良好的口语表达能力。

(2) 图像记录方式的指导

图像记录要在幼儿获得大量感性经验的基础上进行。教师在幼儿对周围环境进行观察时,应引导他们用各种不同的方式记录下探究的过程、发现以及感受和体验,这是幼儿得出探究的结论、分享和交流的基础。这样才能使幼儿的图像记录真实、丰富。

图像记录的形式可多种多样。图像记录既可以是连续的,也可以是对单独、个别观察的记录;既可以用表格、数字的形式,也可以用符号、图形、曲线等形式记录;既可用纸笔,也可用印章、粘贴等记录。需要注意的是,在幼儿做记录之后,应让幼儿自己说明记录的内容,教师可以在幼儿的图像记录上作简短的文字说明,以使记录更明白易懂,具有保存、研究的价值。①

六、科技小制作

科技制作是指幼儿利用一定的材料和工具,通过实际操作,完成某种实物制品的方法。它是对学前儿童开展技术教育的重要方法。随着技术教育在幼儿园越来越受到重视,科技制作活动的开展也越来越普遍。

科技制作能使儿童获得对技术的直接体验,他们亲历"技术设计"的过程,对技术的本质也有了初步的体验,在制作活动中,儿童可以获得一些具体的制作和操作技巧,培养他们的操作技能;科技制作活动还能加深儿童对有关科学现象的理解。

---

① 施燕:《学前儿童科学教育》,华东师范大学出版社 2006 年版,第 102 页。

1. 科技制作活动的类型

科技制作活动可以具体地划分为以下两种活动：使用科技产品或工具的活动和科技小制作活动。

（1）使用科技产品或工具的活动

这种活动的主要目的是引导幼儿学习现代科技产品的操作方法或日常生活用品、常见工具的使用方法。其活动模式通常为"观察—尝试操作—交流讨论—正确操作"。活动中教师一般不做演示操作，而只是帮助幼儿分析错误操作的原因，总结正确的操作。

（2）科技小制作活动

这种活动的主要目的是通过幼儿的制作活动进一步发现科学现象，体验其中蕴含的道理，同时掌握制作的技巧。其活动模式通常为"演示—操作—交流讨论—展示分享"。对于幼儿自己设计的制作活动，不需要教师的分步演示讲解，而要求幼儿按照一定的程序规范进行的操作则需要采用分步演示讲解的方法。

2. 科技制作的指导要点

教师在组织儿童开展科技制作时，应注意以下问题：

（1）为儿童提供适当的制作材料

这里的材料既指制作的原材料，也指制作中必需的或可能需要的工具。需要注意的是制作的原材料应尽量为半成品且应具有选择性，即使有的材料看似没有用处，但是它也许能激发儿童的创造性运用，因而也应该适当提供。

（2）使儿童明确科技制作的目标、方法和评价标准

在科技制作活动中，教师可以通过出示、演示制作的成品，让儿童明确制作的目标和评价标准，知道自己要做什么；教师也可以向儿童讲解或演示制作的步骤和方法，让儿童知道怎样做。不过，教师的演示不能替代儿童自己的操作。

（3）要让儿童自己探索制作的方法和技巧

在科技制作活动中，也要给儿童主动探索的空间，即要让儿童自己去尝试，通过个人的经验（即使是失败的经验）来学习，而不是向幼儿灌输技能技巧。

第二节 学前儿童科学教育方法的选择依据

学前儿童科学教育方法种类多样，但却不存在一种"最好"的方法，多样化的方法必须通过教师的选择才能在教学中适当地发挥自己的作用。科学教育方法的选择有如下三个依据：科学教育的目标和内容、幼儿园的客观条件和儿童的

年龄特点。

一、科学教育的目标和内容

教育是一种有目的、有计划地影响人的活动,因此,教育的目的性是其本质属性之一。科学教育也一样,目标的制定对内容和方法的选择起着指向性的作用。在以知识习得为主要目标的学前儿童科学教育体系中,让幼儿在短时间内掌握尽可能多的知识是根本价值取向,这就决定了对儿童进行科学教育的方法必须侧重于教师的讲述和幼儿对各种科学概念的记忆。而在建构主义的教学观中,科学教育的目标是要幼儿通过自己的活动建构科学概念,体验科学规律,那么科学探究活动就必然成为重要的科学教育方法。试比较以下两个例子。

 案例

案例4-17 两种不同价值取向目标对教育方法的不同选择

张老师和李老师都要给中班的孩子设计名为"浮与沉"的科学活动,两位老师的教学目标和所选择的方法分别是:

	教 学 目 标	教 学 方 法
张老师	1. 幼儿在活动中掌握浮与沉的概念。 2. 在实验中逐步了解浮与沉的科学规律。	1. 教师演示实验过程,让幼儿看到物体在水中沉浮的现象。 2. 提供材质不同的物品让幼儿进行试验。 3. 教师总结浮与沉的规律。
李老师	1. 幼儿能自己设计浮与沉的试验。 2. 能尝试用各种不同的材料进行实验,喜欢科学探究。 3. 在操作中体验浮与沉的规律。	1. 幼儿自己设计浮与沉的实验,选择实验材料。 2. 帮助幼儿控制变量,让幼儿亲自进行实验。 3. 幼儿自己总结实验规律,说说实验体会。

在以上的例子中,张老师的教学目标是将一个外在的知识结构,即浮与沉的概念结构移入幼儿的认知中去,这种移植的方法即是通过不断的重复演示将实验现象所体现出的规律印刻在学习者头脑中。而李老师的教学目标是让

幼儿根据自己的体验理解变量间的关系,通过不断的实验去体会事物间的内在联系,同时在认知结构中建构这种联系。因此李老师采用的是幼儿主动的探究。从这个例子中,能明显看出不同的教育目标会对科学教育方法的选择起导向作用,教学方法没有绝对的好坏之分,但相对于教育目标却有着合适与不合适的区别。

科学教育的内容与科学教育方法有着更直接的联系,内容往往决定着方法的选择,而适当的方法会让教育内容的价值最大化。这里要指出的是,根据教育内容选择方法并不是一成不变的,方法可以根据内容随时调整、变通,甚至进行整合。

 **案例**

> **案例4-18 数数有几辆车**
>
> "数数有几辆车"这一活动中包含了分类、计数、简单统计等科学教育内容,通常教师会让幼儿在社区中实地观察和记录各种不同类型的车,并通过统计数据的报告达到教学目标。但经过巧妙设计的科学游戏也能收到良好的教学效果。
>
> 例如,设计一种类似于飞行棋的游戏棋,将沿途的站点设计为停车场,先到的幼儿能够得到不同颜色的小汽车模型。最后两人到达终点后,需要统计彼此汽车模型的数量以确定游戏的输赢。在最后结果的统计过程中,幼儿不仅需要点数的技能,也需要理解类别的概念才能判断出游戏的结果。由于棋类活动可以是多人参与的,因此,在没有教师指导的情况下,数、量概念发展水平高的个体必然会成为其他同伴认知的支架,最终帮助个体建构数和量的概念。

幼儿生活中的许多细节都蕴含着科学教育的潜在价值,教师要在充分理解科学教育内容的前提下,考虑多种实现教育价值的途径和方法,避免科学教育方法落入刻板、陈旧的巢窠。

二、幼儿园的客观条件

幼儿园的客观条件是科学教育产生的前提条件,没有一定的客观条件保证,再好的教育方法也只能停留在计划中。但需要幼儿园教师和管理者注意的是,不要过分夸大幼儿园客观条件对科学教育方法的影响。在园本课程受到广泛关注的今天,人们已经认识到,许多原来并没有进入教育视野的资源已经成为宝贵的财富。因此,幼儿园一线教师要根据幼儿园的现实情况发掘更多样化的教学方法,将幼儿园客观条件对教学产生的不利影响降到最低点。

案例

案例4-19 城乡幼儿园对相同教学内容采用的不同教学方法

大班科学活动"透镜"在城乡幼儿园用不同的方法同样能收到良好的效果。在条件良好的城市幼儿园,教师用专用的凸透镜和凹透镜让幼儿亲自实验、观察两种透镜的特性。在农村幼儿园并不具备这样的条件,但教师采用游戏的方法将"透镜"这一内容变为"寻找奇怪的镜子",请幼儿在生活中寻找常用物品中的透镜,例如酒瓶底、近视眼镜、远视眼镜等等。通过寻找,幼儿不仅能观察到透镜的性质而且能发现透镜在生活中的用途。

三、幼儿的年龄特点

学前儿童抽象思维水平有限,无法通过高度抽象的文字符号了解科学规律,建构科学概念。因此,学前儿童科学教育的方法要以直观性为根本价值取向。科学教育方法本身并非科学教育的目的,它只是实现科学教育的手段。因此,选择科学教育的方法的标准是:该方法能让抽象的科学概念或隐藏的科学规律显现出来,让幼儿能直观地感受到。总体而言,观察法、科学实验、科学探究活动等方法是学前儿童科学教育的主要方法。具体而言,在不同的年龄阶段,科学教育的方法也会有不同的侧重,从小班到大班,科学教育的方法会由具体逐渐向抽象过渡。

案例

案例4-20 科学活动"神奇的电"在不同年龄段采用的不同教学方法

小班时,教师着重于向幼儿介绍电的用途,通过电在生活中的实际用途直观展示电的存在,培养基本的安全意识。中班时,幼儿可以通过简单的物

> 理实验感受电的存在。大班时,幼儿能通过游戏和实验体会电的力量,并通过静电实验理解电的不同性质。

第三节 科学探究——学前儿童学科学的基本方法

科学探究活动在幼儿园教学中日益得到重视,这不仅仅是单纯的学前儿童科学教育方法的变革,而且预示着人们对学前儿童心理发展的认识达到了新阶段,是一种认识论层面上的变革。

一、自主探究与建构是学前儿童学科学的基本方法

学前儿童如何学习科学一直是科学教育的核心问题之一,对这一问题的不同回答也导致了对学前儿童科学教育方法的不同选择。

1. 学前儿童学习观的转变:由"经验化的常识"到"结构化的知识"

在我国传统的学前教育模式中,科学教育被冠以常识课的名称进行讲授,所谓"常识"是指日常生活中常用的、经验化的知识,是一种个体对客观世界的直观认识。更进一步说,常识是基于成人对客观世界的直观认识编制而成的课程,幼儿只是作为知识灌输的对象而存在于教学过程中的。在这种传统的常识教育中,所有教学活动围绕着两个核心:经验化的知识和被动接受知识的学习者。

在结构化的学前科学教育体系中,原有的经验化的知识被更加理性的知识所取代,学前科学教育不能因其教育对象缺乏抽象思维能力就降低科学教育的理性水平。结构化的知识不同于经验化的知识,它是一种有组织体系的知识,是一种以学科基本结构或原理为框架的知识体系。在结构化知识的教学中,并不强调具体事实的陈述,教学的目的在于让学习者掌握学科最基本的框架,一旦这个目的达到,学习者的效率会大大提高。这种知识观广泛存在于学校教育体系中,幼儿园也将课程内容分为常识、语言、算术、音乐、美术、体育六科,每科内容都蕴含着一个基本框架,而这个框架本身则是从中小学课程体系中移植过来的。以这种知识观为前提的儿童学习观的目的是,将外在的知识结构内化,简单来说,教学的目的就是传递知识结构,即使是学习者的主动学习也是以此为目的。

2. 学前儿童学习观的转变:由"结构化的知识"到"建构化的知识"

当代教育理论中,建构主义理论异军突起。在建构主义学习观中学习者是

完全意义上的主动学习者,每个学习者都会根据自己的背景、认知方式去建构自己的认知体系,教学要做的就是引发这种建构的过程。学习过程就是建构的过程,建构的结果就是所谓的知识。当结构化的知识被视为强加在学习者头脑中的观念时,建构的思想为教学提供了一种新的可能。对儿童如何学科学这个问题人们又有了全新的解释。学前儿童有自己独特的建构知识的方式,他们通过"做"将外部世界存在的规律内化到认知结构中去,"做"的过程就是概念形成的过程和规律掌握的过程。皮亚杰建构论认为正是"操作"成为主观世界与客观世界的桥梁,因此,科学探究活动的本质不在于让幼儿了解科学研究的方法、步骤,而在于给幼儿亲自动手操作的机会。探究式教学正是在这种背景下被人们逐渐重视,在建构主义认识论指导下,探究式教学理所当然成为学前科学教育的基本方法。

二、幼儿园探究式教学存在的主要问题

幼儿园探究式教学是目前很流行的教学方式,它强调以幼儿的兴趣生成课程,以幼儿的主动探究为教学的主要活动,以幼儿在活动中的体验和感受为主要评价指标。探究式教学很符合新型知识观对幼儿园教学的要求,也充分体现出了对幼儿兴趣和自主活动的尊重。但在幼儿园教学实践中,教师如果认识不到探究式教学的本质,而只是一味追求探究的形式就会造成如下误区。

1. 探究式教学就是科学实验活动

有许多教师认为探究式教学就是让幼儿自己动手进行科学实验的过程,其实,这只是探究式教学的表现形式。探究式教学作为一种教育理念,它可以存在于许多具体的教学方式中,探究可以体现在兴趣生成为活动、活动逐步深入、在探究中的情感体验、概念的建构等等不同的过程中。在探究式教学的最初阶段,探究的课题并不是由教师强加给幼儿的,而是在对幼儿的观察中了解他们的兴趣,发掘可以作为科学探究内容的活动。可以说,探究式教学起源于询问幼儿:你知道什么?接着是自由发现,即幼儿自己探索材料。接下来再问幼儿:你了解到了什么?幼儿提出问题并自己寻求答案,从而形成和构建经验。这个过程就是幼儿被授权成为科学家的过程。[①] 如果没有授权,科学探究活动就失去了精髓。

[①] [美]戴维·A·温尼特、罗伯特·A·威廉姆斯、伊丽莎白·A·舍伍德、罗伯特·E·洛克威尔著,刘占兰、易凌云、曾盼盼译:《科学发现——幼儿的探究活动(之二)》,北京师范大学出版社2005年版,第1页。

案例 4-21 反　　光

一天,林老师正带领小朋友们做腕部运动,阳光正好照在林老师的手表上,于是一个光斑随着林老师的动作在教室里不断移动。很多小朋友都被吸引,甚至忘记了做动作。林老师对孩子们说:"集中注意力啊,大家好好做动作。"说着将手表摘了下来放进口袋。孩子们很快安静了下来。

几天后,林老师要设计一个科学探究活动"反光",她使用了很多可以反光的材料让孩子们进行实验,有个孩子在实验中对同伴说:"前两天老师的手好像也能发出这种小亮点。"林老师听后意识到,原来她放弃了很好的引导幼儿探索的机会。

许多幼儿园老师都认为科学探究活动是既定的课程方案的一部分,幼儿探究的兴趣、探究的过程都在老师控制之下。其实,在生活的过程中,科学探究活动无处不在,教师要做的就是注意观察,巧妙地生成活动。

2. 科学探究活动就是幼儿自己探索

对科学探究活动理解的另一个误区就是,科学探究完全是幼儿自己选择、自己控制的过程,教师是旁观者。

案例 4-22 昆虫世界

又到了春暖花开的季节,石老师打算带孩子们到户外发现春天,了解春天季节变化的特点。在这个过程中还能让孩子们自己探索各种动、植物的形态和特点。在一片草地上,孩子们对各种各样的昆虫产生了兴趣,有的孩子甚至捉了长相奇特的昆虫给老师看,老师只是笑笑没有答话。半天过去了,孩子们的兴致也逐渐减退,这次户外探索活动也就此结束。

在没有任何控制的活动中,教师的作用是完全消极的。幼儿受认知水平和思维发展水平所限无法自发地展开科学探究活动,在缺乏教师指导的情况下,许多探究活动仅仅停留在浅表层面,无法实现应有的教育价值。

3. 代替孩子探究

在科学探究活动中,幼儿是活动的主体,教师可以引导幼儿的探究活动更加深入,但不能代替幼儿进行探究。如果要求幼儿遵循统一的路径进行科学探究活动,可能会剥夺幼儿获得多种经验的机会。

案例

> **案例4-23　两个代替探究的实例**
>
> 孙老师在进行"如何让灯泡亮起来"的探究活动时,要求幼儿模仿自己将两节电池的正负两极相连进行实验,佳佳对电池很好奇,将正极相对,结果灯泡没亮。孙老师看到佳佳的做法对她说:"老师进行示范时要注意看,你看别的小朋友都按老师的方法做,灯泡不都亮了吗。"
>
> 李老师在"颜色变变变"的探究活动中,发现班上最调皮的两个男孩没有按照她的要求将三原色两两相配混合出新的颜色,而是讨论如何能混合出白色。两人用了很多方法都没有达到目的,反而将桌上、地上弄得到处都是颜色。活动结束后,李老师批评了他们不按要求操作,却对如何用已有颜色配出白色这个问题没有给予回答。

在科学探究活动中什么才是最重要的?按照既定的步骤进行操作是否能被称为是科学探究?这是需要教师认真思考的问题。以上两个都是典型的教师代替幼儿进行探究活动的例子。在这样的活动中,教师追求的是教学秩序、科学试验的结果和唯一正确的答案。而幼儿在这个过程中却没有达到有价值的探究,也没有建构出有意义的经验。在第一个例子中,教师没有给幼儿犯错误的机会,幼儿并没有获得关于电池连接方法和灯泡亮与不亮的因果关系的体验,而这一经验对该探究活动来说恰恰是最重要的。在第二个例子中,颜色间的属性和互补关系是该探究活动的核心,各种颜色混合的不同比例可能会造成混合出颜色的不同差别,如果教师将要混合的颜色种类和颜色混合的比例都完全控制,就会大大缩小幼儿探究的领域。相比之下,那两个试图混合出白色的孩子可能是这次探究活动中获得经验最多的人。可以说在以上两个例子中,是教师在代替幼儿进行探索活动,这并不是真正意义上的科学探究活动。

三、幼儿园探究式教学指导策略

随着教育观的转变,在科学探究活动中教师开始注意为幼儿创造探究的机会,根据幼儿兴趣生成活动。但由于探究式教学在我国并未形成完整的本土化教育方案,教学实施中变量很多,教师很难在短时间内掌握这种全新的教学模式。在此,我们提出几条建议供大家参考。

1. 如何设计科学探究活动

在设计科学探究活动前,教师要问自己一些问题:探究过程中儿童能获得什么?活动涉及哪些科学概念和规律?我对这个问题的理解水平?问题可能的探究方向?别人怎样看待这个问题?探究的成本如何?对以上问题的思考和回答可以形成科学探究的初步框架,如果再结合教育对象的特点就能形成一个完整的科学探究活动计划。可以通过一个课题的形成来说明这个过程:

案例

案例4-24 关于"太空点心"的探索

自从神舟五号飞上太空后,孩子们对中国第一个"太空人"——杨利伟十分崇拜。有一天,孩子们忽然对一个问题产生了很强的好奇心:太空适合吃什么呢?我决定就这个题目引导幼儿进行探究。

探究活动的形成:

1. 幼儿能获得哪些方面的经验:儿童能体会到解决问题的过程;能认识到不同材料的不同特性;有机会体会宇航员在特殊环境下可能遇到的生活问题;体会变量变化时产生的不同结果。

2. 活动涉及的科学概念和规律:物体和材料的特性;失重状态。

科学过程包括:观察、测量和推断。

3. 我自己对这个问题的看法:在失重状态中,人的各项生理指标都会发生变化。日常生活中的小事也变得困难重重。科学家为在太空生活的宇航员设计了高蛋白质、高营养、易于吸收和消化的食物,这些食物应该不易散落,能直接食用。

4. 别人对这个问题的看法:美国太空人现在回想早年的太空飞行,最感痛苦的倒不是失重,也不是上厕所不方便,而是饮食太差。当时,太空食品多半像浆糊一样,吃的时候从像牙膏的管子中往嘴里挤。或者压缩得像小肉丁一样,干巴巴的,需要靠嘴里的唾液去慢慢融化,方能下咽,而且这些食品一律淡而无味。所以,他们在太空中,老是想吃东西,希望能像在飞机上一样,吃到地面上能吃的东西。经过这20多年的太空飞行,科学研究得到一点结论,即在太空中,人需要的营养同在地面上一样。多年来,经过美国宇航局的不断努力,终于改进了太空饮食。

最近上天的航天飞机"发现号",带上去的食品不但有新鲜的面包、水果、凤梨丁罐头、巧克力,还有装在太空食品盒里的美味食品,例如青豆香菇、肉丸等,也有如同普通快餐店里一样包装的番茄酱、烤肉酱等调味品。这些食品大部分是从超级市场买来,经过冻干处理或重新包装的。太空人想吃的时候,只要"飘游"到厨房里,向食品盒中注射定量的水,加热后就可以吃了。为什么早年不这样做呢?因为当初科学家们认为,在太空失重的状态下,咀嚼和下咽食物都有困难。后来才知道这是多虑的。当初认为太空飞行需要特别的食品,后来也证明无此必要。现在科学家知道了,太空人需要的是有营养的食品,只要清洁卫生、方便进食就行了。不过到目前为止,航天飞机的机舱内还没有冰箱,所以只在飞行的头几天有新鲜的面包,水果和芹菜、胡萝卜一类的蔬菜吃,随后只能吃冻干处理的食品了。

太空食品主要有五类:

第一类:普通罐装食品,如鱿鱼、布丁等,包装用铝罐或柔软的金属袋。

第二类:低水分食物,如梨干、杏干等水果干。

第三类:脱水食物,包括经过冻干处理的食物及美国人通常早餐吃的谷类食品。这一类食品需要加水后进食。

第四类:原状食物,包括新鲜水果、蔬菜、鸡蛋、面包、小甜饼等。

第五类:饮料,各种果汁粉及其他饮料粉,用水一冲即成果汁和饮料。①

5. 探究的成本:此次活动探究成本不大,使用幼儿喜欢的小零食和点心作为材料就可以了;另外有太空生活的资料片更佳。

6. 我想让孩子们发现什么:一些点心比另一些点心更容易产生碎屑,推断在太空中最适合的食物是什么。

根据对以上问题的思考,我设计出了"太空点心"的科学探究活动。

引入阶段:播放宇航员太空生活的片段,描绘失重状态。

猜测宇航员喜欢吃什么点心,将所有猜到的点心都列入试验目录。

设计试验表格,向幼儿说明表格的填写方法。

进行探究:请幼儿选择不同的食物尝试,让食物碎屑掉落在纸巾上。

记录不同食物产生碎屑的多少。

---

① 该材料来源于 http://zhidao.baidu.com。

> 引申探究：思考以下问题，哪种点心产生的碎屑多？你会推荐哪种食物给宇航员，为什么？哪些食物不适合在太空食用，为什么？在床上吃哪些食物会觉得不舒服？①

从以上例子中可以看出，教师设计科学探究活动是一个理性思考的过程，探究活动涉及的每个方面都需要教师做出反思，特别是教师对幼儿获得经验的思考更是其中的核心。在科学探究活动的设计中，要尽力做到弹性设计，留出活动衍生的空间，保持活动的开放性。

2. 如何指导科学探究活动

科学探究活动本质上来说是一种低控制的教学活动，教师需要尊重幼儿的兴趣，允许幼儿在自己的背景中建构探索过程，但同时也要适时介入活动，引导活动的方向。这两种要求常常会给教师带来很大困惑，让科学探究活动的指导陷入误区。

（1）尊重幼儿兴趣，在兴趣中生成活动

科学现象和科学规律并不总出现在教师的正式教学中，在一日生活的各个环节，它们都会以不同形式出现。教师在生成和指导科学探究活动时要能敏锐地发现这些教育契机，善于用这些契机生成活动，有时甚至需要利用认知冲突来激发幼儿的探究欲望，让幼儿自己在生活中发现问题，产生探索的兴趣。

 案例

案例4-25 有趣的吸力

> 下午起床后，我正帮女孩子梳头发，站在一旁接水的浩浩突然说："真好玩，娜娜的头发都飘起来了。"许多孩子都围上来，只见娜娜散开的头发正随着塑料梳子上下飞舞，有的还吸到了梳子上。孩子们开始猜测这种奇妙现象的原因，有的说是因为老师的手头发才会飞起来，有的说是风把头发吹起来……我没有给他们答案，而是把梳子、气球、塑料棒和纸屑等物品投放在科学角让幼儿自己进行探索。②

---

① 该实例改编自 Julie Stacy Kennesaw 州立大学的一名在读研究生在1996年美国国家科学教师协会东南会议上的报告，转引自［美］大卫·杰纳·马丁著，杨彩霞等译：《建构儿童的科学——探究过程导向的科学教育》，北京师范大学出版社2006年版，第225页。

② 刘占兰、沈心燕主编：《让幼儿在主动探究中学习科学——经历发现过程，体验科学真谛》，北京师范大学出版社2001年版，第137页。

摩擦起电在幼儿的日常生活中是一个常见的物理现象,当孩子用塑料梳梳头发时、穿脱毛衣时都会发生这种现象。有时教师会忽视生活中的教育契机,而煞费苦心地设计科学探究活动,让幼儿在科学活动课上通过摩擦塑料棒产生静电来吸小纸片。其实利用生活中摩擦起电的实例完全能引起幼儿探究的欲望进而生成探究活动。

(2) 尊重幼儿独特的建构方式

每个孩子的生活背景不同,对这个世界的体验也不尽相同,因此,每个孩子都有独特的建构认知结构的方式。在科学探究活动中教师只有尽力去理解每个孩子探究行为背后的原因,才能引导孩子,帮助他们形成新的经验,不要力图用一种方式、一种速度、一个评价标准去要求所有的孩子。

案例

案例4-26 等待小小

全班孩子都在选择自己喜欢的橡皮泥制作"食物",小小却静静地坐着一动不动。我去询问原因,他说自己是因为橡皮泥太硬了,没法制作"食物"。我拿起一块橡皮泥捏着,试图用行动告诉他,其实一点都不硬。但小小却把我的做法解释为我是大人力气比较大,还是不肯尝试。直到和他同龄的小朋友在他面前掰下一块橡皮泥后,小小才开始尝试。在捏泥的过程中,为了证明橡皮泥有黏性,小小先后30次将泥粘在自己的脸上又取下。最后,小小终于完成了作品。①

如果教师不和小小沟通,她永远不会知道小小拒绝捏橡皮泥的真正原因,也不会了解怎样才能改善这种情况。小小将橡皮泥30次粘到自己脸上,很多教师都会出面阻止。只有了解孩子行为背后的真正原因,才能明白有时孩子看似不合作的行为正揭示出其内心不断的建构过程。在探究过程中,教师要有充分的耐心去理解儿童内心的想法,而不要匆忙地将自己的主观臆测强加在幼儿身上。有时等待孩子,就是为他们的心理建构留出空间。

(3) 合作在探究活动中的重要性

当代建构主义面对的一个问题就是所有的建构都是合理的吗?在学前儿童科学探究活动中,我们面临同样的问题。在幼儿进行科学探究时,教师需要对他

---

① 刘占兰、沈心燕主编:《让幼儿在主动探究中学习科学——经历发现过程,体验科学真谛》,北京师范大学出版社2001年版,第98—99页。

们的建构做出评价和引导。简单来说,"尽管儿童是自己建构自己的理解的——个人的意义——但并不是独立于他人之外的"①。从科学探究活动的过程来说,要让幼儿建构的过程和他人建构的过程相互作用,在充分了解他人探究过程的基础上,看到别人建构的合理性,不断改善自己的建构方法。

案例 4-27 岩石都一样吗?

在户外活动中,小福发现了几块带孔洞的石头,孩子们开始围绕岩石展开了争论。有的孩子说岩石都是硬硬的、粗糙的,也有孩子说有很光滑的岩石。毛老师利用这场争论生成了科学探究活动,要求每四个孩子一组去收集各种岩石标本,并向全班小朋友展示自己对岩石的研究成果。第一组孩子在家长的指导下,用表格将自己找到的三种岩石的特点表现出来;第二组孩子收集到了有关岩石的资料片,其中详细地介绍了多种岩石;第三组孩子只研究了"沙页岩"这种很特殊的岩石,并把岩石标本和资料介绍给全班小朋友。

在关于岩石的研究中,不同组的儿童运用了不同的建构方式对同一对象进行了探究,其结果是所有儿童都通过不同的视角了解了对象多方面的性质,这种建构的过程对幼儿认识世界来说是事半功倍的。还有一个重要意义在于让幼儿看到不同建构方式的不同优点,了解更多探究世界的方法。

(4) 保持探究活动的开放性

科学探究活动的本质在于开放性,探究本身就有无限多种可能性。教师的指导作用不在于限制幼儿探究的途径,而在于通过适当的方式激发探究的多种可能性,挖掘探究过程中潜在的教育价值。

案例 4-28 使球滚动的方法

教师提供了塑料棒、风扇、水枪等物品,让幼儿尝试通过不同的工具,自

---

① [美]大卫·杰纳·马丁著,杨彩霞等译:《建构儿童的科学——探究过程导向的科学教育》,北京师范大学出版社 2006 年版,第 210 页。

己的身体不接触球而让球滚动。孩子们在探索过程中认识到不同力在推动球滚动时的作用,力的大小和方向对球滚动的快慢和方向都产生直接影响。教师在这个活动完成后,又给幼儿提供了同一种传导力的媒介,但力作用的对象却有不同,教师提供了气球、排球、篮球、保龄球等。在这两种探究活动中,幼儿不仅认识到力的作用,也发现了控制实验中力的大小和球本身的质量是两个关键的变量。

其实,多数科学探究活动都能延伸出其他活动,这些延伸活动往往能将幼儿的探究带向一个新领域。教师要牢记科学探究的多种可能性,在教学实践中努力挖掘探究过程中的多重教育价值。利用开放性的操作过程、开放性的问题引导幼儿在原有探究基础上进入更广阔的科学探索领域,不要将科学探究活动局限于一次活动过程。

知识链接

什么是科学发现?

科学发现(discovery science)不仅仅教给幼儿科学技能和科学概念,它还能给幼儿提供探索、实验、创造和解决问题的机会。科学发现给教师们提供了一个课程体系,以调动根植于孩子、青年、老人内心深处的对探索的兴奋之情。①

建构主义的本质

当我们体验新事物时,我们会根据自己先前已经建构的已有经验和知识概念内化新事物。虽然建构主义最近几年才在教育界颇为流行,但它背后蕴藏的观点却由来已久。苏格拉底、柏拉图和亚里士多德分别在公元前14—15世纪就谈及了知识的形成问题。皮亚杰被很多人称为建构主义之父,奠定了当代建构主义的理论基础,他把知识看作是一个组织和适应的过程而非静止的存在。②

---

① [美]戴维·A·温尼特、罗伯特·A·威廉姆斯、伊丽莎白·A·舍伍德、罗伯特·E·洛克威尔著,刘占兰、易凌云、曾盼盼译:《科学发现——幼儿的探究活动(之二)》,北京师范大学出版社2005年版,第1页。

② [美]大卫·杰纳·马丁著,杨彩霞等译:《建构儿童的科学——探究过程导向的科学教育》,北京师范大学出版社2006年版,第202页。

本 章 小 结

　　学前儿童科学教育的方法是科学教育得以实现的前提,科学观察与记录、科学实验、分类与测量、科学游戏、科学信息交流和科技小制作是科学教育的常用方法。了解和掌握这些方法是进行学前儿童科学教育的必要条件。当然,并不是所有方法都适合出现在任意的教学活动中,作为教育者要能根据不同的情况选择适合的教育方法。

　　科学探究活动并不是作为简单的科学教育方法而存在的,它是人们知识观和认识论发生变化的产物。作为一种教育理念,它贯穿在当代学前儿童科学教育的体系中。如何在教学中体现这种理念,是值得教育者深思的问题。

问 题 讨 论

　　1. 除了教材中列出的科学教育方法,你还知道哪些科学教育的方法?它们的特点是什么?

　　2. 假设你是一所条件相对简陋的农村幼儿园的老师,面对"造纸术"这样一个课题,你怎样选择教学方法?请说明原因。

　　3. 设计一个科学探究活动,说明你想通过什么方法让幼儿习得哪些经验。

　　4. 试用实例说明如何保证科学探究活动的开放性。

第五章 学前儿童科学教育的资源

> **学习目标**
> 1. 了解学前儿童科学教育资源的概况。
> 2. 了解学前儿童科学教育资源的种类。
> 3. 掌握学前儿童科学教育资源选择的依据和原则。
> 4. 能结合实际情况开发本土的科学教育资源。

学前儿童科学教育资源是实现学前儿童科学教育的保障,此处论及的"资源"不仅指科学教育过程中使用的物质资源,也包括人力资源。对资源的强调并不仅仅要说明物质资源的选择和配置,同时更要强调教育工作者对物质资源的理解和开发。或许对后者的研究和探讨才是当前学前儿童科学教育的核心问题。

第一节 学前儿童科学教育资源概述

"资源"这个概念的涵盖范围十分广泛,它包括物质层面和精神层面两部分。了解在学前儿童科学教育领域中资源的重要作用和资源的使用原则是进行科学教育的前提,对教育资源进行重新认识和反思也是学前儿童科学教育的必然要求。

一、学前儿童科学教育资源的内涵

所谓资源是指一国或一定地区所拥有的一切可被人类开发和利用的物质、能量以及信息的总称,它广泛存在于自然界和人类社会中,是一种可以用以创造物质财富和精神财富的具有一定量的积累的客观存在形态。存在于自然界中的资源,包括阳光、空气、水、土地、森林、草原、动物、矿藏等;存在于人类社会中的资源,包括人力资源、信息资源以及经过劳动创造的各种物质财富等。教育领域中所利用的资源即教育资源,它是指整个社会用于教育领域中培养不同熟练程度的后备劳动者和专门人才的人力、物力、财力以及信息的优化组合,不仅包括非生命的各类实物,还包括具有能动性的有生命的人力资源以及蕴涵大量教育信息的信息资源。教育活动包括人的要素和物的要素,其中,人的要素即教育者和教育对象,物的要素即物质技术条件。学前儿童科学教育资源中的物质技术条件指的是辅助科学教育活动开展的各种材料资源、帮助学前儿童工作的各种科学教育资源、可供科学教育利用的社会资源等。① 学前儿童科学教育资源无处不在,无时不有,并且其内涵日渐丰富和多元。面对如此庞杂的资源体系,我们所要做的就是对其进行不断的开发和优化。

　　学前儿童科学探究活动的开展,首先必须具备适宜的科学教育资源。在学前儿童科学教育活动中,科学教育资源的意义非常重大。从学前儿童的角度来看,在科学教育活动中可以选择自己所需的科学教育资源,能够激发儿童对科学探究的兴趣,从而动手操作,得出属于儿童个体自己的感性经验和直接经验,进而发展儿童的各种能力。学前儿童的思维发展处于前运算阶段(2—7岁),思维的直观形象性很明显。根据儿童思维的这一特点,教师应当为他们提供丰富的科学教育资源,并提供充足的机会让儿童与材料、环境等资源直接接触,从而发现问题,产生现有经验与原有经验之间的冲突。然后,在教师的引导和支持下,儿童尝试解决问题。

案例

案例5-1 蜗牛的一生

　　李老师设计了一系列以"花园里的邻居"为题的活动,旨在让孩子们了解我们周围的生态圈。在一次户外探究中,儿童发现了蚯蚓、蜗牛等小动物,并用小铲子把它们装进容器里,接着在短时间内,把蚯蚓和蜗牛等带回室内,放入生物养育箱内,对它们进行近距离观察。养在生物养育箱中的蚯蚓、蜗牛等可能处于生命周期的不同阶段,有的才刚刚出生,有的已在生长、发育、变形、繁殖,有的甚至已经死亡,这就为儿童提供了讨论生命周期的机会。

---

① 施燕:《学前儿童科学教育》,华东师范大学出版社2006年版,第183页。

学前儿童科学教育资源是学前儿童实现"做中学"所必需的。从教师的角度看，如果不为儿童提供科学教育资源，那么，科学教育活动的开展是非常吃力的，同时也可能是不成功的。在缺乏科学教育资源的情况下，教师只能通过枯燥的说教来进行科学活动，这既不符合科学教育的规律，也不适应幼儿的认知特点。例如，在认识叶子的活动中，如果教师仅仅用语言来描述各种叶子之间的差异，只会使儿童对叶子的认识越来越含糊。让儿童认识叶子，教师就应当与儿童一起去户外收集叶子，观察叶子，并组织儿童讨论和交流，这样才能真正达成活动目标。

二、学前儿童科学教育资源的类型

学前儿童科学教育资源可分为自然资源和社会资源两大部分。

1. 学前儿童科学教育的自然资源

（1）户外环境

如果教师要引导学前儿童对动植物进行科学探究，就必须提前为他们选定一块可以进行探究的户外环境。在户外环境中，儿童能够发现树、灌木丛、苔藓、树叶以及从植物上落下来的花、干果、树皮、种子等，还有毛毛虫、蝴蝶、蚯蚓、蜗牛、蚊子、蚂蚁等小动物。此外，户外有土壤、沙丘、水池、草地、游戏场等。户外环境是幼儿进行科学探究非常宝贵的资源，也是幼儿进行科学探究的首选之地。

肥料堆是一个人造的、可以用来吸引生物的户外环境。如果在幼儿园周围的户外环境中我们寻找到的动植物很少时，那么就可以收集腐烂的树叶、树皮等在僻静背阴的角落里来人工制作一些能够吸引小虫子的肥料堆。肥料堆作为生物生活的理想环境可以营造出一个小型的生态系统。

幼儿园的每一个角落都是幼儿进行科学探究的场所。不宜种植于自然角中的植物和不宜饲养于自然角的动物就放在园地中，园地包括种植园地和饲养园地。种植园地是幼儿园选择适合的地点设置一块或多块土地，供幼儿种植蔬菜、花卉、农作物等。种植园地内插上写有所属班级名称的牌子，有的是全班儿童集体种植，有的是班级每一位儿童都有属于自己种植和照顾的植物。饲养园地是在幼儿园室外一角设置小屋或小棚，供幼儿饲养一些小兔子、小鸡、小鸟等深受他们喜爱但体形稍大的动物。饲养园地内的动物一般由全园幼儿共同饲养。

（2）生物养育箱

在室内设置一个生物养育箱，这样幼儿在自由活动时可以在室内探究生物。选择一个大而干净且盖子上带孔的容器，比如塑料储物箱或旧鱼缸，或者专门购买的塑料生物养育箱，将沙砾、鹅卵石、炭粒等放进容器，盖上盖子。注意，盖子必须有足够多的小孔，一方面透气，另一方面防止容器内的小虫子等小动物逃出来。粗棉布、细孔材料都可以当盖子。此外，还需要挖洞用的小铲子、保持土壤湿润的洒水瓶。尽管生物养育箱给幼儿提供了一个观察的环境,但是由于在这里获得的经验远没有户外探究的经验那么深刻,所以即使户外探究的地方很小或者生物很少,还是要尽量带幼儿进行户外探究。

(3) 自然角

自然角是指在幼儿园活动室的一角或廊沿向阳的地方,饲养小动物,栽培植物,陈列幼儿收集的非生物。自然角中可种植大蒜、洋葱、辣椒、四季海棠等,见图5-1—图5-6中形式各异的自然角。

图5-1 自然角可以种植各种食用蔬菜和水果

图5-2 幼儿园的户外场地是常见植物生长的好地方

图5-3 种子通常是埋藏在泥土下的,对各类种子的展示可以让孩子们更加了解自然

图5-4 让幼儿成为自然角的维护者和管理者能激发他们的探索兴趣,也能培养责任感

图 5-5　可以根据幼儿园实际情况将动植物合理安排在自然角中

图 5-6　幼儿还可以将收集的黄河石、贝壳等放在自然角中与其他幼儿分享

需要注意，自然角中的植物应当是适宜室内生长的，动物应当是易于照顾的。自然角设置在活动室一隅或走廊中，便于幼儿随时进行观察和探究。自然角因其新异性、自由性深受幼儿喜爱。但需要注意的是，自然角内的内容不是陈列品，教师必须引导幼儿充分利用它们。自然角的内容要随着活动主题的变化和四季更替，有计划地进行更换，以保持幼儿对自然角的好奇和兴趣。在保证自然角内容丰富多样时，还要防止数量泛滥，以免分散幼儿注意力，使人眼花缭乱。

2. 学前儿童科学教育的社会资源

学前儿童科学教育的社会资源包括四个方面,即人力资源、物力资源、财力资源和信息资源。

(1) 人力资源

所谓人力资源,是指各种可以为学前儿童科学教育提供服务和支持的人士,包括社会人士、幼儿家长、社区内从事各种不同职业的人员等。教师可以和这些人沟通,询问他们是否愿意与幼儿一起分享自己的经验、兴趣或爱好。具体有以下几种:① 当地的年长者。他们可以被邀请来园做一些本地历史变迁的介绍,如家庭生活、学校教育、社会习惯等的今昔比较。② 某一学科的专业人士。预先跟一个专家交谈,向他(她)讲解幼儿正在进行的自然探究活动、幼儿的兴趣以及问题,建议他(她)带上给幼儿展示的各种工具。③ 医务工作者。不少幼儿的家长是医务工作者,他们可以协助讨论诸如牙齿保健以及如何建立公共卫生的良好习惯等问题。④ 技术人员。如园艺工作者、饲养动物的人、鸟类观察者、木工、缝纫工等,他们可以就其所长,介绍自己的知识和经验,充实学前儿童科学教育活动中某些问题的研究内容。⑤ 新闻编辑、图书馆工作人员和出版界人士。他们提供的意见,有助于增进儿童的知识,培养他们的阅读能力以及形成正确的观念。

(2) 物力资源

物力资源即物资资源,主要是幼儿园以及当地的各种物资,包括各种设施和产品等。学前儿童科学教育的物力资源主要包括以下内容:① 幼儿园的材料资源。其中包括科学探究材料、工具、影音资料等,如手持透镜、压舌板、夹纸笔记板、铅笔、小铲子、笔形电筒、容器、洒水瓶、测量绳、田园指南、照相机或摄像机等。② 科学发现室。有些材料或设备体积较大,不易摆放和收藏,需要放入科学发现室。科学发现室内备有很多材料,比如天平、计数器等,幼儿可以在里面进行实验、观察和交流。③ 科学桌。场地不够的幼儿园,可以在活动室内开辟一个相对安静的区域,放一张桌子,并在桌子上放置材料,以建立科学桌的方式进行活动。④ 天气预报台。记录今天的天气以及应当穿多少衣服,记录昨天天气并预测明天天气等。天气预报台活动可以让儿童了解天气及天气变化的状况、天气观测的顺序,培养儿童对气象科学的兴趣并且熟悉天气预报的内容。⑤ 社区里的超市、医院、工厂等。社区图书馆或博物馆是科学教育的重要资源,教师可以充分利用。还可以带领幼儿参观社区里的超市,那里有各种性质和用途的琳琅满目的商品。通过观察与交流,儿童可以积累很多生活科学知识和经验。教师还可以带领幼儿参观社区里的医院,了解各种医疗器械和人体、生命知识。此外,还可以参观工厂,了解产品制作流程。⑥ 家庭资源。例如,幼儿家里的废旧书籍和废旧材料等。

(3) 财力资源

如果没有资金支持,就无法开展学前儿童科学教育活动。建立科学发现室,购买部分材料、图书、科技玩具等都要投入资金。学前儿童科学教育活动的经费主要有三个来源:一是政府和幼儿园投入的资金;二是家长的资助;三是辖区单位的赞助。有些生产销售儿童用品、儿童食品的商家,为提高知名度,也会不定期举办一些活动,其中就包括儿童科技制作比赛和科学参观展示等。

(4) 信息资源

学前儿童科学教育的信息资源,主要包括图书资料和互联网资源。① 图书资料包括儿童科普读物,如《蚯蚓的日记》;各类杂志、画刊上有关儿童科学知识的资料,如《小朋友》;工具书,如《动物图鉴》《植物图鉴》;科学教育活动方案,如"平衡的感觉"、"垃圾处理园"等。② 互联网资源。互联网上有可供学前儿童科学教育活动利用的信息,如各种可用的科学教育资源、有关内容的图片、各种科学知识介绍、科学教育案例等。学前儿童上网查找资料时需要教师和家长的协助。在帮助学前儿童利用网上资源的同时也要培养他们搜集资料的能力,同时要注意儿童上网的安全性问题。

表 5-1 儿童上网规则①

网络礼节
● 在上网查找你要了解的主题前,先征得教师的同意。
● 探究网上资源的时候仅选择你关注的主题内容。
● 检查正确的拼写。
● 点击进入网站之前,仔细阅读搜索结果的描述。
● 选择站点时,确信标题与你的主题相关。
● 浏览搜索网站,寻找与你主题相关的信息。
● 做笔记。
● 把有用的站点地址记录下来。
● 禁止进入聊天室。
● 不要透露你的名字或学校教师的名字。

第二节 材料资源

为了更加清晰、具体地了解资源在学前儿童科学教育中的作用,本节

---

① [美]大卫·杰纳·马丁著,杨彩霞等译:《建构儿童的科学——探究过程导向的科学教育》,北京师范大学出版社 2006 年版,第 346 页。

将分析各种材料资源隐含的教育价值,说明如何使这些价值最大化。材料是科学教育活动目标的物化,在学前儿童科学教育活动中发挥着重要的作用。

一、材料和学前儿童学习科学的关系

如前所述,材料对学前儿童科学教育意义重大。没有材料,任何教学计划都无法体现出教育价值。对于学前儿童,材料的作用尤为明显。这是基于以下几方面的考虑:

首先,幼儿的思维方式决定了材料是实现教育、教学的主要媒介。众所周知,学前儿童正处于前运算阶段,直观形象思维是他们主要的思维方式。他们无法理解用符号表述的科学概念和科学规律。例如,摩擦力的概念用文字表述出来是:一个物体在另一个物体表面运动时,在两个物体接触面会产生一种阻碍运动的力叫摩擦力。在这个定义中蕴涵着诸如"物体"、"运动"、"阻碍"、"接触面"等其他概念,还有这些概念之间形成的关系。要理解由符号表达的"摩擦力"概念,学习者必须建立一个广泛的概念群,这对于学前儿童来说是无法做到的。让幼儿了解"摩擦力"的概念就必须借助于材料。

案例

案例5-2 如何让幼儿了解摩擦力

向幼儿出示两种不同材质的斜面,一种光滑,一种粗糙。让幼儿自己感受两个斜面有何不同。将一辆玩具车置于斜面顶端,然后释放。请幼儿测量车在滑下斜面后走多远才能停下来。请幼儿猜测影响小车滑行距离的因素是什么。

在材料的帮助下,幼儿直观感受到了某种力的存在。虽然在一段时间内他们还不会形成关于摩擦力的精确定义,但这种直观感受会在儿童抽象思维开始发展后顺利转化为抽象概念。也可以说,儿童对世界抽象化的看法始于直观的感受,而材料在儿童认识客观世界的过程中意义重大。

其次,科学教育的特点决定了材料在教学中的重要性。科学研究的对象是客观物质世界,其特性就是借助物质材料对研究对象进行操作。科学教育必然反映科学的属性。我们很难想象脱离了材料的科学探索,同样也不可能存在脱离了材料的科学教育。

图5-7 通过"触摸板"幼儿能通过触觉直观了解不同材料的特性

再次,关于认识是如何发生的理论假设赋予材料重要的价值。皮亚杰的相互作用论阐释了儿童认识的起源:学前儿童的认知发展是在其不断地与环境的相互作用中获得的。材料是幼儿操作的对象,通过操作,学前儿童认识了材料的属性,也了解了材料之间的关系。

案例

案例5-3 有趣的量雨器

为了了解降雨量,吴老师请两个孩子用不同形状的容器在相同地点测量雨量。两人用开口大小相同,但形状不同的容器在相同地点收集雨水。结果瘦高的瓶子水平面较高,低矮的瓶子水平面较低。两个孩子为谁的量雨器装的水更多争执不休。吴老师最后拿来了量杯,对两瓶水进行测量,结果发现其实两个瓶子的水量相同。两个孩子觉得很惊讶,然后将量雨器中的水不断倒入量杯中,又倒回来。最后两个人都在操作过程中理解了什么是守恒。

可以看出,幼儿对概念的建构是基于对客观事物的操作。在这一过程中,孩子逐渐看到了事物之间的潜在的联系。这正是所谓的"规律"。幼儿在不断主动操作材料的过程中获取信息、积累经验和发展能力。因此,材料是学前儿童建构知识的依托,是促进他们发展的载体。

二、材料资源的种类

科学教育资源的使用是一个非常宽泛的问题,资源自身没有好与不好的差别。但资源在不同的教育情景下的确能发挥不同的教育价值。材料资源在学前儿童科学教育活动中是必需的而且是丰富多样的,主要包括科学探究材料、科技活动材料和科学工具。

1. 科学探究材料

科学探究材料是指可以达成某种科学探究目的的材料,如常见的沙、水、木头、岩石等。幼儿可以通过操作这些材料看到某种规律性或因果性的联系。科学探究材料也可以是科学教育活动的媒介和工具,幼儿借助这些工具才能更直观地了解到客观事物的性质及其变化过程。

知识链接

常见的科学探究材料[①]

① 常见物体和各种材料,如沙、水、黏土、碎布、纸和纸板、木头、树枝、橡皮泥、颜料、塑料、金属、岩石或石、植物的秸秆和种子等。

② 有关植物的材料。如不同生长条件,即需要不同土质和水分、不同阳光和温度的植物;不同种类的茎、不同种类的根、不同种类的花和不同种类的果实或种子;种植植物所需的各种工具,包括花盆、容器、洒水瓶、小铲子等。

③ 有关动物的材料。如常见的动物有毛毛虫、小蝌蚪、蚯蚓、乌龟、兔子、鸡、金鱼等;饲养和照顾小动物的材料,包括容器、沙砾、沙土、炭、洒水瓶等。

④ 探究物体的位置和运动的材料。如玩具小汽车、玻璃弹珠、橡胶球、塑料球、小推车、滑轮和轮子、杠杆以及木板或塑料做的表面粗糙程度不同的可供物体滑动的斜坡或轨道。

⑤ 探究能量的材料。探究光能的材料有放大镜、平面镜、三棱镜、多棱镜、凹凸透镜等;探究热能的材料有蜡烛、酒精灯、小块铁板、小铁棒或小勺等;探究电路的材料有电池、电灯泡、电线、曲别针、纸片、塑料片、铁片、木片等;探究摩擦生电的材料有玻璃棒、木头、丝绸、塑料梳子、碎纸屑、皮毛等;探究磁力的材料有磁铁、铁钉、曲别针、扣子、金属丝等。

---

① 刘占兰:《幼儿科学教育》,北京师范大学出版社2000年版,第136—138页。

⑥探究自然力的材料。探究浮力的材料,包括水、容器、塑料小鸭子、木块、海绵、石头等;探究重力的材料,包括斜坡、玩具小汽车、球等;探究弹力的材料,包括弹簧、球等等。

⑦附着板。用于附着各种物品的揭示板,如磁性板、绒布板、拼插板、泡塑板、拉线板等。各种各样的附着板,能结合其他材料用于科学教育中。

⑧电化教具:是用来播放各种科学教育内容的机器与材料,包括幻灯机、摄像机、录像带、幻灯片、录音机、录音带、VCD、CD等。

要根据科学探究活动的目的以及材料的适宜性、材料的可操作性和安全性等来选择和运用科学探究材料。

 案例

案例5-4　科学探究材料的选择

林老师想让孩子们了解蚂蚁的生活习性,但当进行科学探究活动——"蚂蚁的家"时,林老师犯了难。蚂蚁的洞穴埋藏在地下,怎样才能让幼儿直观地了解呢?面对不同的科学探究材料,林老师有几种方案可以选择:第一种是选择知识挂图,让幼儿了解蚂蚁洞穴;第二种是选择在广口瓶玻璃中放入土壤和蚂蚁,将瓶子展示在自然角中;第三种是选择半透明的琼脂作为"土壤",将其放在玻璃箱中,以便观察蚂蚁的行为。林老师应该如何选择呢?

以上案例在同一探究主题中呈现了三种不同材料,从易得性来说,三种材料依次降低。但就直观生动性来说,选择第三种材料效果可能最好。持有不同价值取向的教师可能会选择不同的探究材料。

2. 科技活动材料

不同类型的科技活动可能需要选择各种不同的材料。例如,建构活动可能需要纸板、木板、线、铁丝等物品;而木工活动则需要木条、锤子、钉子等材料;编织活动需要各色毛线、剪刀等等。在使用这些材料时,安全性是教师首先要注意的问题。幼儿肌肉力量差,控制力和技巧性都远不如成人。在成人指导下进行这些活动是前提条件。

案例 5-5 选择科技活动材料的实例

科技活动不同于简单的手工活动,它的材料选择一定要根据科学活动的目的进行。例如在进行斜坡实验时,教师要幼儿体会不同材质斜坡的摩擦系数对物体滑落速度的影响。教师先选择了一块表面光滑的木板请幼儿实验,然后用摩擦系数差异较大的布料蒙在木板上进行实验。孩子们用不同的布料制造出了摩擦系数不同的"斜坡",并比较出了摩擦系数对物体运动的影响。

3. 科学工具

科学工具是科学教育活动的媒介,有些科学现象在极其微观的层面上发生,如细胞的裂变、电子的运动等,不借助观察工具很难看到这样的变化。测量工具可以将观察的现象数量化,进行比较和鉴别。有些工具可以改变物质的存在方式,以明确揭示出物质性质。常见的科学工具有以下几种:

(1) 观察工具,如手持透镜、显微镜、望远镜、笔形电筒、听诊器等。

(2) 测量工具,如测量绳、卷尺、直尺、钟表、温度计、天平和秤、勺子、杯子等。

(3) 发明创新的工具,如筛子、漏斗、石磨、榨汁机、豆浆机、压面机、烤箱等。

根据功能来划分材料,可分为三种,即主体材料、辅助材料、工具;根据性质来划分材料,可分为成品材料、半成品材料和自然材料;根据内容范畴来划分材料,可分为科学探究材料、科技活动材料和科学工具。

三、材料的选择、制作和投放

既然在学前儿童科学教育中材料的作用如此重要,那么在现实教学过程中如何对材料进行操作才能达到理想的教学效果呢?这涉及材料的选择、制作与投放。

1. 科学教育材料的选择

可以用于课堂教学和幼儿实践操作的材料有成千上万种,但每次教学活动或区角活动使用的材料却是有限的。如何从浩如烟海的材料中选择最适合幼儿操作的材料,有以下几点需要注意:

(1) 目的性原则

每一种教育都有其预期的教育目标,学前儿童科学教育也不例外。在进行科学教育时,为能达到教育目标,需要选择环境中的资源作为辅助。例如,让儿童认识植物和动物,教师就需要带领幼儿走到户外,寻找植物和动物,用手持透镜进行观察,用笔和纸进行记录。因为这些资源的运用,才使科学探究取得成功成为可能。

学前儿童科学教育活动是多元的,应在科学教育总目标的指引下,选择和创设相应的资源。学前儿童科学教育的目标之一是要发展学前儿童的思维,在选择资源时就应考虑到这一点,以能启发幼儿思考的资源为佳。例如,在"浮和沉的材料"活动中,教师为儿童提供的资源除了水箱、纸巾(清洁用)外,还为他们提供了各种沉或浮的物品,包括塑料小鸭子、自制纸帆船、金属钥匙、螺丝钉、玻璃弹珠、石块、硬币、树叶、泡沫、铃铛等材料。这些资源组合在一起能够启发儿童思考为什么有的东西沉下去了而有的东西一直是漂浮的,它们是比较理想的科学教育资源。另外,在选择和创设科学教育资源时还应考虑到,所选择的资源不仅能够达到本次活动的目标,而且能够诱发儿童的探索兴趣和欲望,能够生成科学延伸活动。例如,在户外探究植物之后,教师可引导儿童在活动室内,在干净的塑料瓶中,用湿纸巾包住种在土壤中的豆类种子,看种子是怎样膨胀、发芽的。

完成某一科学教育活动目标,不一定必须选择某一种教育资源。不同的教育资源可以达成同一教育目标,但是,目标达成的效果有高有低。我们当然会选择其中效果最大的资源。除了教育学、心理学中所说的学前儿童的材料和玩具要色彩鲜艳、能活动之外,由于幼儿缺乏丰富的生活经验、理解力较差,因此尤其要注意所选择的资源要真实或逼真。一般来说,生物养育箱没有户外环境好,标本没有实物好,模型没有标本好,照片没有模型好,图片没有照片好。比如,认识小蝌蚪,就应当选择实物,形象逼真。学前儿童只有有了最真实的感性经验才能真正理解科学知识和科学现象。但也不能一概而论,有时实物的效果反而不如标本或图片。如要了解火车全貌,去参观一天,反而没有观察模型效果好。此外,进行科学教育活动往往需要优化组合多种科学教育资源才能达到目的。例如,认识植物,就可以将参观植物园和花园的实物、看植物照片、看植物录像等资源结合起来。

案例

> **案例 5-6 测测有几度**
>
> 在一次了解气候与气温的活动中,教师选择了许多不同种类的温度计让孩子们测量户外温度。结果只有一些拿到了专业测量户外气温的温度计的孩子得出了教师期望的实验记录。而其他拿到人体温度计的孩子都将注意力集中到测量身体温度、暖气温度等物品上了。教师原来制定的教学目标基本都没有实现。

在以上例子中,测量户外温度的材料与测量人体体温的材料有着明显的不同。如果教师的教学目的是为了让孩子了解温度计的种类和简单的工作原理,那么选择这些材料是适合的。但如果在教学过程中温度计只是工具,那么教师的选择就显得太盲目。因此,在教学中选择材料首先要考虑的就是教育教学目标。

(2) 适宜性原则

资源的选择和利用要考虑学前儿童身心发展的特点,以儿童为本。例如,自然角内的生物和非生物的摆放,要便于学前儿童近距离观察;天气预报台中的天气预报表,不能高于学前儿童的视线水平;科学发现室内的桌子和椅子要与学前儿童的身高成比例。另外,学前儿童科学教育资源要具有可操作性,超出学前儿童实际操作能力的资源不宜利用。比如,为了便于儿童挖掘蚯蚓,为儿童提供的挖掘材料是一把成人用的大铲子,儿童的小手根本握不住它,显然该材料的提供是不适当的。又如,为了让儿童探究植物和动物,邀请自然学家来活动室,如果他们没有带自然学家探究工具来与儿童一起探究,而是仅仅用语言介绍植物和动物的知识,这样是不能激发幼儿的探究兴趣的。

(3) 安全性原则

学前儿童好奇心强,自控能力弱且注意力很容易分散。教师在选择科学教育的材料时首先要考虑材料的安全性问题。一些细小的材料容易被儿童误食,造成窒息等严重后果。所以教师在选择材料时对其潜在危险要有充分预期,以防事故发生。探究场所的选择必须尽可能远离危险物品,如锈金属和碎玻璃。在选择材料时尽量用自然物不用替代物,其前提是该自然物不存在危险,是安全的。让儿童直接接触的科学材料、科学玩具及其他用具也必须是经过消毒的。幼儿园周围不能种植有毒的植物,如毒藤或毒橡树,也不能种植可能给儿童造成

图5-8 材料的选择和投放要考虑幼儿和活动的双重需要,有序布置

外伤性伤害的植物。在探究动物时,要避免学前儿童被蜜蜂叮蜇;饲养动物时,要检查动物是否有传染病,有传染病的不能饲养;在禽流感流行期,要及早隔离鸽子、小鸡等动物。

(4) 审美性原则

学习和生活对于苏霍姆林斯基创办的学前班——"蓝天下的快乐学校"的孩子们而言是非常幸运和幸福的,因为他们可以自由地与大自然对话。大自然的和谐美能给儿童带来美好的情感和愉悦的心情。同时,学前儿童科学教育的基本理念之一就是强调培养幼儿与自然的和谐关系,科学教育本身的内容也决定了在选择和创设环境与材料时,必须考虑自然的要求。这样,自然物和自然环境成为学前儿童科学教育不可替代的资源。教师应当尽量引导学前儿童在真实的自然环境中进行科学探究,即使在自然角或科学发现室内探究,也要尽量为学前儿童提供自然物。在幼儿园的自然环境中,应当做好绿化和美化,让儿童随时随地感受到自然的气息。比如,在自然角摆放四季常青的海棠,这样幼儿在冬天也能很方便地看到绿叶。教师如果要保持学前儿童小小科学家的天性,就应当与学前儿童一起探索自然。无论选择自然环境,还是创设人工环境,都要尽量满足幼儿的审美兴趣和审美需求。比如,自然角的环境布置、材料质地选择、植物色彩搭配、高低错落、动物动静交替等都要讲究审美。

(5) 经济性原则

学前儿童科学教育资源的选择和利用,不能犯"富贵病"。要根据幼儿园自身的物质和经济条件,合理配置和选择,因地制宜,综合利用。幼儿园购置一些

图5-9 和谐的区角环境布置能让科学教育产生事半功倍的效果

儿童科学玩具、科学材料等是需要的,但是,幼儿对自然物和自制玩具更加感兴趣。同时,学前儿童科学教育的主要内容是引导儿童认识周围生活中美好的人、事、物。学前儿童对贴近其生活、自身有生活经验的事物和现象的兴趣更加浓厚和持久,如幼儿园周围的植物和动物、用废气轮胎自制的玩具等。自然环境和自然物是学前儿童科学教育最宝贵的资源。材料的选择应遵循"价值最大化"原则,用最少的资源实现最大的教育价值。在科学教育中,材料并非越贵越好,而是越适合越好。

 案例

案例5-7 昂贵的岩石博物馆

丁老师所在的幼儿园花很多钱引进了一套"岩石标本",其中有许多珍贵的矿石标本。幼儿园还专门开辟了地方存放这套标本,在幼儿园建起了岩石博物馆。丁老师的中二班也去参观了这个博物馆,孩子们对这些岩石很感兴趣,参观结束后就主动提出也要去找石头。于是她设计了一系列以本地岩石为主题的科学探究活动,收到了很好的效果。利用孩子们收集到的各种石头,丁老师在自然角中也布置了岩石博物馆。在以后的教学过程中,班上的岩石博物馆始终被孩子们关注,而幼儿园那昂贵的岩石博物馆却逐渐被人忘却。

不能说昂贵的岩石博物馆没有任何教育价值,它引起了孩子的好奇心,为丁老师后续活动的开展提供了一个契机。但以这个博物馆的教育价值和它的成本来看,却是得不偿失的。在现实的教学过程中,昂贵的昆虫标本和植物标本只是用来展示,这些完全可以用图片或影音资料代替的材料,幼儿园是否有必要购进,是一个值得思考的问题。

(6) 直观化原则

材料的选择要考虑到幼儿的年龄特点和思维水平。在成人看来显而易见的科学原理,在儿童看来可能就难以理解。材料可以帮助隐性的科学规律显性化,让幼儿通过对材料的操作,了解隐藏在现象后面的科学规律。

案例

> **案例 5-8 不会湿的纸偶**[①]
>
> 将纸做的玩偶放入水中,玩偶必然会被打湿。现在请将玩偶粘在一张圆形的纸片上,纸片的大小和你选择的玻璃杯口大小一致。将纸偶装进玻璃杯中,纸片刚好卡在杯口。现在找一盆水,将玻璃杯杯口向下扣入盆中。请看看杯中的纸偶湿了吗?解释纸偶不会湿的原因。

纸偶不会湿是因为杯中有空气,但空气无色无味,幼儿很难直观感受到它的存在。教师选择纸偶作为实验材料,能有效引发幼儿的认知冲突,在探索中思考"杯子中到底有什么?"这个问题。随着探究活动的深入,幼儿最终可以发现纸偶不会湿的秘密。因此,让潜在的科学规律用生动形象的方式表现出来,也是选择科学教育材料时要考虑的重要因素。

2. 科学教育材料的制作

科学教育材料的制作与投放是科学教学的重要环节,虽然现在成型的学前玩、教具十分多样,但也无法和本土化的材料资源相比拟。幼儿园自己制作的材料有以下几个优点:首先,自制材料是主动生成的,它可以根据本园甚至本班幼儿的发展水平、教学进度等因素生成和调整,有很好的适应性。其次,自制材料可以尽可能地降低成本,使资源价值最大化。许多自制材料在幼儿活动结束后,可以重新加以组合,形成新的材料。再次,自制材料的结构性较低,幼儿可以在活动中发掘材料多方面的教育价值。以下几幅图片是幼儿园教师和孩子们一起制作的活动材料。

---

① 李云:《开启孩子智慧的实验游戏》,石油工业出版社 2006 年版,第 93 页。

图 5-10 自制的骰子帮助幼儿了解数概念

图 5-11 自制玩具：通过简单的游戏发展幼儿的精细动作和促进小肌肉的发展

图 5-12　自制玩、教具可以根据本班儿童的发展情况随时调整任务难度

图 5-13　一些抽象的概念也能通过材料直观地表达

幼儿园除了购置成品材料,如哈哈镜、电动玩具等外,还会购置一些半成品材料,如打上个数不同眼的塑料片。自制材料是非常受学前儿童喜欢的。自制材料多是用自然材料,如电线、棉线、木棍、碎布、皮筋等制作而成的。学前儿童喜欢自己制作材料,同时也喜欢操作自制的材料。自制材料不仅可以节约经费,而且能发展学前儿童动手操作的能力,从小培养儿童利用身边资源的意识和能力。自制材料能让儿童学会节俭,学会珍惜和利用资源,并且让儿童体会到科学就在身边,体会到通过创造能使废弃物和某些闲置的自然物发挥意想不到的价值。

自制材料的出发点是物化学前儿童能够达到的科学教育目标和内容,促进学前儿童的发展。教师在进行自制材料或与儿童一起自制材料之前,就要明确本班幼儿的年龄特点及发展水平,并以此为依据来自制材料。如刚入园的小班幼儿持勺吃饭时,手眼协调能力和手部肌肉对勺的控制能力较弱,常出现掉饭洒汤的现象。为增强学前儿童手眼协调能力和手部肌肉控制能力,教师可以自制一份"娃娃吃饭"的科学区材料。先在娃娃的小碗内放入大豌豆,随着儿童手部肌肉和手眼协调能力的增强,再将大豌豆换成小红豆、小绿豆、芝麻等,最后让儿童扮演妈妈用勺子喂娃娃喝牛奶。同时,我们也要注意到,一提到自制材料,人们往往就想到教师自制材料,容易忽视材料的使用者——儿童。自制材料不是教师的特权,而应该是教师与儿童互动的媒介。从学前儿童的角度来说,自制材料的过程是他们发展各方面能力的契机。儿童从基本素材的寻找与加工、与同伴和老师的交流合作中获得有益的经验。如寻找基本素材时,儿童在教师的引导下,比较基本素材的各种属性是否适合于自制材料,不仅认识了各种素材的基本属性,而且也体验了通过摸、听、闻、看、敲等方法来比较的过程。选定所需要的基本素材之后,接着儿童就要凭借已有的相关经验来操作和加工素材。通过自制材料,儿童的手眼协调能力以及手部肌肉的灵活性得到了增强,关于形状的概念和数的概念得到了发展,对于色彩的感知能力得到了提高。在整个过程中,幼儿与同伴及教师之间的交流和合作是贯穿始终的。无论是寻求同伴、教师的帮助还是寻求他们的合作,儿童的社会交往技能都得到了发展。从教师的角度来看,自制材料对教师的专业要求很高,教师在观念上首先就要发生改变,不是为自制材料而自制材料,自制材料的目的是为了促进儿童的发展。认识自制材料所蕴涵的科学教育价值以及探索怎样自制材料的过程,对于教师来说,是一个促进专业成长的过程。当然,不能走另一个极端,自制材料的过程不是让儿童散漫迷惘的过程,教师要发挥主导作用,要给予儿童及时的、适当的支持、引导与合作。

3. 科学教育材料的投放

完成对材料的选择后,教师面对的另一个关键性问题就是材料的投放。相同的材料用不同的方式或比例投放会有截然不同的效果。这是因为材料投放的数量、密度、组合都会对幼儿的操作产生影响。

(1) 材料投放的数量

在科学教育活动中,材料必须有一定数量才能保证幼儿的操作。试想如果10名幼儿才能得到一套操作材料,用轮流的方式进行操作,那么幼儿等待的时间就会大大延长。考虑到幼儿注意的时间,可能有些孩子还没进行操作就放弃探索了。

 案例

> **案例 5-9 争夺放大镜**
>
> 在让孩子对放大镜的特点进行观察时,刘老师给 25 个孩子发放了 5 面放大镜。结果在观察过程中,有的孩子为了争夺放大镜大打出手。而胆小内向的孩子根本就没有机会接近操作材料。课堂一片混乱。

在这一活动过程中,幼儿活动的主要目的就是要观察放大镜的特性,因此,放大镜这个材料是作为主要活动材料投放的,而不是作为观察工具投放的。当幼儿所有的注意力都集中在有限的材料上时,对材料的争夺就很难避免。这个探究活动演变成对放大镜的争夺也是预料当中的。所以,教师要在充分了解教学目的、材料性质的前提下,对操作所需的材料数量进行充分估计,并在条件许可的条件下多准备一些操作材料,以备不时之需。

(2) 材料投放的密度

材料投放的密度是指单位面积或单位人数内投放的材料数量。有时绝对的数量很难说明科学教育所需的材料数量,而材料投放的密度则能很好地说明材料投放的科学性。不同的科学教育活动需要的材料投放密度有很大的差别。需要幼儿对多种材料进行尝试性试验的活动,就需要密度较大的材料投放,如浮与沉的试验和磁铁试验等;而需要幼儿关注过程的科学活动就不需要太大的材料密度,如观察植物生长等。不同的材料的投放也有不同的密度要求,如试验性材料投放密度要大一些,而工具性材料则不需要太大密度。有时候,材料投放的密度甚至会改变活动的目标,影响活动的结果。

 **案例**

案例5-10 种子贴画

王老师正在进行种子贴画的活动,她给幼儿提供了许多不同颜色、大小、形状的植物种子,希望幼儿能根据种子的不同形态组合出一幅贴画。孩子们在活动的过程中,却对种子之间的不同产生了兴趣。他们比较着自己拿到的不同外形的种子,兴奋地辨认着种子的类别,有时还会有争执。结果,贴画活动最后演变为科学探究活动"种子宝宝的变化"。

从以上例子可以看出,材料投放的数量、种类和密度有时会改变幼儿探究活动的方向。材料揭示出的事物内在规律会在操作过程中逐渐展现出意义。教师要善于发现材料之间的关系,引导幼儿在操作过程中获得有益的经验。

(3) 材料投放的组合

材料间的不同组合有时暗示材料的性质,有时会指出探究问题的方法。这些都是教师在投放材料前应该想到的问题。

 **案例**

案例5-11 不用手,想办法把鱼缸中的曲别针和小钉子取出来①

构成问题或任务的材料:装有很多水的鱼缸,里面放有曲别针、钉子、石子、小铁片等。解决问题或完成任务所需要的材料:小碗、勺子、磁铁、小棍、绳子、钩子、捞鱼虫用的小抄子等。这些材料会引发出幼儿尝试多种解决问题的方式,例如:
- 用碗和勺子把水弄出来,再把东西倒出来。
- 用磁铁拴上绳子把里面的许多东西吸出来。
- 用绳子拴上小勺子把其中的一些东西钓上来。
- 用勺子往上捞。
- 用小抄子往上捞。

---

① 刘占兰:《幼儿科学教育》,北京师范大学出版社2000年版,第150页。

(4) 材料投放的层次性

材料投放的较高要求是教师必须考虑到不同孩子的不同发展水平,让幼儿通过对不同材料的操作达到各自的最近发展区。在投放材料时,教师要考虑到材料对幼儿的不同意义,不能一刀切。

 **案例**

> **案例 5-12 有趣的测量**
>
> 在进行测量活动时,程老师给幼儿提供了不同的测量长度的工具,分别是:有精确刻度的直尺、仅标有粗略刻度的尺子和没有任何刻度的绳子。被测量的对象也投放了尺寸差距很大的物品和仅有细小差距的物品。幼儿在活动时可以自由选择测量的工具和要测量的物品。不同发展水平的孩子根据自己对长度的认识和对数字的认知水平,会选择不同的测量工具。所有孩子都在活动中找到了最大的发展空间。那些发展水平相对较好的孩子还成为其他孩子的"支架",双方得到共同发展。

材料投放的层次性保证了在共同的活动过程中,幼儿能够在自己原有水平上得到最大限度的发展。这也弥补了集体教学活动中,教师很难同时兼顾不同发展水平的幼儿的发展程度的弊端。

四、乡土资源

随着园本课程日益被重视,乡土资源的概念被越来越多的教育工作者关注。

1. 乡土资源的内涵和价值

乡土资源是指幼儿园所在社区的自然生态和文化生态方面的资源,包括乡土地理、民风习俗、传统文化、生产和生活经验等。[①]

乡土资源对学前儿童科学教育有着重大价值。首先,乡土资源和幼儿生活经验最为接近,是儿童喜爱和乐于接受的。其次,乡土资源通常简便易得,在操作过程中经济实用。再次,和其他资源相比,乡土资源的生成性较好,可以根据幼儿和教师的不同需要衍生出更多教育价值。

---

① 师云凤:《乡土教育资源在幼儿园教育活动中的运用》,《学前教育研究》2006年第1期。

图 5-14 沿海幼儿园的区角布置有明显的地域和文化特色

图 5-15 北方民俗也在幼儿园区角中得以体现

案例

案例5-13 乡土资源实例

甘肃省某幼儿园在一次陶艺科学制作活动中,利用黄河泥制作各种陶罐、小动物、植物等,然后涂上颜料,非常美观、生动、形象。制作陶艺的主要材料是泥土,随手可得,不花一分钱,大大减轻了幼儿园的经费负担。同时,由于这些材料没有固定的形式,幼儿在运用时可以根据自己的兴趣和想象,随意将材料进行加工和改造,使科学活动材料更符合学前儿童的年龄特点和创造发展的需要,如图5-16。

图5-16 幼儿园自制陶艺

2. 乡土资源在科学教育中的运用

具体来说,乡土资源的选择和投放也要遵循一定的原则,才能发挥其应有作用。

首先,教师要善于发现存在于社区中的各类资源。不同的地域会有截然不同的资源。例如,春天时南方和北方的气候条件不同,幼儿能观察到的动植物生长情况也不同。教师可以通过乡土资源让幼儿体会到周围环境发生的变化,也可以让幼儿将自己收集到的乡土资源与书中或其他资料中发现的其他地区的环境加以比较,开拓幼儿视野。

其次,明确运用乡土资源的优势,在教学中将资源的"本土化"特点发挥到最大。在课程设计的过程中,从课程目标的设定开始,教师就要思考乡土资源的问题。

案例

> **案例 5-14　课程设计中乡土资源运用实例**
>
> 　　方老师要设计一系列名为"环游建筑世界"的活动,由于当地的一些建筑很有特色,方老师决定充分发挥乡土资源的作用。在设计活动前,她先提出了以下问题,在明确这些问题后方老师形成了自己的课程方案。
> 　　我要幼儿了解什么?(1)了解不同建筑物的不同特点;(2)了解周围的社区有哪些标志性的建筑物;(3)观察其他地方的著名建筑物;(4)通过对不同建筑物的观察比较,了解影响建筑物外形的可能因素有哪些。
> 　　我拥有哪些资源?(1)幼儿生活的社区就有不同的建筑物,而且还有几处很有特色的古迹;(2)社区中有图书馆,可以为幼儿了解更多建筑物提供资源;(3)能在社区中找到对建筑颇有研究的专家。
> 　　我如何利用这些资源?(1)可以带领幼儿参观这些建筑,请幼儿给不同的建筑拍照或画图;(2)请幼儿比较本地建筑物的照片和其他不同地域建筑物的照片,并进行分类;(3)请幼儿猜测不同建筑物外形不同的原因,并请相关专家说明真正的原因。

从上面的例子可以看出,在教师的挖掘下,乡土资源可以发挥出多层次的教育价值。也就是说,乡土资源自身不仅能作为幼儿认识的对象,它也能为幼儿理解那些远离自身生活的新奇经验提供坐标和导向。

知识链接

利用社区资源幼儿可能获得的学习机会如下表所示:①

---

① [美]大卫·杰纳·马丁著,杨彩霞等译:《建构儿童的科学——探究过程导向的科学教育》,北京师范大学出版社2006年版,第311—313页。

地 点	学 习 机 会
池 塘	观察动植物,了解它们的生活习性、生态系统。收集昆虫和树叶。
湖 边	观察动植物,了解它们的生活习性、湖边的特点,以及其中的沙子、岩石。看看有哪些水上活动。
海 滩	观察动植物,了解它们的生活习性、海岸线的特点。观察起海浪的地方、海潮的影响作用、海浪的运动。观察沙丘的形状,观察螃蟹,收集贝壳。
沙 漠	观察动植物、沙漠生态系统、沙子的种类、沙丘的形状。考察动植物对沙漠环境的适应。判断沙丘的运动。观察风沙的运动。
食品店	研究食物的结构构成。观察冷藏方法。观察食品配置过程。确定保证食品安全无毒害的方法。确定技术用途。观察店员们在做什么。
博物馆	可以开展很多活动。与教育讲解员协商,儿童可能会看到科学家们正在工作。
植物园或农田	观察农作物的种类,观察农作物的发芽生长和培育过程。确定当地最适合生长哪些农作物以及农作物生长的最佳院落区域。比较室内种植的作物和室外种植的作物有何不同。观察农民们在做什么。
副食品市场	观察产品结构。了解食品的种类、食品的保存和保持安全无毒害的方法。观察奇特的食物。推断这些食物的来源。观察工人们都在做什么。
电视台	观察电视台的设备。与名人进行对话和交流。观察播音台的设备。确定导演、摄像师、制片人及其他工作人员的责任。
气象台	观察气象台的设备,弄清这些设备都能告诉我们什么信息。确定气象学家们都在说什么。确定技术的用途。观察预测天气所采用的方法。观察气象图。明确恶劣天气预警。
花 园	观察各种植物和花以及不同的花是如何种植的。观察植物种植和培育的过程。

第三节 学前儿童科学教育资源整合运用

学前儿童科学教育资源多种多样,单一的教育资源的运用很难实现多样化的教育目标,因此在学前儿童科学教育中往往将多种资源进行整合。在幼儿园科学教育实践中,常用科学发现室或类似形式将所有教育资源整合在一起。本节我们以科学发现室为例,说明学前儿童科学教育资源的整合运用。

一、科学发现室的概念

所谓科学发现室,又称科学探索室、科学活动室、科学发现区等,是指在幼儿园里建立的专供幼儿进行选择性科学活动的场所。幼儿在科学发现室内可以去自由发现,有利于科学兴趣的培养和科学经验的积累并养成相互交流、共享科学经验的好习惯。

在借鉴西方儿童博物馆、科学馆、儿童科学发现中心的基础上,并结合我国国情,1988年,南京师范大学附属幼儿园建立了我国第一个学前儿童科学发现室。① 科学发现室的设立并不是为了迎合某种先进的教育理论,而是代表了教育者在认识论层面上对幼儿科学学习的解释。这些解释包括:幼儿是主动的学习者,他们具有探究的能力,在成人的帮助下,能够通过自己的努力获得发展;幼儿是通过与材料的相互作用来建构概念和理论的,在动手做的过程中,他们习得了知识和技能;对事物产生好奇心是一切学习活动的起点,而好奇心源自幼儿活动的自由和对材料的选择。

图5-17 科学发现室其实是各种活动材料的有机整合

在这里需要指出的是,科学发现室是科学教育资源有目的、有组织、有系统的整合,而非科学材料的无秩序堆放。

---

① 姚伟:《幼儿认识自然和社会》,东北师范大学出版社1995年版,第104页。

由于科学发现室的活动主要以幼儿的探索和发现为主,教师只起引导和协助作用,因此材料内部的关系就成为整合的关键。

 **案例**

> **案例5-15　科学发现室的材料整合观念**
>
> 在科学发现室的"测量区",老师投放了尺寸相差不大的洋娃娃,而在隔壁的"商场"挂上了很多花色不同、大小不同的洋娃娃服装。老师设置了问题情景"请帮洋娃娃到隔壁商场挑选合适的衣服",并允许幼儿在科学发现室任意选取测量工具,帮助自己完成这项任务。

幼儿在以往的生活经验中已经初步了解了不同测量工具的不同用途,因此,他们能够在自主选择工具的过程中看到教师投放材料的内在逻辑联系。而教师的问题情景也将不同性质的材料有机地整合在一起。

二、科学发现室的布置与材料投放

建立科学发现室应注意:首先,明确科学发现室设置的目的。科学发现室如果是为一个班服务,则要明确体现出本班幼儿的认知特点,也要配合班级

图5-18　科学活动室材料的存放和简单的说明能帮助幼儿更好地进行探索

科学活动的内容。如果科学发现室是为全园服务,则活动室要有更大空间和多层次的材料投放。其次,科学发现室要体现幼儿"发现的过程",未成型材料和实验材料要占很大比重,并将有些材料的操作方法用直观、简单的图画表现出来,让幼儿能根据指导进行操作。再次,安全性是科学发现室建立的最重要原则。可能存在安全隐患的物品教师要妥善保管,在需要的地方悬挂警示标志。在每次幼儿活动时,教师都要明确说明操作步骤,培养幼儿良好的操作常规。

总体而言,科学发现室的基本材料与正式科学教育活动的材料没有本质区别。主要包括以下几点:(1)实物、标本以及其他材料。(2)光学材料,如放大镜、缩小镜、昆虫盒、三棱镜、镜子、电筒、万花筒、调色塑料板、调色盘、颜料等。(3)能放在放大镜下观察的物体,如种子、化石、鱼鳞、贝壳、羽毛、叶子等。(4)磁性材料。(5)声学材料。(6)玩水材料和容器。(7)通过触摸觉分类的材料。(8)通过嗅觉分类的气味瓶。(9)科学玩具。(10)其他设备,包括安全护目镜,绘画时用的围裙或工作服,托盘天平,勺子、铲子、滴管和镊子,碗、杯子、瓶子等容器,有盖子的透明塑料瓶等分类和储存容器,用来分类或混合物品的纸板或泡沫塑料餐盒等。①

图 5-19　相似材料的归类存放可以引发幼儿探究的兴趣,也便于管理

---

① 王志明:《幼儿科学教育》,江苏教育出版社 1990 年版,第 146—147 页(有改动)。

科学发现室中材料的投放要考虑以下几个要素：一是材料的属性。一般而言，对材料进行管理时，相同性质的材料应当归类统一保管。但为了体现材料的操作性，可以将不同性质的材料搭配投放，前提是这种搭配应体现出材料之间的关系。

 案例

案例5-16　材料间的混合搭配

吴老师在科学发现室中将气球悬挂在教室的天花板上，然后在旁边的桌子上放了废旧杂志、吸管、水枪、扇子等物品。吴老师给孩子们的课题是"如何不直接接触气球而让它动起来"，幼儿在探究过程中逐渐发现了周围的材料和气球摆动的内在关系。纷纷选择不同的方式让气球动起来。

二是儿童的兴趣。科学发现室以幼儿的自主探索、主动学习为核心。所有材料都要考虑幼儿的年龄发展特点和认知特点，在操作过程中材料能直观、生动地产生变化。

 案例

案例5-17　负重比赛

"摩擦力"是一个传统教学内容，如何让摩擦力这个课题在科学发现室中得到体现，让幼儿在操作过程中直观感受，李老师想了很多办法。李老师在科学发现室铺设了三种不同材质的"跑道"，一条是光滑的瓷砖跑道，一条是粗糙的毛绒地毯跑道，还有一条是普通地面跑道。她请进入活动室的幼儿分别在三条跑道上拖着一个2.5公斤重的袋子比赛，看看谁能负重跑得最快。活动结束后，孩子们自己开始对不同材质的跑道进行了探究，并找到更多材料进行摩擦力的实验。

三是材料投放的密度和层次性。这一点在前面的内容中已有所论及。

三、科学发现室的管理

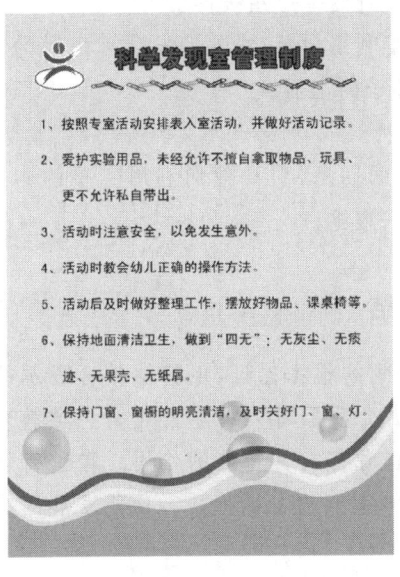

图 5-20 科学活动室的规章制度是保证幼儿进行有效探究的前提

科学发现室的管理工作分为两个层面：第一个层面是对物的管理，包括材料的摆放要体现出一定的教育目的；有些材料的保存要满足相应的条件，如精密仪器要防潮、避光等；材料要具有发展性，不同的季节、时段，科学发现室的材料要有所变化。如做沉浮实验的水，要经常更换；通过嗅觉进行分类的气味瓶内的液体也要经常更换。第二个层面是对人的管理。科学发现室需要专人管理，而且需要形成一套制度。无论是幼儿还是教师都应该遵守科学发现室的制度，以确保在科学探究过程中教师和幼儿的安全和教育价值的最大化。

案例

案例 5-18 科学发现区活动——羽毛

活动准备

在每一个纸袋中放许多羽毛，种类丰富的羽毛将使你有机会使用形容羽毛颜色、纹理和其他特征的词汇。

活动过程

1. 给幼儿提供一个纸袋，内装不同颜色、大小和形状的羽毛，让幼儿按照一定方式分类。在活动过程中鼓励幼儿讨论他们所做的事，让他们告诉你为什么要把这些羽毛这样分组。

2. 请幼儿告诉你他们为什么选择这样分组，请幼儿完成这样的句子："这组所有的羽毛都是同样的，因为……"

3. 问同样的问题，让幼儿再表述另一组羽毛的分类原因。

4. 再请幼儿把这些羽毛按另一种不同方式分类，他们能用另一种方式再分出不同的组吗?如果他们已经按颜色分类过,则示意他们按大小分类。

5. 在你给幼儿示范之前,你要就幼儿分好的每一组提问。

6. 给幼儿另一种物体,如树叶。如果是利用树叶,当他们发现可配对的两片树叶时,可以把一片叶子粘在另一片叶子的上面。

活动评价

通过让幼儿回答"为什么要这样分组"的问题,引导他们利用完整的句子进行表述。他们应该能够应用"相同"这一概念。

本 章 小 结

学前儿童科学教育的资源是实现教育计划的根本保证,但科学教育资源的种类多样,几乎所有的存在物都能被称为资源。我们可以将学前儿童科学教育资源分为自然资源和社会资源,每种不同的资源都有其特殊的作用。在进行学前儿童科学教育时,教育者要根据教学的目的、材料自身的性质和幼儿发展的需要选择适合的资源。

材料资源是科学教育过程中最常用到的,材料资源的界定、选择和投放都是学前儿童科学教育中值得研究的问题。乡土资源近年来日益受到关注,如何在科学教育的过程中挖掘乡土资源的教育价值是需要一线教师不断进行探索和研究的。

科学发现室是幼儿园科学教育资源整合的一个实例,它集合了多种教育资源的优势,以幼儿探究的方式和科学知识的内部逻辑联系给幼儿提供了一个自由探索的空间。

问 题 讨 论

1. 除了本章中谈到的学前儿童科学教育资源,你还知道哪些资源?

2. 请根据某个科学教育方案选择资源,并说明你的理由。

3. 试从你生活的社区中寻找乡土教育资源。

4. 请设计一个幼儿园科学教育资源的整合模式,说明它的运作过程和特点。

第六章 集体教学活动中的科学教育

学习目标
1. 了解幼儿园集体教学活动的含义与特点。
2. 掌握幼儿园集体教学活动设计的方法与策略。
3. 明了幼儿园集体教学活动指导的基本要求。

第一节 集体教学活动概述

一般认为学前儿童科学教育的途径主要包括三个方面：教学活动、游戏活动和生活活动。从我国当前学前儿童科学教育的实践来看，集体教学活动仍是占主导地位的、最重要且最常见的活动形式。在过去相当长的时期内，上课（全班集体教学活动）曾经是我国幼儿园教学的主要形式，甚至被看做是唯一的形式。"事实上，教学作为教师和幼儿之间的共同活动，指一切由教师发起、旨在维持和促进幼儿学习行为的活动。"① 如何在教师有目的、有计划、有组织的引导下，充分发挥幼儿学习的主体性，使集体教学活动成为有价值、有意义的活动，应是我们关注和研究的重要问题。

一、集体教学活动的含义

幼儿园集体教学活动是幼儿园教育活动的一种重要组织形式。科学领域的集体教学活动，是指教师根据幼儿科学教育的目标，有计划、有目的地选择和设计课题内容，提供相应的材料，面向全体幼儿开展的专门的教学活动。集体教学活动能够保证每个孩子在较短时间内掌握基本的科学知识和学习方法，教师的专门指导提高了幼儿的学习效率。集体教学的形式可使幼儿有一定的机会互

---

① 张俊：《幼儿园科学教育》，人民教育出版社2004年版，第153页。

动,而互动也是一种重要的学习途径与方式。

二、集体教学活动的特点和价值

集体教学活动是在教师预先计划好的、确定一个统一目标的前提下开展的,教师在整个活动中居于重要地位。从根据幼儿具体情况确定活动目标、精心选择活动内容、创设环境、准备与投放活动材料,到组织、实施活动计划的整个过程,都离不开教师的具体指导。虽然教师在活动设计、活动过程中要考虑幼儿的不同差异,但更强调保证全体幼儿在固定的时间里都能充分参与同一活动,学习统一的内容,尽可能达到统一的活动目标要求。

1. 集体教学活动的特点

(1) 结构化程度高,教师起主导作用,面向全班幼儿

由于集体教学活动的高结构化,教学目标的制定、教学内容的选择、教学环境的创设、教学材料的准备与投放等均体现了教师较强的主导作用。在案例6-1中,由教师预先选定与水有关的教学内容,而后根据所带班幼儿的年龄特点,制定了两个活动目标:在游戏中知道海绵能够吸水;通过活动,积累初步的测量和比较的经验。计划通过"玩玩捏捏"、"运水"游戏完成目标1;比较"哪组运的水最多"完成目标2。其中的游戏规则乃至玩法均由教师事先制定。从目标到内容乃至活动过程都是面向全班幼儿的。

案例

案例6-1 小班科学活动——运水

活动目标

1. 在游戏中知道海绵能够吸水。
2. 通过活动,积累初步的测量和比较的经验。

活动准备

幼儿人手一块海绵,盛有水的小桶4个,空盆4个,尺子,不同颜色的不干胶,幼儿身上贴红、黄、蓝、绿标记。

活动过程

1. 玩玩捏捏

捏捏海绵,有什么感觉?把海绵放进水里,再拿起来,你发现了什么?挤一挤,又会发现什么?引导幼儿探索用海绵吸水、挤水的过程。

2."运水"游戏

(1)讲解游戏方法及规则。

(2)将幼儿按红、黄、蓝、绿分成四个组,游戏开始,幼儿用海绵运水。

(3)教师哨声一响,停止运水。

3.哪组运的水最多

(1)教师和幼儿一同来测哪组运的水最多,教师手拿尺子垂直插入脸盆测量每组运到的水量,然后在尺子相应的刻度上用不干胶标上该小组的颜色。

(2)引导幼儿观察尺子上的标记。哪个组的水面位于尺子的最高标记,哪个组运的水就最多。

(本活动案例由西北师范大学实验幼儿园沈一梅老师提供)

(2)易于进行统一、直接的指导

考虑到我国的国情和师生比的实际状况,集体教学的组织形式易于教师进行统一、直接的指导。如要求全班幼儿在统一的时间按统一的要求操作相同的材料,进行同样的探究活动。特别是当幼儿园班级规模较大时,集体教学活动确实有利于教师对幼儿进行统一、直接的指导,降低管理和指导的难度。

(3)易于开展集体讨论和相互交流,体验集体合作、共同活动的乐趣

集体教学活动的形式便于组织孩子们针对相同的问题进行集体讨论,且有助于孩子们相互交流,分享观察、实验和操作的结果。在案例6-2中,幼儿围绕"我们身体的哪些部分能够转动?如果我们身体的某些部位不能够转动了,会出现什么现象?"等问题展开了热烈的讨论。在此过程中,幼儿能够体验和初步建立集体的意识,体验到集体合作和共同活动的乐趣;当与同伴有更多的机会围绕着某个问题进行深入的讨论和观点的碰撞时,幼儿会逐步认识到对相同的问题,不同的人会有不同的想法,应该从不同的角度去认识事物。

案例

案例6-2 大班科学活动——有趣的转动

活动过程

1.激活幼儿已有的关于转动的生活经验。

(1)出示有转动小人的八音盒,引出有关转动的讨论:"你在生活中还发现哪些转动现象?"

(2) 观看收集有关转动的录像资料。
(3) 探索性的操作。
① 鼓励幼儿操作桌面材料,让它们转动起来,发现转动的各种有趣现象,鼓励幼儿相互交流自己的玩法,为同伴的成功感到高兴。
② 引导幼儿发现物体的转动会受外力的影响,教师启发幼儿带着问题进一步探索。
2. 通过韵律操,让幼儿发现转动是运动的一种方式。
(1) 跟随《健康歌》的音乐做韵律操,启发幼儿让身体的各部分转动起来。
(2) 试一试,看一看,自己身体的哪些部位能转动。
(3) 幼儿相互交流,尝试各部位的转动。
(4) 教师和幼儿一起讨论:如果我们身体的某些部位不能转动了,会出现什么现象?
3. 活动扩展:
(1) 通过看录像,请幼儿说一说,转动能给我们的生活带来哪些方便,转动过度会给我们带来哪些不便,从而使幼儿进一步对转动产生兴趣。
(2) 激发幼儿的创新欲望:如果你是小小发明家,你还想让什么东西转动起来,它能给人们带来什么好处?

延伸活动

通过红色(代表不能转动的物体)、绿色(代表能转动的物体)的标志,请幼儿在活动室找一找哪些物体能转动,哪些物体不能转动,用标志表示出来。

(本活动案例由兰州石化幼教中心北站幼儿园孙新华老师、幼教中心天鹅湖幼儿园姬宝荣老师提供)

2. 集体教学活动的价值

集体教学活动之所以能够成为目前我国幼儿园中普遍采用的一种教学组织形式,而且在相当长的一段时间里都将会是一种符合中国国情的不可替代的幼儿园教学组织形式,其独特价值主要体现在下述几方面:

(1) 面向全体幼儿,尽量保证每个幼儿获得基本的科学知识和方法技能

由于遗传因素和后天教育环境的不同,幼儿个人的经验范围有很大的差异,而科学教育内容范围的广泛也使得幼儿的探索程度表现出深浅不一的特点。因此,要求幼儿仅通过个人探索和发现去学习很难保证他们能掌握基本的科学知识和经验。而由教师选择与设计集体教学活动的课题,将基本的、本领域具有代

表性的知识提供给幼儿学习,恰好可弥补幼儿单独学习的不足。集体教学活动往往要求全体幼儿必须参加,因此可保证每个幼儿都能学到基本的科学知识和方法技能。

(2) 集体教学的形式有助于幼儿相互学习、相互促进,逐步形成科学态度

集体教学特定的学习形式和学习气氛较容易发挥儿童之间的相互影响,能使幼儿在和同伴相互交流、相互启发、合作探索的过程中学会分享共同学习的结果和快乐,有利于培养幼儿的集体意识和帮助幼儿逐步建立科学的态度,如轮流使用操作材料,和他人合作,倾听他人的意见和观点,学习从不同的角度去认识事物,愿意考虑和接受不同的意见,对"公认"的事实有怀疑能提出来等。

(3) 教师直接指导提高了幼儿的学习效率

集体教学形式最显著的优点之一在于它比个别教学的效率高。一个教师同时面对几十个幼儿,直接指导幼儿的科学探索活动,能够使孩子少走弯路,在较短的时间内获得基本的科学知识和方法技能。在教师直接指导下的学习被认为是一种高效率的学习方式。

近年来,由于集体教学存在着过于注重集体化、同步化、标准化,过于强调面向全体,而拙于照顾幼儿的个别差异及囿于时间限制难以很好地进行个别指导,不能够很好地促进每一个孩子在原有水平上得到不同发展等问题。为弥补这种单一教学组织形式的不足,区角学习活动等形式应运而生,对此,下章会专门讨论。

第二节 集体教学活动的设计原理

集体活动是幼儿园最主要的教学形式,设计科学合理的集体活动有助于幼儿各方面的发展,同时也能极大提升教师的工作效率。集体教学活动的设计原理源自课程和教学设计理论,其中隐含了许多教学原则和不同的教育价值取向。如何保证教学设计的科学性和合理性是一个值得探讨的问题。

一、集体教学活动设计的方法论基础

1. 教学设计的含义与基本要素

由于集体教学活动特有的计划性、目标性、系统性、组织性、指导性等特点,需要事先加以规划,教师进行教学设计的过程实质上就是将实际教学活动的每个环节、每个步骤在头脑中预演的过程。而合理的教学设计是集体教学活动成

功完成的首要保证。

教学设计专家格斯塔弗森(K. L. Gustafson)指出,"教学设计"这一术语被用于描述分析教学内容、确定教学方法、指导试验和修改以及评定学习的整个过程。① 我国有学者认为:"教学设计就是为了达到一定的教学目的,对教什么(课程、内容等)和怎么教(组织、方法、传媒的使用等)进行设计。"② 尽管学界对教学设计概念界定不同,但教学设计的过程实际上就是为教学活动制定蓝图的过程,使教师通过教学设计,对将要进行的教学活动的基本过程有一大致把握,以保证教学活动的顺利实施。

教学设计主要包含四个基本要素:① 教学所要达到的预期目标是什么?(教学目标)② 为达到预期目标,应该选择怎样的知识经验?(教学内容)③ 如何组织有效的教学?(教学策略、教学媒体)④ 如何获取必要的反馈信息?(教学评价)

这四个基本要素从根本上规定了教学设计的基本框架,无论在何种范围内进行教学设计,教学设计者都应当综合考虑这四个基本要素,否则,所形成的教学设计方案将是不全面和不完整的。

2. 教学设计四要素的分析

(1) 教学目标设计

教学目标是指在教学活动中所期待得到的学生的学习结果。教学目标设计是对教学活动预期所要达到的结果的规划,它是教学设计的重要环节。合理的教学目标是保证教学活动顺利进行的必要条件,因为:① 教学目标规定着教学活动的方向、进程和预期结果。② 教学目标是评价教学效果的基本依据。③ 教学目标是学习者自我激励、自我评估、自我调控的重要手段。教学目标主要着眼于学生的行为而不是教师的行为;描述的是学生的学习结果而不是学生的学习过程。

(2) 教学内容设计

教学内容设计是教师合理选择和组织教学内容以及认真、合理安排教学内容的表达或呈现的过程。它是教学设计较关键的环节,是教学设计的主体部分,其质量高低直接影响教学活动的成败。什么样的教学内容才能够有效地实现教学目标呢? 对这类问题的考虑,涉及"工具理性"问题。工具理性指反映在计算、测量、组织、预测等技术行为中的认识能力,其目的在于追求行动的"效率"和功利的最大化。③ 对作为教学中介的教学内容的选择、组织和传递就属于一个工

---

① 全国十二所重点师范大学联合编写:《教育学基础》,教育科学出版社 2002 年版,第 186 页。
② 同上注。
③ 石中英:《教育哲学导论》,北京师范大学出版社 2004 年版,第 202 页。

具理性的问题,其最终的目的在于有效地实现教学目标。工具理性是教学中介性以及有效教学的基础。教师应借助于工具理性对教学中介进行质疑和反思,这种质疑和反思应体现在:① 已选择的教学内容与教学目标之间有何关系?② 如何理解、组织和呈现选定的内容?③ 就某内容而言,何种方法最有效?④ 对幼儿而言,究竟如何学习才能获得最有益的发展?

(3) 教学措施设计

① 教学方法的选择与设计。首先,要明确选择教学方法的标准,即要根据具体的教学目标、教学内容、教学材料选择教学方法;其次,根据幼儿的不同年龄特点选择教学方法;再次,根据本地区、本园、本班的实际条件选择教学方法。

② 教学媒体的选择与设计。教学媒体内涵广泛,既包括传统意义上的语言、文字、粉笔、黑板等传播媒体,也包括幻灯、录音、录像、电影、电视、电脑和互联网等各种现代教学媒体。教学媒体特别是现代教学媒体的运用,为教学信息的便捷、高效传递提供了可能,为教学质量的提高奠定了物质基础。要发挥教学媒体应有的作用:首先,要依据教学目标选择媒体。在选择教学媒体时,应首先考虑媒体的使用是否有利于达成特定的教学目标,是否符合具体教学任务的实际需要,是否切合教学内容的性质和特点。其次,要依据教学对象的特点选用教学媒体。选用教学媒体时必须考虑幼儿的年龄特点和学习的实际需要,以最充分地利用媒体的优势激发他们的学习兴趣,发展他们的学习潜能。再次,要依据经济条件选择教学媒体。媒体的选择要本着经济有效、量力而行的原则行事,根据教学需要的不同选择适宜的媒体,避免形式上的简单翻新和不必要的资源浪费。

(4) 教学评价设计

教学评价是根据教学目标,运用评价的方法和手段对教学活动及其预期效果进行价值判断的过程。合理设计教学评价,对于促进教学目标的达成和提高教学设计的科学性、有效性,都有着积极作用。

二、集体教学活动设计应注意的主要问题

根据教学设计的含义及教学设计的四个要素,分析幼儿园集体教学活动设计,我们不难发现,其中的主要问题包括:

1. 教育活动目标空泛、含糊、过于笼统、不具体、缺乏可操作性

幼儿园科学教育活动目标是通过本次教育活动所期望幼儿在某些方面获得的发展,应根据幼儿的年龄特点、原有水平和能力、科学活动的内容和性质等来确定具体的活动目标。从幼儿园目标体系来看,由低到高,各层次目标越来越抽

象、概括,作为最底层、最具体的教育活动目标,其特点就是具体、明确,具有可操作性,否则,就丧失了制定目标的作用。而在具体的目标表述过程中,我们发现:对每一个教育活动的目标,教师们常常喜欢进行大致相同的描述,如激发和培养幼儿的兴趣,发展幼儿的思维力和创造力,培养幼儿爱科学、学科学的情感,让幼儿学会操作等。比较明显的一个弊端是目标陈述的含糊性及过于笼统、概括和抽象。

 **案例**

> **案例6-3 大班科学活动设计——洋芋(土豆)宝宝**
>
> **活动目标**
> 1. 师生共同创设环境,激发幼儿探索的兴趣。
> 2. 鼓励幼儿大胆提出与洋芋有关的问题,并能用较连贯的语言表达自己对洋芋的了解。
> 3. 在已有的知识、经验的基础上,培养幼儿对科学活动的态度、实践能力及创新精神。

上例中的目标1和目标3过于笼统,不够具体,形同虚设,很难通过一次活动完成这样空泛而缺乏可操作性的目标。而这种状况常常会造成幼儿学习的无目的性、教师指导的盲目性和缺乏针对性。

教学目标设计是对教学活动预期所要达到的结果的规划,它是教学设计的重要环节。一个规范、明确的行为目标的表述,应当包含:① 行为主体,指学习者,因为行为目标描述的是儿童的行为,而不是教师的行为。② 行为动词,用以描述儿童所形成的可观察、可测量的具体行为。③ 情境或条件,指影响儿童产生学习结果的特定限制或范围,主要说明儿童在何种情境下完成操作。④ 表现水平或标准,指儿童对目标所达到的最低表现水准,用以评量学习表现或学习结果所达到的程度。

那么,如何陈述教学目标才是明确的呢?怎样才能实现教学目标的明确化呢?① 教学目标要用可观察的行为来陈述,使教学目标具有可操作性;② 教学目标的陈述要反映学生行为的变化,陈述学生的学习结果;③ 教学目标的陈述应有利于考虑如何对教学的结果进行科学的测量与评价。因此,案例6-3的目标修改后如案例6-4所示:

案例6-4 大班科学活动设计——洋芋(土豆)宝宝

教学目标

1. 通过品尝、用土豆制作小动物或各种造型活动,激发幼儿的探索兴趣。
2. 鼓励幼儿积极、大胆地讲话,并能用较连贯的语言说出土豆的味道、特点等。
3. 通过操作活动,引导幼儿感受家乡的美好和劳动的快乐,体验热爱家乡、热爱劳动的情感。

案例6-5是一个目标明确、具体,易于操作且便于评价的例证。

案例6-5 小班科学活动——水果里的种子

教学目标

1. 通过品尝橘子、葡萄、桂圆等水果,知道水果里的核就是种子。
2. 运用多种感官感知、观察各种水果的种子,知道它们是不一样的,并大胆讲述自己的发现。

2. 忽视教学活动内容的选择和编排,不注意研究活动内容与活动目标的内在联系

幼儿园教育活动内容是指为实现教育目标,要求儿童学习、获得的知识、技能和行为经验的总和。首先,内容是为目标服务的,教育目标是选择教育活动内容的依据,内容的选择和编排应以实现目标为原则,保持与目标的一致性。其次,幼儿园教育活动内容不仅仅包括该领域的知识和技能,还包括幼儿在学习过程中所形成的态度、价值观以及相应的行为方式,以保证儿童身心的全面发展。对活动内容的分析应以活动目标为基础,旨在规定儿童学习内容的范围、深度并揭示学习内容各组成部分的联系,以保证达到教学最优化的内容效度。在选择和编排教学活动内容时应注意以下几点:

第一,注意选择适宜、恰当的内容,与目标无关或关系不大的内容必须删除。在大班科学活动"家乡的黄河"中,其主要目标是:① 帮助幼儿了解"黄河"是我国的第二大河及发源地,黄河自兰州穿城而过;通过游览、了解兰州四十里黄河风情线,培养幼儿热爱家乡的情感。② 知道黄河与我们人类的生存息息相关,必须保护它,培养幼儿初步的环保意识。教师将认识长江作为了引入部分的重要内容,所占活动时间较多,但它与活动目标关系不大,而且内容抽象,幼儿不易理解,因此,可从文中删去,作为附录,放在全文结束处,供教师酌情参考使用。

第二,所选内容应考虑幼儿年龄特点,在儿童的最近发展区内,即以儿童的心理发展水平为基础,又有发展的空间。

案例6-6 宇宙英雄奥特曼

在大班科学活动"宇宙英雄奥特曼"中,教师计划告诉幼儿:"怪兽是一种叫碱的物质构成的,它是透明没有颜色的,但是有一种东西就能把它找出来,它的名字叫酚酞试剂,因为碱遇到酚酞就会变成红色,所以小朋友就能看到怪兽了。那么什么东西能消灭怪兽呢?是一种叫做'酸'的溶液,因为'酸'能将'碱'中和掉。"

酸碱中和是初中化学中的重要基础知识,它涉及相对复杂的物质结构变化与化学反应机制,设计者所表达的内容显然超出了幼儿的经验范围。幼儿难以理解酸碱中和这种抽象的化学变化的道理,而这一内容也无益于儿童认知的发展。

第三,所选内容应与幼儿的实际生活紧密相连,既具有适度的新颖性,又要避免脱离幼儿的实际生活经验,应着重于幼儿身边的科学。例如下面这一活动设计就比较成功地将幼儿生活经验与教学活动结合在了一起。

案例6-7 大班科学活动——物体膨胀真奇妙

设计意图

我们生活中经常会遇到物体遇热、遇水发生膨胀的现象,这种现象和我们的生活有着密切的关系。为了让孩子们通过实验初步了解这种现象并简单了解其原理,提高幼儿对事物的观察和探究能力,特设计此活动。

活动目标

1. 幼儿通过观察探究,感知物体膨胀现象,初步了解物体膨胀的条件。

2. 引导幼儿体会事物的变化与变化的有趣。

活动准备(略)

活动过程

1. 开始部分(略)

2. 基本部分:

(1) 观察和发现物体遇热膨胀的现象

① 看一看:教师现场炸油条,请幼儿观察油条的变化,并说说为什么会发生这种现象?

② 尝一尝:现场做爆米花并让幼儿品尝,感受其变化的秘密。

③ 比一比:玉米和刚吃的爆米花有什么不同的地方?

④ 做一做:教师出示瘪的乒乓球,让幼儿想办法让其鼓起来,说说为什么?

(2) 观察和发现物体遇水膨胀的现象

① 幼儿桌上分别放盛有大小一样的腐竹、银耳、饼干等的盘子,请幼儿分别把其中的一个放在水里浸泡,观察发生了什么变化?

② 取出水里浸泡过的大豆和没有浸泡过的大豆,引导幼儿观察二者有什么不同?为什么?

③ 引导幼儿观察刚浸泡过的腐竹、银耳、饼干……结合刚才观察大豆的情况,用自己的语言试着解释。

④ 幼儿取一些茶叶,泡一杯茶,一边品茶,一边说说茶叶的变化。

(3) 游戏:有趣的虾片(略)

3. 结束部分:

说说哪些物体膨胀的现象会给我们的生活带来方便?哪些物体膨胀的现象会影响我们的生活?

(本活动案例由甘肃张掖市甘州区第二幼儿园李文娟老师提供)

此设计利用幼儿常见的生活现象,把膨胀这个物理问题"生活化、具体化",从而"趣味化、简单化、游戏化"了。

3. 教学方法与教学手段单一,注重教师的教及其控制作用,知识传递的痕迹较重

在我国的幼儿园集体教学中,知识导向、教师主导一直是明显的特点。教师在设计活动时,容易从成人的视角出发,通过文字这种抽象符号来灌输科学知识。这种教学设计不符合幼儿的认知特点,不会取得良好的效果。

案例

案例6-8 大班科学活动——奇妙的旅行

活动过程

第一环节:听故事,答问题。

(播放故事:我是小水滴,我的家就是大海。一天,我正在海面上游玩,看见一群大雁向我招手:"小水滴,快上来,跟我们一起去旅行吧!"我好想去旅行呀,可是没有翅膀,怎样才能飞起来呢?)

1. 提问:小朋友,小水滴提出了什么问题?你们谁有好办法帮它解决,说说看。

(播放故事:是太阳公公帮了我,它射出万道金光,照得我浑身暖烘烘的,不一会儿,我的身体变轻了,慢慢地离开了大海,向空中飞去。我飞起来了!我会飞了!小朋友,请你猜猜,我现在变成什么了?)

2. 提问:太阳公公用光和热帮助小水滴飞起来,那么小水滴现在变成什么了?

(播放故事:哈哈,告诉你,我变成水蒸气了。我在空中飞呀飞呀,往下一看,大海像一面蓝色的镜子。我好想去更远的地方旅行啊,可是,谁能让我飞得更远呢?)

3. 提问:在高空中谁能让小水滴飞得更远呢?

(播放故事:是暖风。暖风带着我向北飞去,飞呀,飞呀,大海看不见了,我看到了高山、田野、城市和村庄。还遇到江水水滴、河水水滴、湖水水滴和泉水水滴。我们紧紧地抱在一起,暖风带着我们在空中飘来飘去,真好玩。小朋友,请你猜猜人们把我们大伙儿叫什么?)

4. 提问:小水滴在空中遇到它的小伙伴,它们在空中飘来飘去,人们把它们叫什么?

(播放故事:越飞越累,越飞越慢,都快飞不动啦!有几个小伙伴想到大

地上休息休息,可是谁能送它们到大地上去呢?)

5. 提问:谁能让飞不动的小水滴到大地上去呢?

(播放故事:哈哈。告诉你,是冷风。冷风一吹,那几个小伙伴身子一沉,就"嘀哒""嘀哒"掉到地上去了。小朋友,你们猜地上的人们把它们叫什么?)

6. 提问:从空中落下的水滴人们叫什么?

(播放故事:冷风越刮越紧,我冷得受不了啦。忽然,一个小伙伴惊叫起来:"好美啊!"原来,冷风给我们穿上了一件六角的白色风衣。请你猜猜我现在变成什么了?)

7. 提问:六角的白色风衣是什么?

(播放故事:我慢慢地从空中飘下,落到一座山顶上甜甜地睡着了。这真是一次奇妙的旅行呀!)

……

这个活动设计者忽略了幼儿的思维特点是具体形象的,教学中的主要方法是播放故事和提问,未能很好地考虑幼儿学科学的特点,没有设计简单的探索活动,让幼儿尝试使用观察、实验、预测、推想等方法得出结论,通过"做"而不是"听"来得出结果,并帮助他们从探索的结果中总结一些有用的科学知识。在教学活动中,教师应着重培养幼儿的科学精神、科学态度和对科学的兴趣。

4. 活动材料的准备不能满足幼儿在活动中的操作需要

活动材料是幼儿学科学必不可少的物质保证,材料的准备也是活动设计中的重要一环。活动材料的准备,可以选择成品、半成品,也可以自己收集或制作。选择活动材料应注意:[1]

(1) 考虑材料和活动目标的关系

准备活动材料首先要考虑的是活动目标的要求。通过该次活动使幼儿达到什么目标,就要相应准备什么材料,以帮助幼儿更好地达成目标。如观察活动须提供具有典型性、代表性的观察对象,如小兔、小鸡,各种常见水果、蔬菜等,需要时应提供观察工具,如放大镜、小镜子等;分类活动须提供分类对象和分类盒,分类对象的数量和特征应便于幼儿分类;实验操作活动应提供相应的实验工具和材料,如中班沉浮活动,一般教师要提供水箱及玩水用具和各种具有沉浮特点的材料。总之,围绕目标提供材料,才能保证材料在活动中发挥应有的作用。

---

[1] 张俊:《幼儿园科学教育》,人民教育出版社 2004 年版,第 160—162 页。

（2）考虑材料的结构性与丰富性

准备材料时除了要考虑活动目标，对材料本身的结构也要加以考虑。要在短时间内实现让幼儿经历探究发现的过程，就必须提供与发现内容相适宜的富有结构性的材料。如果材料本身具有丰富的结构，就能促使幼儿在操作材料的过程中获得更丰富的认识、发现甚至创造，见案例6-9。

案例6-9 探索磁铁

第一次：先向儿童提供磁铁和铁钉、曲别针、木棒、纸、布、塑料等物品。

儿童通过探究和操作，可以直观地看到和感知到磁铁能吸住铁制品，从而认识到磁铁的特征。

第二次：为儿童增加一些像铁但不是铁的发亮的物品。

儿童逐渐尝试着用磁铁鉴别和判断铁制品与非铁制品。

第三次：提供条形磁铁。

在儿童感知了磁铁的基本特性后，通过探究和操作条形磁铁，儿童会发现磁铁有两极，有相吸、相斥的特性。

第四次：提供硬纸板、玻璃板等材料，安有铁钉和曲别针的小人或各种物品的图片；各种玻璃或塑料容器，里面装有各种较小的铁制品。儿童通过操作会发现磁铁可以不直接接触这些物体而能使它们移动。

材料的丰富性还有助于幼儿探究活动的顺利开展，案例6-10中教师提供了数十种材料，这些材料能有效地引发幼儿的不同探究行为，丰富幼儿的探究活动内容，促进幼儿探究活动的进一步发展。当然，丰富也要因需要选择，并非多多益善。

案例6-10 把冰装入瓶中①

构成问题与任务的材料：瓶子和大于瓶口的冰块若干。

---

① 刘占兰：《幼儿科学教育》，北京师范大学出版社2000年版，第151页。

解决问题与完成任务所需要的材料：锤子、刨子、凿子、小锯、小铁棍、碗、勺子、酒精灯、热水（但不至于烫着孩子）、塑料袋等。这些材料引发的探究行为是：用锤子砸；用凿子凿；把冰放在碗里，倒上水；用小锯锯……

此外，教师在准备材料时还应考虑，提供给幼儿的材料是成品还是半成品，以及材料的适切性与安全性等。

案例

> **案例6-11　大班科学活动——榨果汁**
>
> **活动目标**
> 1. 探究制作果汁的过程，发现物体形态的变化。
> 2. 尝试亲手制作鲜美的果汁，知道喝果汁有利于人的身体健康。
>
> **活动材料**
> 兰州黄河蜜瓜若干，砂糖、牛奶、蜂蜜，大托盘两个，切菜板若干个，小毛巾，透明的一次性杯子若干个，小勺、小刀、小碗若干个。

在该活动设计中，由于教师忽视了材料的选择问题，没有考虑选用半成品，所使用的黄河蜜瓜体积过大，小刀不易切大瓜，加上幼儿持有的刀具存在着潜在的危险，致使该活动在具体的实施过程中，每组幼儿需花费大量的时间，在数位老师的协助下切割蜜瓜。这不仅令观者时时为幼儿的安全担忧，而且大量的时间花费在切瓜上，有限的操作时间未能得到合理、高效的使用，影响幼儿探究学习的顺利进行。

（3）考虑材料的数量

教师在准备材料时，不仅要考虑材料的种类，还要考虑提供材料的数量与幼儿人数的比例关系。充足的材料数量是幼儿开展操作活动的必要保证。但充足并非一味求多，应根据活动的具体特点、性质确定材料数量，有的活动需要人手一份操作材料，如桌面操作活动；有的活动需要每组一份，如一些需要合作的实验或解决问题的活动；有的活动全班只需一种，如观察小兔的活动既不可能也无必要让幼儿人手一只，否则孩子的观察活动无法正常进行。材料设计既要从幼儿科学探索过程的需要出发，还要考虑客观条件的限制。教师应尽量保证儿童在操作活动中获取尽量多的经验，所有材料尽可能得到最大限度的使用。在材料不足或准备不及时，教师可给每个幼儿不同材料，活动时幼儿可交换使用，使有限的材料能发挥应有的效用。

第三节 集体教学活动的设计与指导要求

针对上节中的主要问题,我们可从集体教学活动的设计与指导两方面来尝试问题的解决。

一、幼儿园集体教学活动的设计要求

有学者认为(朱家雄,2006)对于幼儿园集体教学活动的设计,起码要能达到三个方面的要求:第一,有好的活动材料。集体教学活动借助的活动材料的品质一定要好。几乎每个集体教学活动都要运用活动材料,而这些活动材料要有较高的品质,一般要选取那些经过"千锤百炼"的东西,而不是随便选几种东西凑合而成的。如果选用的活动材料不好,一个集体教学活动就已经不可能是一个好的教学活动了。第二,目标定位准确。一个集体教学活动,在准备活动材料以完成预定的教学任务时可以有多种选择,而设计一个集体教学活动的关键,就在于活动目标的定位是否准确,换言之,就是对特定的教育对象是否有教育价值。在设计一个集体教学活动时,即使有了好的活动材料,如若活动目标定位得不准确,那么这个集体教学活动也不可能会是一个好的活动。不管活动的目标是重结果还是重过程,这些活动目标必须是清晰的,是可达成的,而且是具有可操作性的。第三,过程切实可行。一个集体教学活动的目标一旦确定,那么剩下的一件重要的事情就是如何使活动过程能够达成预定的目标,这些活动过程要切实可行,要行之有效。设计和实施幼儿园集体教学活动还要有利于让幼儿能在不同的水平上进行学习,有利于激发幼儿生成自己的学习任务,有利于使集体教学活动与幼儿园其他类型的教育活动融合为一体,发挥更大的教育功能,等等。

我们认为集体教学活动的设计一般包括选择恰当的活动课题、制定合理的活动目标、准备适宜的活动材料、规划科学的活动过程。

1. 选择恰当的活动课题

活动课题的选定,就是从学前儿童科学教育内容的范围中,选择适合幼儿探索学习和教师组织开展的活动课题,将课程内容转化为具体的活动内容。在幼儿园教育实践中,教师们一般会有两种选择活动课题的方式:一种是根据本园、本班的教学计划安排,选择相应的活动内容;另一种是根据幼儿在园生活活动过程中遇到的一些多数孩子感兴趣且有疑惑的问题生成活动内容。

不论是教学计划中的安排,还是随机生成的活动,在选择集体教学活动课题时应考虑:

(1) 选择最基本的科学经验

学前儿童科学教育的内容很广泛,但并不是所有内容都适合开展集体教学活动。因集体教学活动要求所有的幼儿全程参与,因此,所选内容应是最基本并具有代表性的。以拓展幼儿知识面、激发幼儿进一步探索为主旨的内容可通过区角活动或其他形式进行(相关要求可参阅第三章)。

(2) 与幼儿的实际生活经验紧密联系

集体教学活动的内容选择既要注意内容的适度新颖性,还必须与幼儿的实际生活紧密联系,在充分调动幼儿已有经验的基础上吸收、学习新内容。不能一味追求新颖而选择脱离幼儿生活实践的所谓"新、奇、特"内容。

(3) 注意科学领域关键经验的确定

刘占兰等认为,《幼儿园教育指导纲要(试行)》中科学领域的总目标和内容要求是我们确定教育教学活动目标、选择适宜的主题和内容、确定幼儿所应获得的关键经验的指导原则。幼儿的学习进程和发展阶段,为我们确立幼儿学什么和怎么学提供了依据。科学领域的学科体系和学科特点,所包含的核心概念或称关键概念,反映了学科最核心的内涵和最基本的要素,这些也是我们确定幼儿学什么的重要依据。因此,确定科学领域关键经验的原则是:选择那些对幼儿具有终身意义和价值的,幼儿乐学、能学的内容作为幼儿的关键经验;引导幼儿探究身边熟悉的事物,用简单的事物引导幼儿进行深入的科学思考。

关键经验对于幼儿的学习和发展是至关重要的,具有基础性和可持续发展的价值与作用。由于幼儿年龄特点的不同,同一个科学教育内容,对不同年龄幼儿的发展目标与关键经验的确立应该有所不同(见表6-1)。①

2. 制定合理的活动目标

当确定了集体教学活动的课题之后,教师就开始考虑设计活动目标。所谓活动目标是指幼儿通过科学活动所应达到的学习结果,这种结果应尽可能用可以观察的行为方式表现出来,以便根据活动目标的要求设计活动过程,同时也便于对活动的效果加以衡量和评价。活动目标的表述必须依据幼儿科学教育的总目标和参考年龄阶段的目标,使之具体化、行为化和具有可操作性。目标应符合幼儿的年龄特征,重在指向幼儿,而非指向教师。目标还要考虑到所在班级幼儿的已有经验,结合幼儿的发展水平和具体特点,提出有层次性的目标。例如,"认

---

① 刘占兰主编:《促进幼儿教师专业成长的理论与实践策略》,教育科学出版社2006年版,第114—116页。

识向日葵",小班可以是"了解向日葵变化的典型特征";中班是"观察了解向日葵的渐变过程";大班则是"认识向日葵的细微变化和植物变化与环境的关系"。从典型特征到渐变过程再到变化与环境的关系,由浅入深、由表及里、由现象到事物之间的关系的认识,符合幼儿的年龄特点和认识规律,保证了科学教育的科学性与有效性。

表6-1 各年龄班幼儿的关键经验

	小班	中班	大班	学前班
情感态度与价值观	1. 有好奇心,能在教师的带领下积极参与探究活动,敢于动手操作。 2. 能在教师的鼓励支持下与同伴分享和交流自己的发现。 3. 关爱身边的动植物。	1. 有好奇心和探究的积极性。 2. 能主动发起一些探究活动,重视自己收集到的事实和证据。 3. 乐于倾听和分享他人的观点。 4. 能进行一些简单的合作探究活动。 5. 关爱身边的动植物,做自己力所能及的环保活动。	1. 有好奇心,乐于参与并能主动发起探究活动,能进行合作探究,乐于分享和交流自己的探究和发现。 2. 积极进行力所能及的关爱自然和生命、保护资源和环境的活动。	1. 有好奇心,能积极参与探究活动,能在教师的鼓励支持下与同伴分享和交流自己的发现。 2. 在教师的引导下,积极进行力所能及的关爱自然和生命、保护资源和环境的活动。
科学探究	1. 乐于并敢于提出问题。 2. 能在教师的引导下进行大胆的猜想和细致的观察,能用简单形象的方式记录自己的发现,敢于用简单的语言表达自己的疑问和发现。	1. 初步意识到通过探究能找到问题的答案或解决问题。 2. 乐于并敢于提出问题,能围绕着简单的问题和探究的任务运用自己的已有经验进行猜想和假设。 3. 尝试运用观察和简单的实验方法解决问题,并用不同的简单易懂的方式进行记录。 4. 能初步得出自己的结论,乐于与同伴交流和分享。	1. 知道通过探究能找到问题的答案或解决问题,懂得事实证据的重要。 2. 能提出有探究意义的问题,充分调动自己的已有经验进行猜想和假设,尝试制订简单的观察和实验方案,能搜集和用适宜的方式记录数据和事实,并在此基础上得出自己或小组的解释和结论,乐于与同伴分享交流探究的过程和结果,敢于对同伴或教师提出质疑。	1. 乐于并敢于提出问题。 2. 能围绕着一些问题和探究的任务运用自己的已有经验进行猜想和假设。 3. 能尝试通过观察和简单的实验寻找答案和解决问题,在教师的支持和鼓励下敢于发表自己的看法,交流自己的探究过程和发现。

续 表

		小班	中班	大班	学前班
生物	动物	喜欢观察并爱护动物，愿意饲养小动物，关注动物的生长变化。	饲养小动物，探究其外形特征、结构、功能及食性、繁殖、居住的环境，感知动物的生长变化过程，对小动物有亲近感。	1.主动饲养小动物，爱护动物，珍惜生命。 2.感知动物的多样性，体会动物与人之间的依存关系，探究动物生存、生长及繁殖、繁衍方式。	1.喜欢探究动物的种类、生活习性、外形特征和与外界环境的依存关系。 2.了解自然界中的动物对人类的作用，有初步的生态意识和相应的环保行为。
	植物	1.对植物的突出变化感兴趣，感知植物季节变化的典型特征。 2.爱护植物，在种植中感受植物的生长。	喜欢观察和种植活动，感知其生长中的渐变过程，在比较中认识植物的多样性。	在对比观察和实验种植中，探究植物的生长条件。初步了解植物与人类的依存关系。	1.喜欢探究植物的种类、生长特点和与人们生活的关系。 2.感受植物在适应外界环境中表现出的顽强的生命力。
材料及其性质		喜欢摆弄玩具材料，感知常见材料（沙、水、泥等）的突出特性。	1.运用多种感官探究材料的特性，比较几种常见材料的异同并进行分类。 2.观察了解材料在特定情况下发生的变化，通过简单实验等方法发现材料之间简单、直观的相互关系。	探究材料相互作用时的基本特点，以及改变外界条件（如加热、冷冻等）情况下材料发生的变化。初步了解材料对人类生活的作用。	1.了解自然材料的种类，验证发现自然材料对动植物的作用。 2.探索材料相互转化（如水的三态）时的必备条件。
自然现象与天气		喜欢观察天气，能感知天气的明显变化及其与自身的关系。	感知四季的明显特征，发现与之相关的天气现象（晴、阴、雨、雪等）。	感知四季对动植物生长变化及人们生活的影响，观察、发现它们与四季的关系，主动适应天气变化。	能通过多种途径知道天气特征，观察发现不同的天气特征对动植物及人类生活的影响。
工具及设计技术			初步学习运用废旧物品设计、制作简单玩具。	运用常见工具设计、制作玩具，体验成功。	1.喜欢探究工具的原理，能自制简单工具解决问题，体验创造的乐趣。 2.在制作玩具中能不断设计，反复试验，在科学探索中有坚持力和毅力。

关于教育活动目标的表述,目前多采用行为目标的表述方法。在描述行为时,常常要使用一些行为动词。根据布卢姆教学目标的分类,我们可从三个方面列举一些行为动词作为表述活动目标的参考:①

(1) 编写认知学习目标行为动词举例

知识	列举、说出……的名称、复述、排列
对信息的回忆	背诵、回忆、选择、描述、辨认、标明
领会	分类、叙述、解释、选择、归纳、猜测
用自己的语言解释信息	举例说明、区别
应用	运用、计算、示范、说明、解释
将知识应用到新的情境	解答、改变
分析	分析、分类、比较、对照、区别
将知识分解、找出各部分间的联系	图示、指出
综合	创编、设计、提出、归纳、总结
将各部分知识重新组合,形成新的整体评价	
评价	比较、评定、判断、证明
根据一定标准进行判断	说出……的价值

(2) 编写情感学习目标行为动词举例

接受或注意	听讲、知道、注意、接受、赞同、选择
愿意注意某事件或活动	
反应	陈述、回答、列举、遵守、完成
乐意以某种方式加入,以示作出反应	听从、欢呼、表现、帮助、选择
评价	接受、承认、参加、完成、解释
对现象或行为作出价值判断,表示接受	区别、判别、支持、评价
组织	判断、使联系、比较、下定义
将不同的价值标准组成一个体系并确定它们之间的相互关系	讨论、确定
价值或价值体系个性化,以指导自己的行为	相信、拒绝、改变、判断、解决

(3) 编写动作技能学习目标行为动词举例

知觉能力	旋转、接住、移动、保持平衡
体力	有耐力、反应敏捷

---

① 乌美娜主编:《教学设计》,高等教育出版社1994年版,第144、149页(有改动)。

技能动作　　　　　　　　　　演奏、使用、操作
有意的沟通　　　　　　　　　用动作表达感情、改变脸部表情、
　　　　　　　　　　　　　　舞蹈

通过大量的实践活动，我们发现，活动目标并非一旦确定就固定不变，而是可以随着活动的实施不断变动和调整。这是活动目标设计的基本指导思想。

3. 准备适宜的活动材料

科学教育活动目标确定以后，然后才考虑设计哪些材料，以达到这些既定目标并满足活动内容的要求。整个活动过程中所需的材料应围绕目标的实施来选用，材料应能引发幼儿探究并物化适宜的教育目标和内容。提供材料应尽可能因地制宜，就地取材；给幼儿提供根据探索的兴趣和需要自主选择的机会，根据需要随时扩展和增加材料。例如，中班科学活动"驴子过河"的设计者认为：通过实验解决故事中的疑问是整个教学的重点和难点部分，因此在实验材料上为每组幼儿准备了毛巾、海绵、棉花、水桶；糖、盐、水杯及筷子；还有两个小布袋（一个装的盐，一个装的棉花），并将幼儿分成六组进行实验。

4. 规划活动过程

集体教学活动过程是在教师指导下幼儿主动的科学探究过程，因具体活动的内容不同，活动过程也各异。如何使活动既能体现教师的指导作用，又能促进幼儿的主动探究与学习，需要教师深入思考，合理设计与规划。

集体教学活动的过程都是在教师的指导下实现的，通常可将集体教学活动的过程分为三部分：开始部分、进行（展开）部分和结束部分。活动开始，教师的主要任务是引起幼儿的学习动机，使幼儿尽快进入活动的主题。在活动的展开部分，教师常通过提出有质量的问题，逐步引导幼儿的探索过程步步深入；要抓住幼儿最感兴趣、易引发幼儿探究活动的那一点内容作为提问的出发点；语言要规范，简洁明了，易于理解；提问的先后次序要做到逐层深入，一环紧扣一环。活动的结束常常是小结、评价本次活动，提出让幼儿思考的新问题。

案例 6-12 和 6-13 通过一个活动设计中活动过程的规划和设计者的反思，帮助我们更好地理解如何设计和组织一个集体教学活动。

案例

案例 6-12　中班科学教育活动——驴子过河

活动过程

1. 观看《驴子过河》的课件，讲述故事，引出问题。

(1)利用实物展台及电视机,展示故事图片,教师慢速有表情地讲述故事。
(2)设计提问:
①师:驴子第一次驮的是什么东西过河?
②师:驴子不小心掉进河里,发现身上的盐袋子怎么了?
③师:驴子第二次驮的是什么东西过河?
④师:当驴子驮着棉花摔在河里时,发现装棉花的袋子是不是同样也轻了呢?
2. 幼儿带着问题分组进行实验操作,并进行实验记录。
(1)师:驴子怎么也想不明白?为什么盐袋子和棉花袋子同样掉进河里,一个变轻了,而另一个却变重了呢?魔河为什么不灵了呢?现在请小朋友自己动手去实验,找出原因,把答案告诉驴子。
(2)出示实验材料,简单介绍,提出实验要求和记录要求。
(3)幼儿分组实验,教师观察指导。
3. 讨论实验结果,分析故事中的疑问,找出答案。
(1)师:刚才小朋友分组做了实验,还做了记录,那么老师要根据你们的实验提几个问题:(幼儿根据实验记录回答)
①糖放在水里,怎么了?(第一组)
②盐放在水里,发生了什么现象?(第二组)
③玻璃球和小石子放在水里会不会溶化?(第三组)
④毛巾放进水里怎么了?拧一拧毛巾会怎样?(第四组)
⑤海绵、棉花放进水里怎么了?拧一拧它们会怎么样?(第五组)
⑥装盐的布袋和装棉花的布袋放进水里后,掂一掂重量有什么不同?(第六组)
(2)请幼儿根据对实验的理解,填出下表:

可溶化的	可吸水的
轻　了	重　了

师:小朋友你们还知道生活中哪些东西吸水?哪些东西能溶化在水里吗?
(3)师:那么小朋友想一想"魔河"为什么不灵了呢?原因在哪呢?
4. 幼儿以讲故事的口吻告诉故事中驴子想不明白的问题。

5. 总结：告诉幼儿生活中可不能像那只驴子，无论遇到什么事情都要多动动脑筋，才能把事情做好！

活动延伸

尝试用更多的材料做实验，并做记录。

（本活动案例由西北师范大学实验幼儿园沈一梅老师提供）

案例

案例6-13 关于中班科学活动"驴子过河"的教学思考

一个偶然的机会，看到孩子们在语言区争着看一本《伊索寓言》的图画书，其中有个故事叫"驴子过河"，孩子们对故事内容很感兴趣，并充满了好奇，似乎故事中驴子碰到的问题也成了孩子们心中的疑惑。他们围着问我："为什么驴子驮的盐袋子和棉花袋子掉进河里一个变轻了，另一个却变重了呢？河里到底有什么呀？"我想与其将答案直接告诉幼儿，不如让他们带着疑问自己去探索，去实验，去寻找故事中的答案。《幼儿园教育指导纲要（试行）》中也明确指出，要引导幼儿对身边常见事物和现象的特点、变化规律产生兴趣和探究的欲望。于是我萌发了应该设计一个科学探索活动的想法。

首先要做的是确定活动目标，经过再三推敲，我觉得目标不能定得太大、太笼统，必须符合中班幼儿的认知水平，要小而具体，体现行为化和可操作性。于是我将活动目标确定为：① 通过故事，提出问题，让幼儿带着问题进行简单的科学实验，了解哪些东西溶于水，哪些东西吸水，来找出故事中的答案。② 能用较连贯的语言表述实验结果及解答故事中的问题，并懂得遇到问题要动脑筋。

通过实验解决故事中的疑问是整个教学的重点和难点部分，在实验材料上我为每组幼儿准备了毛巾、海绵、棉花、水桶；糖、盐、水杯及筷子；还有两个小布袋（一个装的盐，一个装的棉花），并将幼儿分成六组进行实验。在教学步骤上，我考虑先讲故事，设计提问引出让幼儿思考的问题，然后以帮助驴子解决问题自然过渡到实验操作，之后采取分组提问的方式，由一个一个物体的变化层层递进，由浅入深，帮助幼儿逐步理解两个袋子掉进水里后的变化。在老师的帮助下，集体用文字记录实验结果，找出原因。最后以故事的口吻让幼儿小结，并教育幼儿凡事要动脑子。

教学活动进行得比较顺利，基本按预期进行，孩子们积极性很高，也有浓厚的兴趣，但在教学中也出现了不少问题：① 教学时间过长，用了45分钟，对于中班孩子来说不适宜;② 有些幼儿实验时,不知如何操作,不停地问老师该怎么做;③ 实验材料投放的数量不够,看的孩子多,做的孩子少;④ 实验中有的幼儿讨论声音过大,还有些弄湿了衣服和袖子;⑤ 采用文字的方式记录实验结果不符合中班幼儿的认知特点;⑥ 集体记录实验结果,幼儿的参与性不够。

在专家和同行的帮助下,我对活动设计进行了第二次修改,加大了科学探索的力度,相应也加深了难度,在投放的材料中增加了小石子和塑料小玩具,目的在于让幼儿通过对比实验观察溶化现象。为了让幼儿学习掌握实验记录的方法,我在活动目标中,又加了一条"让幼儿尝试进行简单的实验记录"。为了让每一个幼儿都能充分参与实验,就必须增加实验材料的投放数量,以保证每个幼儿都能动手操作。考虑到实验记录有一定的难度,我采取了以组为单位,给每组幼儿准备了一份实验记录表,指定一个幼儿根据大家的实验结果进行记录。这次我将实验材料都拍成了照片,代替文字制成记录表格,以解决中班幼儿因识字较少而影响记录的问题,并要求幼儿在发生变化的东西后面涂上颜色,每组一次投放了三张记录表。在实施教学时,我满以为会很成功,没想到又出现了一系列新的问题:① 开始部分的故事讲得有点拖沓,耽误了时间,影响了后面的操作活动;② 实验记录表内容太多,又是以涂色的方式进行记录,孩子们操作起来有困难,多数完成得不太好,而且耽误了很多时间;③ 由于实验中要用大量的水,所以很多记录表被弄湿、弄坏;④ 对个别幼儿提出的不同看法,教师只是轻描淡写地给予纠正,没有及时用实验的方法进行演示,让幼儿明白错在哪里;⑤ 课堂气氛不够活跃,教师没有充分调动幼儿学习的积极性,控制多,放手少。

再次请专家老师听课、点评,找出问题,共同商量,我对活动方案进行了第三次修改。主要针对幼儿如何学习记录实验结果这一部分做了较大的改动,由分组记录改为集体记录后的个别记录;记录方式由大面积的涂色改为简单的画钩。这样既能节约时间,孩子们也能一目了然,直观的图片与抽象的文字相比更适合中班幼儿的认知水平,也更利于学习掌握记录方法。另外在幼儿实验操作前又加了一个环节,先让孩子们猜猜故事中的疑问是什么原因造成的?让幼儿带着自己的猜测去实验,使活动更加有趣,更能调动幼儿探索的欲望。在活动的最后部分,我们设计了一个延伸活动,让幼儿动动脑筋在生活中找一找还有哪些东西溶于水,哪些东西吸水,并动手实验,把结果告诉同伴。鼓励幼儿自觉学习,在生活中发现许许多多的为什么。

经过三次修改,我的科学活动设计《驴子过河》基本定稿,在做了充分准备后,我参加了全省的优秀活动课评比活动。活动中,幼儿表现出很高的探究欲望和主动学习的热情。在讲故事的同时,我比较注意通过语气、手势、表情等吸引孩子们的注意力,同时借助多媒体课件,使幼儿更专注地倾听故事,更踊跃地回答问题,更大胆地去猜测故事中的疑问,也更期待着去实验操作寻找最终的答案。我鼓励孩子们大胆去实验、去探索,鼓励他们相互合作、交流,共同讨论实验结果,体验合作学习的快乐。活动中,通过集体、小组、个别等多种活动形式,使孩子们在不知不觉中发现和习得了解决问题的方法。在活动组织过程中,还出现了几个我没料到的小"意外"。在实验操作的过程中,一些孩子把水洒在桌面上,水顺着桌面流到了地毯上,我事先并没有准备抹布,怎么办呢?灵机一动,我请幼儿将毛巾从水桶中取出来将水拧干,感觉轻重变化,然后再请他们用毛巾将桌子上的水擦干,想一想,桌子上的水哪去了?毛巾为什么重了呢?这一做法既擦干了桌子上的水,又结合教学内容,在生活实践中更进一步理解"吸水"现象。这是意外中的收获。还有一位幼儿在总结实验结果时,不理解盐会溶化这一现象,我立即取出备用的一次性透明水杯和纯净水,将盐放在水里,搅动至溶化,并请他品尝,当他尝到咸味,又看不见盐粒时,终于明白了盐溶化在水里了。

在教学活动结束后,我根据活动设计和组织实施进行了自评,对设计思路、活动步骤、幼儿兴趣、实验操作、教师指导、设计提问及教学完成情况作了分析和评价。总之,这一小小的科学活动,从构思到实施,从发现问题到不断修改,从多次试教到较成功地完成教学,我付出了很多努力。在专家及同行的帮助下,我感到自己在成熟、在进步,同时也深深体会到一个教师只有在点点滴滴的日常教学中反复钻研、反复实践才能成长。

二、幼儿园集体教学活动指导要求

一个成功的集体教学活动,离不开好的设计,但一个好的集体活动设计,未必能够成为一个成功的集体教学活动。教师在组织集体教学活动时还要注意做好充分的准备工作,包括知识的准备、情感的准备、材料的准备和空间环境的准备,同时也应遵循一定的指导要求:①

1. 观察、分析幼儿的行为

在集体教学活动进行的过程中,教师可通过各种各样的方法指导幼儿的活动。而指导的前提是要仔细观察幼儿的行为,理解和分析幼儿的行为,根据幼儿的各种行为采取相应的指导策略。在教师按照预设的活动计划和内容开始实施

---

① 张俊:《幼儿园科学教育》,人民教育出版社2004年版,第168—170页(有改动)。

对活动的组织与指导过程中,首先应通过观察去判断幼儿对活动内容、活动材料及活动的组织形式是否感兴趣。活动开始阶段的观察是基础,可为后续的活动进程提供良好的开端。在活动进行的过程中,教师要做到跟随幼儿、指导幼儿、支持幼儿,而前提是观察幼儿、理解幼儿。通过观察,教师可真实地了解幼儿的经验水平以及幼儿是如何与环境和材料进行互动的,在他们的互动过程中发生了什么,幼儿是否需要他人的帮助,教师是否应该介入,以何种方式、何时介入等等。如在大班科学活动"有趣的转动"中有个环节是"探究转动",教师的问题是"谁能用最多的材料让陀螺转起来?"孩子们根据此问题开始不断地尝试使用更多的插片来制作自己的陀螺。教师观察发现有的幼儿只注意到插片的数量而忽略了对称地拼插,结果造成自己的陀螺旋转起来摇摇晃晃甚至刚转就歪倒在了一边;而有的幼儿在拼插时不但注意使用插片的数量,还注意到陀螺的对称,甚至连每一个分叉上插片的颜色都是对称的。因此,教师及时请成功的幼儿介绍自己的经验,使孩子们意识到拼插对称的陀螺不但在使用插片的数量上取胜,就是在转动时也很稳。教师还适时补充说:"陀螺每一个分叉用的插片都是一样多的,插的形状也都是一样的,这在我们画装饰画时叫做什么?"幼儿答道:"对称。"教师肯定了孩子们的回答后又问:"你能告诉大家你使用什么方法让这么多的插片对称吗?"幼儿回答:"在分叉一样多的地方都用一样的颜色,这样就不会插错了。"

正是因为教师及时观察到不同幼儿与材料的互动情况,与同伴的互动情况,迅速分析了幼儿行为的问题所在,及时地请幼儿相互观察、思考,才使孩子们在操作的过程中对陀螺最重要的特征——对称,有了较为深刻的认识。教师在观察基础上所采取的策略很好地支持了幼儿的探究学习活动。

2. 适当参与幼儿的活动

教师不仅是集体教学活动的设计者,也是幼儿学习活动的支持者、合作者、引导者,只有适当参与幼儿的活动,才能在活动中发现幼儿感兴趣的事物和偶发事件中蕴含的教育价值,把握时机,积极引导。但教师的参与不是代替幼儿自身的学习,而是在幼儿的水平上参与活动。教师通过直接参与,与幼儿共同解决问题,了解幼儿学习的情况,分享幼儿成功的乐趣,找出幼儿学习的困难,并通过启发性的问题和提示给幼儿以有效的帮助。例如大班科学活动"有用的筛子",这个活动的选题比较独特,是幼儿不太熟悉却很感兴趣的事物。在活动设计中教师通过猜想—试验、观察—猜想—验证,最终得出结论。在活动中教师通过具有启发性的提问,层层递进地引导幼儿思考,大胆地猜想,又通过有趣的试验进行验证,最终找到答案。比如幼儿在猜想筛黄豆和绿豆用什么筛子合适时发生了争执,教师先不急于让幼儿进行试验,而是让他们讲出自己的猜想和理由,同时教师也用商量的口气讲出自己的想法,充分地显示了与幼儿间的平等。这时教师鼓励幼儿并和幼儿一起试验找出结果,通过记录表记录下来,幼儿和教师一起分享成功的喜悦。在小结中,教师用清晰的语言总结被分离物品和筛孔大小的关系,并引导幼儿联想日常生活中筛子的运用,做到了源于生活又回归生活。在整个活动中,教师积极参与幼儿的活动,在活动中和幼儿一起探索、思考,为幼儿创设了宽松自然的学习环境。同时,教师在支持幼儿活动的同时又给以引导和帮助,使整个活动取得了良好的效果。

3. 恰当发问与回应,保证幼儿的活动机会

集体教学活动中的提问设计非常重要,好的问题能启发幼儿独立思考,引导幼儿一步步深入探索、积极表达。集体教学活动中教师提问的设计最常见的问题表现为:

(1)一个活动中往往提问数量较多,但质量较低。高密度的提问已经成为目前幼儿园集体教学活动中的重要特点。"教师每次活动至少要提问 25 次,最多一次高达 42 次,平均每次活动提问的次数多达 32 次。"①

案例

案例 6-14　科学活动——认识长颈鹿②

教师(以下简称师):小朋友,你们去过动物园吗?

幼儿(以下简称幼):去过。

师:动物园好不好玩呀?

幼:好玩。

师:动物园里都有些什么动物呀?

幼1:大象。

师:还有吗?

幼2:老虎。

师:还有什么?

幼3:孔雀。

师:还有没有?

幼4:猴子。

师:有一种动物脖子很长,它是什么?

---

① 杨莉君、康丹:《对幼儿园集体教学活动中教师提问的观察研究》,《学前教育研究》2007 年第 2 期。

② 同上注。

> 幼5：仙鹤。
>
> 幼6：长颈鹿。
>
> 师（迅速捕捉）：对，就是长颈鹿。然后又呈现挂图，接着问：请小朋友说一说长颈鹿长得什么样？头上有什么？身体上面有什么？身体下面有什么？身体后面有什么？它喜欢吃什么？它的生活环境是什么样的？

在这个案例中，一问一答式的提问方式冗长累赘，说明教师缺乏对幼儿已有经验的了解，教学方法单一，仅用提问来组织整个教育过程且"一问到底"，所提问题比较多地针对幼儿的记忆系统，较多停留于表层功能，深层功能挖掘不够，难以引发儿童的思考。同时，问题本身质量较低，对幼儿既缺乏吸引力，又不能构成挑战性，有限的学习时间未能发挥有效的作用。

（2）有的问题缺乏逻辑性、科学性，充满随心所欲的成分，不能适应幼儿的发展现状。如："果汁为什么这么好喝？""果汁为什么比新鲜水果更有营养？"（大班科学活动"榨果汁"）

（3）有的问题缺乏开放性，答案比较封闭，有时甚至是唯一的。开放式问题少，很少给儿童留下创造的余地。

封闭式问题要求朝某个特定的方向去思考，只有一个或几个固定的标准答案。如"你们喜欢喝果汁吗？""你们喜欢白天还是夜晚？"开放式问题没有明确的、固定的标准答案，能够给提问对象以更多的思维空间。科学活动一般要求教师设计的问题应以开放性为主，避免限制幼儿的思维活动。所提问题应该能指向幼儿的操作、探索和思考，引发幼儿自由表达自己的想法、发现和经验。例如：①"请你试一试、玩一玩，待会儿告诉大家，你发现了什么？""刚才你发现了什么？""试一试，看看还会有什么发现？"这样的问题能引发幼儿真实、客观、自由地表达他们在操作过程中的发现，幼儿的答案各异，有利于相互交流、分享不同的发现和获取广泛的经验。②"它是什么样的？""它像什么？""它们一样吗？有什么不一样？"这样的问题能引起幼儿对认识对象、探索对象的特征的描述，以及对不同对象特征的比较。每个幼儿都可从自己的角度来描述对象、比较对象，并可展开创造性的联想，因而是完全开放的。③"还有什么……""你还见过什么？"这样的问题意在扩展幼儿的经验，把活动的内容和幼儿日常生活中的已有经验联系起来，引发幼儿回忆并交流各自的经验。④"想一想，你有什么办法？""试一试，看看和你想得一样不一样？"这样的问题可激发幼儿的思考，并尝试寻找解决问题的方法。在教师的鼓励、支持下，幼儿往往能想出很多办法并积极尝试。上述种种都属于开放式的问题，在集体教学活动中，它们很好地引导着幼儿进行各种各样的探索活动。有些问题虽属于封闭型问题，但在特定场合和必要的时候，教师也需提问。如认识某种事物的名称或某类事物的名称时可问:"它是什么,它叫什么,它们共同的名字是什么?"帮助儿童发现、认识事物的共同特征并在此基础上形成初级的科学概念。发展幼儿的集中思维、概括能力时可问:"它们有什么相同的地方?"①

(4) 有的问题超出儿童的认知水平,不能紧扣教学内容的中心,偏离活动的主题。如"食管是什么样的?""胃是什么样的?食物进入胃会发生什么变化?""食物为什么会变成浆?"(大班综合活动"食物旅行")这些问题因远离幼儿的生活经验且有一定难度,幼儿往往缺乏回答的能力,他们很难认识事物之间的内在联系,特别是因果关系。因此,幼儿无法正确回答。

(5) 有的问题缺乏启发性和教育价值,使幼儿不知所云,无法深入。如"你感觉小黄豆在里面做什么?这么安静,如果你是小黄豆会做些什么?"(中班科学活动"认识豆浆机")

在科学教育活动中面对幼儿的回答,教师回应通常存在的问题是:① 对幼儿与自己不一致或没把握的回答故作没听见,不予理会;② 随意打断幼儿的回答,以自己的想法为出发点;③ 急于把正确答案告诉幼儿,代替他们思考;④ 以所谓的标准答案为评价标尺,忽视幼儿的生活经验和童趣体验;⑤ 对幼儿回答的评价机械单一,缺乏具体信息的指导;⑥ 使用封闭性问题来引导开放性话题,影响幼儿从自我经验出发来诗意地回答问题;⑦ 应答中伴随指责、批评的口吻,缺乏等待的耐心,伤害幼儿回答的积极性、主动性、创造性。

教师在应答时需要思考以下问题:① 问题提出的出发点是什么? ② 儿童回答的合理之处、新异之处何在? ③ 应答的引导方向是什么? ④ 教师应该如何作出应答? ⑤ 教师的应答是否存在策略、语言、时间上的问题?

在应答时,教师首先应加强有指导的评价。教师对幼儿的回答不应是简单的评价,而应是进一步的具体指导。如肯定正确的观点,进一步诱导追问,激发幼儿的再思考,委婉地纠正幼儿明显的错误观点,引导幼儿沿着正确方向思考。其次,教师应鼓励幼儿通过各种实践活动寻找问题的不同答案,鼓励差异,甚至允许幼儿出错,而不是强调整齐划一,追求所谓"科学"的回答。再次,鼓励幼儿提问和质疑,与幼儿平等对话。只有这样,才能保证教学过程真正成为幼儿独立自主地发现、分析、解决问题的过程,教师与幼儿才有可能真正地对话。在民主、平等的氛围中,"共同体验和感悟真理的力量、对话的乐趣、人格的尊严和生活的美好"。此外,教师还要理解幼儿的内心感受,能够随机应变。当幼儿回答问题有困难时,教师应耐心期待并积极设法促成转机,可采用"分解难点,化难为易"、"转换角度、另辟蹊径"、"适当提示、巧用点拨"等方法。

---

① 张俊:《幼儿园科学教育》,人民教育出版社 2004 年版,第 165—166 页。

一个集体活动的时间根据幼儿年龄阶段的不同一般在15—30分钟左右(有时根据具体情况可适当延长)。在有限的活动时间里,教师应给予幼儿充分的活动机会,通过提出有质量的问题,引发幼儿的感知、操作、探索、思考和表达等活动。在整个教学活动过程中,教师似乎随时都可发问,但如果认为提问就能激发幼儿学习的兴趣和热情,把满堂灌变成满堂问,不仅不会引起幼儿的学习兴趣,反而会使幼儿产生厌倦情绪,影响幼儿学习活动的顺利进行。应掌握最佳发问时机,"问在该问时","问在当问时",只有这样幼儿才会对教师的发问深入思考和积极探究。

教师"问"的根本目的在于启迪幼儿的智慧。幼儿需要一定的时间去思考教师提出的问题。当教师向幼儿提出问题时,要记住问题是面向全体幼儿提出的,而不只是对举手的几个孩子提出的。

如果幼儿对教师所提的问题缺乏必要的思考,那么就很难达到问的目的。研究表明:一些教师在提出问题后等待不到一秒就让学生回答,学生被叫到后,通常等待其说出答案的时间也仅仅是一秒。如果一秒钟后,学生还未说出自己的答案,那么教师就要叫其他学生回答或者自己提供答案线索(Rowe,1974)。心理学上把从问题的提出到解决完毕的过程,称为"解答距"。教师提问后应适当延长问题的"解答距",留给幼儿思考的余地。幼儿在表达的过程中,往往思考还在进行,因此,教师要给予幼儿充分的表达时间以及表达过程中的思考时间。幼儿回答问题后应得到教师的适当反馈。通过反馈,一方面可以激发幼儿的学习动机,另一方面幼儿可从反馈信息中获得新的学习。我们可从下列两个案例来对比不同的提问和应答的效果。

 案例

> **案例6-15 梦的探究**[①]
>
> 在一次大班科学探究活动中。
> 教师:小朋友,你们做过梦吗?
> 幼儿(齐):做过。
> 教师:什么时候才能做梦呢?
> 幼儿1:晚上睡着的时候。
> 教师:为什么非要睡着了才能做梦呢?
> 幼儿2:睡着了才可以看到梦里的形象。

---

① 杨莉君、康丹:《对幼儿园集体教学活动中教师提问的观察研究》,《学前教育研究》2007年第2期。

教师：说得真不错。梦到昨天早上做了什么？
幼儿3：瞌睡虫知道我们在做什么梦。
教师：回答得很不错。
幼儿4：看到了什么就会做什么梦。
教师：想得真好！
教师：何老师昨天晚上做了一个梦，梦见了一个木瓜，他问我天上的小鸟为什么没有四只脚呢？
幼儿5：用尾巴保持平衡。
教师：答得很好！
幼儿6：有四只脚太重了，会被大灰狼吃掉。
教师：想得很好。
幼儿7：如果小鸟有四只脚就变成会飞的兔子了。
教师：想得很好。

案例

案例6-16 盐水与清水里的鸡蛋①

孩子们看了老师提供的材料说：这个水多，所以它飘着。
教师：你们用什么办法搞清楚它呢？
孩子们：这里多放些水。哇！它还是沉的。
幼儿1：我认为它沉是水凉。
幼儿2：不对，是因为鸡蛋重。咱们换个位置试试。
孩子们：我们试过了。看，它们都是在这边漂着，在那边沉。
幼儿1：这边水里有东西，所以它使鸡蛋漂起来。
幼儿2：是糖。
幼儿3：是肥皂粉。
幼儿4：它像是海水，不是肥皂，又没有泡泡。
教师：有人认为是肥皂水，有人认为是糖水，有人认为是海水，我们用什么办法把它搞清楚呢？
幼儿5：盐水比清水更浓。
孩子们很谨慎，不去尝。但教师提议只呷一小点儿，并作示范来担保。

---
① 刘占兰：《幼儿科学教育》，北京师范大学出版社2000年版，第152页。

> 孩子们发现：是盐！
> 教师：鸡蛋为什么在盐水里漂浮，在清水里却不能呢？
> 幼儿1：盐把水变"重"了。
> 幼儿2：因为盐使鸡蛋漂在水上。
> 幼儿3：盐水像海水，因为它里面有盐。
> 幼儿4：盐水让鸡蛋呆在上面。

对比案例6-15和6-16我们会发现，前例教师所提的问题缺乏启发性，也没什么意义，无法激起幼儿探究的欲望，教师对幼儿回答的评价单一、简单，起不到激励的作用。而后例中教师的问题富有启发性和建设性，极大地调动了幼儿学习的主动性和积极性，使幼儿通过探究活动寻找问题的答案。

4. 合理运用评价手段

对集体教学活动的评价是幼儿教育评价的重要内容。教学活动的评价因教育及教学观的不同有不同的方案，评价项目也因此有所不同，但教学评价的核心目标都是为了了解教学活动的成效，了解教学过程中教师和幼儿的行为，了解教学对幼儿发展的意义。因此，教学评价的基本价值取向应该是：教学应促进幼儿认识、学习策略及情感等多方面的全面、和谐发展；教学应尽可能引发幼儿多感官的参与；体验、尝试和发现等是幼儿重要的学习方式；适宜的目标和内容才能引发真正有效的教和学；教学应当具有开放的、能激发幼儿探究欲望和思考的环境；产生问题、引发互动是有效教学的重要特征；教学过程应该让幼儿感受挑战。①

 **案例**

案例6-17 幼儿园教学活动评价表②

	评价要点	评价等级		
		A	B	C
目标	目标的年龄适宜性			
	目标的可落实性			
	目标的和谐性			
	目标实际的达成度			

---

① 虞永平：《幼儿园教学活动的评价》，《早期教育》2005年第3期。
② 同上注。

续表

评价要点		评价等级		
		A	B	C
内容	内容的年龄适宜性			
	内容与目标的一致性			
	内容的科学性			
	内容的生活性			
	相关环境材料的适宜性			
	内容实际的完成情况			
教师	教师讲解的适宜性			
	教师教学策略的适宜性			
	教师对幼儿的关注			
	教师评价的适宜性			
幼儿	幼儿的投入程度			
	幼儿的互动机会			
	幼儿面临的挑战			
	幼儿的学习习惯			

目标

1. 目标的年龄适宜性是指活动所确定的目标与特定年龄班的幼儿发展的特点和规律是否一致。过易和过难的目标都是不适宜的目标。

2. 目标的可落实性是指活动的目标是否具体、明确，是否易于衡量。

3. 目标的和谐性是指重点或核心目标是否突出，认识的目标与相关的学习策略、相应的情感的目标是否有机地得到反映。目标罗列过多是目标缺乏有机联系和核心目标不突出的表现。

4. 目标实际的达成度是指在实际的活动过程中，计划的目标实现的程度，以及非计划的对幼儿有重要意义且与活动有有机联系的目标实现的情况。达成的目标与原定的目标是否存在不一致，这种不一致是否合理。

内容

1. 内容的年龄适宜性是指所选的内容与特定年龄段幼儿的发展特点是否一致，是否最有利于幼儿的接受和发展。

2. 内容与目标的一致性包含质和量两个方面。一方面是指所选的内容是否最大程度地包含了活动的目标,内容和目标间的不一致将直接影响目标的实现;另一方面是指内容容量的适宜性,即活动的内容的多少是否最有利于目标的实现。内容过多和过少都是不合适的。

3. 内容的科学性是指所呈现和解释的活动内容是否科学、准确,给幼儿的知识和概念是否会影响幼儿进一步的学习。

4. 内容的生活性是指所选择的内容是否适合特定的地域和文化,即活动的内容是否能反映适合幼儿的现实生活,是否能引发幼儿的有效学习。

5. 环境、材料的适宜性是指与特定活动相对应的环境、材料是否能在质和量两个方面最大程度地支持幼儿的学习,能否满足幼儿探索、操作和交往等活动的需要。

6. 内容实际的完成情况是指在活动过程中,预定的内容是否全面完成,有没有完成一些计划外的活动内容,它是在什么特定的情境下发生的,这样合理与否。

教师

1. 教师讲解的适宜性是指教师对特定活动内容的讲述、解释是否适宜,讲解的适宜性不是用所占时间来衡量的,而是衡量是否到位,即是否有利于幼儿进一步的学习和促进幼儿思考。讲解不清晰和低层次的或重复的讲解都是不合适的。幼儿的学习主要的不是通过教师的讲解实现的,而是通过幼儿自己的交往及其他实践性活动实现的。

2. 教师教学策略的适宜性是指教师面对特定的教学问题情境,尤其是面对幼儿的学习状况所采用的旨在激励、指导、传授、帮助、启发的具体策略是否合适。这是针对特定的幼儿和特定的问题情境而言的。

3. 教师对幼儿的关注主要是指对幼儿在活动中的状况的关注,具体地说,包括对幼儿的现实需要、兴趣、活动投入度、遇到的具体问题等方面的关注。衡量教师对幼儿关注程度的主要内容是对活动过程中幼儿出现的一些重要事项是否注意,并采取包括忽略在内的有效策略。

4. 教师总结和评价的适宜性是指教师在活动过程中及活动结束后,是否根据需要,开展适当的评价。教师的评价可以针对个别幼儿,也可以针对小组或全班幼儿。可专门评价,也可以在情境中评价。但评价应注重过程中的、情境中的评价。集体教学活动中,教师的评价也是一种重要的指导方式。评价的目的即可以了解幼儿的发展需要,以便提供更加适宜的帮助和指导,也可以对幼儿的学习结果作一总结,是对幼儿不同行为的强化。教师的评价有多种方式,既有语言的评价,也有非语言的评价,如眼神、手势、表情、语调等,不管使用哪种,都应注意发挥评价的积极作用。特别应注意对幼儿回答问题后的回应,此举其实也包含评价的因素。如果教师的回应方式过于单一,给予的肯定评价简单、单调、空泛不具体,既无法引导幼儿深入思考问题,也无法起到激励幼儿的作用,则会使师幼互动的质量维持在较低水平。

幼儿

1. 幼儿的投入程度是指幼儿在活动中注意力是否集中,是否有活动的积极性和主动性,思维是否活跃,是否表现出创造性。

2. 幼儿的互动机会是指活动中是否有适宜的幼儿与同伴、与成人的互动的机会。但互动也要从需要出发,无实际问题的所谓讨论、没有合作必要的所谓合作都不是适宜的互动。

3. 幼儿面临的挑战是指活动过程中幼儿是否获得新的经验,是否面临问题并努力去解决问题,幼儿是否有效地运用了已有的经验。换言之,活动有没有将幼儿带到最近发展区。

4. 幼儿的学习习惯是指幼儿活动的坚持性,轮流、合作及分享等基本行为技能的掌握情况等。[①]

5. 集体、小组和个别指导相结合

集体教学活动是面向全班幼儿的教育活动,教师在设计与组织活动时应兼顾集体和个别幼儿的需要。组织和实施活动过程时,可通过提问等方式面向全体幼儿进行指导,当幼儿进行操作和探索活动时教师可分组和个别指导。至于具体采用何种方式,教师可根据活动内容、特点灵活决定。

总之,设计和实施幼儿园集体教学活动被视为幼儿园教师的"看家本领",它是作为一个专业教师应用教育原理来分析、研究教育现象,推动和保证幼儿园教育教学工作科学化、制度化、有效化和高质量进行的关键因素。如何在现阶段进一步提高集体教学活动质量,采用各种方法和形式弥补这一常见的教学组织形式的不足,应是值得关注的问题。

本章小结

幼儿园集体教学活动是幼儿园教育活动的一种重要组织形式。科学领域的集体教学活动是指:教师根据幼儿科学教育的目标,有计划、有目的地选择和设计课题内容、提供相应的材料、面向全体幼儿开展的专门的教学活动。其独特价

---

① 虞永平:《幼儿园教学活动的评价》,《早期教育》2005年第3期,第9页。

值主要体现在能面向全体幼儿，尽量保证每个幼儿获得基本的科学知识和方法技能。集体教学的形式有助于幼儿相互学习、相互促进，逐步建立科学态度。教师直接指导提高了幼儿的学习效率。

教学设计的过程实际上就是为教学活动制定蓝图的过程，使教师通过教学设计，对将要进行的教学活动基本过程有一大致把握，以保证教学活动的顺利实施。教学设计主要包含教学目标、教学内容、教学策略和教学媒体、教学评价四个基本要素。当前幼儿园科学领域集体教学活动设计存在的主要问题有：教学活动目标空泛、含糊、过于笼统、不具体、缺乏可操作性；忽视教学活动内容的选择和编排，不注意研究活动内容与活动目标的内在联系；教学方法与教学手段单一，注重教师的教及其控制作用，知识传递的痕迹较重；活动材料的准备不能满足幼儿在活动中的操作需要，不注意材料的适切性、安全性、结构性及与活动目标的关系。针对这些问题，设计集体教学活动时应注意选择恰当的活动课题、制定合理的活动目标、准备适宜的活动材料、规划科学的活动过程。指导集体教学活动要求观察、分析幼儿的行为；适当参与幼儿的活动；恰当发问与回应，保证幼儿的活动机会；合理运用评价手段；集体、小组和个别指导相结合。

问 题 讨 论

1. 结合实例分析集体教学活动设计存在的主要问题。
2. 任选主题和班级设计一个集体教学活动。
3. 观摩一个幼儿园集体教学活动，分析其不足并尝试提出解决的策略。

附录：幼儿园集体教学活动设计案例

活动一 大班科学活动设计——神奇的复制

设计意图：

离园前，老师组织孩子们看动画片《齐天大圣孙悟空》，对于孙悟空的本领，孩子们既好奇又兴奋，纷纷模仿孙悟空拔毫毛变小猴、变苹果、变玩具，大家对这种神奇的力量充满了神秘感。孩子们的活动热情吸引了我的注意力，也给了我突然的灵感，怎样变出一模一样的东西呢？回想起孩子们在雪地上印的脚印，用水彩笔后面的小印章印出的画，这些不都是一种复制吗？生活中的复制其实很多，孩子们最常见的只是印，但印并不是唯一的复制方法。为了帮助孩子梳理对复制的了解，本次活动以引导孩子探究、发现为主，让孩子运用多种方法感知复制的多样性和其蕴涵的神奇，培养爱科学的情感。

活动设计方案(一) 一模一样的圆点

活动目标：

1. 引导幼儿学会用解决问题的方式主动学习,体会成功的快乐。
2. 在操作的过程中,鼓励幼儿找到自己认为好的方法。

活动准备：

若干张白纸、颜料、印泥、各种铅笔、瓶盖、剪刀、复写纸等。

活动过程：

1. 提出问题：老师这里有一张纸,我希望能向孙悟空变小猴那样,在纸上变出许多好看的、一模一样的圆点,怎样又快又好地完成呢？
2. 幼儿讨论,操作尝试：
- 操作提示：圆点基本上要一样,可以借助老师准备的材料来完成；
- 幼儿尝试操作(画一画、印一印或其他方式操作)。
3. 操作展示、分析讨论：
- 你得到一模一样的圆了吗？
- 哪些方法成功了？哪些失败了？你觉得哪种方法快？再次尝试。
4. 鼓励幼儿的探究,请孩子们带问题回家："怎样能得到一模一样的东西？"

活动设计方案(二) 怎样得到一模一样的东西？

活动目标：

1. 组织幼儿进行采访,引导幼儿通过多种方法寻找问题答案。
2. 学会与他人交流、表达自己的意见,能用自己可以理解的记录方法进行记录。
3. 了解生活中几种不同的复制方法。

活动准备：

猜想卡若干、录像、联系好要采访的人,请家长与幼儿一起收集一些有关复制的资料。

活动过程：

1. 教师：得到一模一样东西的办法很多,让我们去采访其他人吧！
2. 提出采访要求,并教会幼儿使用猜想卡,先简单记录自己的猜想。

猜想卡：怎样得到一模一样的东西

物　品	自己的猜想	被采访人的猜想	几　种
一幅图案			
照　片			
一枚硬币			
蛋　糕			

续表

物　品	自己的猜想	被采访人的猜想	几　种
碗			
一首歌曲			
一张碟片			

（备注：可让幼儿拿实物）

3. 带幼儿去采访周围的人。
4. 猜想卡汇总：幼儿集体讨论，教师用大图表记录。
5. 教师组织幼儿看录像："生活中的复制"。

- 印刷厂——工人们在印刷报纸；
- 工人给大型玩具喷图案漆；
- 资料室——老师在用打印机、复印机；
- 照相馆——正在冲印照片；
- 教学班——一位老师用重叠剪花的办法，装饰家园联系板；
- 厨房——用蛋糕模具来制作蛋糕；
- 班上——一个小孩用橡皮泥的模具做桃心。

6. 总结：生活中做哪些事情使用了这些方法？（教师小结：生活中复制的方法是多种多样的，归总起来有平面复制、模具复制、机器复制。）

活动设计方案（三）　活动区游戏——有趣的复制

活动目标：

1. 引导幼儿选择自己喜欢的活动在各区探索。
2. 体验复制带来的便捷，感受复制的变化和有趣。

活动准备：

材料提供：树叶、油墨、颜料、铅笔、镂空卡纸。

区域活动：（幼儿自选）

角色一区：我是小工人——美丽的床单（镂空图案印刷）。

角色二区：利用打印机让幼儿学习打印图片。

美工一区：线条拓印画——在吹塑纸上用铅笔画出简单的线条画，用刷子蘸墨汁平涂，在上面放纸压平，取下纸即可。

美工二区：树叶、蔬菜、印章拓印装饰画，颜料对印创意画。

数学区：数与量的对应。用橡皮泥模具或其他盒盖复制物品。

小小播报台：用录音机录自己的声音或磁带；观看资料室人员刻录碟片。

活动设计方案(四) 好看的纹理

活动目标:
1. 观察各种不同的纹理,感受纹理的美。
2. 知道用压、印的方法可以得到不同物体的纹理。

活动准备:
树皮、水果包装袋、硬币、树叶、印泥、鞋、麻布、铁丝窗纱、橡皮泥、木板、玉米、草席、茶垫、玻璃、地毯、破毛衣、泥等。

活动过程:
1. 观察提供的物品,感知它们特有的纹理。(看一看、摸一摸)
2. 请幼儿讨论:什么样的东西可以印下纹理?怎样可以印下纹理来?(幼儿分组操作:木板、玻璃、地毯……找找班上哪些物品可印下纹理)
3. 各组统计答案:(教师与幼儿一起填写)

可以得到纹理的物品	得到物品纹理的辅助材料

4. 操作尝试:找一找纸和草席的纹理。请一幼儿用颜料涂在白纸、草席上并拓印,一个有纹理,一个没有纹理。(草席的纹理也是一种复制)

讨论:得到纹理的物品的共同特点是什么?

5. 探究活动:
- 怎样让白纸有纹理?幼儿自由探究。(可将纸团折皱再打开,也可折纸)
- 水有纹理吗?怎样得到水的纹理?将酒精和颜料同时放入水中,会怎样?幼儿操作。

活动设计方案(五) 童话故事"20个嘟嘟"

活动目标:
1. 感受故事的幽默、诙谐,明白神奇药水的魔力是复制,知道复制有利也有弊。
2. 初步了解有关克隆的简单知识。
3. 区分故事与真实情境,知道劳动要靠自己的双手。

活动准备:
自编童话故事——"20个嘟嘟",课件,请家长和幼儿一起收集有关盗版的信息。

活动过程:
1. 结合课件,教师讲述故事前半部分。
2. 一顿饭,20个小猪吃光了家里的所有粮食,更要命的是,嘟嘟心爱的玩具被抢来抢去都弄坏了,小床也被挤塌了……你还能猜出发生什么事了吗?

3. 幼儿进行联想。

4. 教师继续讲故事后半部分。

5. 讨论:这个故事是真的吗?你是怎么看待复制的?(说说近年来的盗版碟、盗版书)

6. 小动物真的可以被复制出来吗?(请幼儿带着问题回家去问爸爸妈妈)

活动延伸:教师讲解一些关于克隆的相关信息,如克隆羊多利。

附自编故事:"20个嘟嘟"

小猪嘟嘟是果园的主人,每年的秋天,他都为采摘苹果发愁,"要是有一队人马来给我帮忙就好了。"嘟嘟心里想着,于是他就去求神仙老爷爷,老爷爷给了他一瓶神奇的药水,据说只要是喝了它,就可以变出许多自己。

嘟嘟心想:"呀!那太好了,最好变出许多的'我',由我当他们的司令员,这样,果园里的活再也用不着我亲自动手了!"

说干就干,嘟嘟咕噜咕噜,一口气喝干了瓶子里的药水,果然,他觉得全身发热,一个喷嚏,咦?旁边站了一个和自己一模一样的小猪!啊!太好了!我变出来了!

"你是谁?"嘟嘟问道,另一个小猪回答:"我是嘟嘟呀。""坏了,它连名字都和我一样!"嘟嘟心里想着,"管不了那么多了,反正只要会干活就行。""去搬梯子,上树摘果子!"

看着转身干活的小猪,嘟嘟心里别提有多高兴了。一个喷嚏接着一个喷嚏,转眼,身边已经有许多小猪,一数,加上自己刚好20个。

"你去搬筐子","你去摘果子","你去……"

真是太好了,太阳快落山了,果园里的果子都摘完了,嘟嘟也要回家了,可是看着身边20个自己,这下,他犯愁了:"坏了,我忘记问收回他们的办法了,怎么办?还是领回家再说吧!"

浩浩荡荡的"小猪"队伍开道回家了,邻居们惊讶地张大了嘴。

好朋友小兔来送蛋糕,20个小猪一拥而上,"我是嘟嘟!""我是真的嘟嘟!""我才是!"长得一模一样,这可怎么分得清呀!

一顿饭,20个小猪吃光了家里的所有粮食,更要命的是,嘟嘟心爱的玩具被抢来抢去都弄坏了,小床也被挤塌了……你还能猜出发生什么事了吗?

大家一看,真着急呀!

其实,最着急的还是"真"嘟嘟,"早知道,我才不要他们的帮忙呢!"现在后悔也来不及了呀!嘟嘟被压在了最下面,好不容易才逃了出来。

出去的第一件事,当然是去找神仙老爷爷了。"呜咪奴哩",嘟嘟念着从神仙爷爷那里知道的口诀,19个小猪不见了,嘟嘟这下放心了,心里暗暗地想:"以后做事再也不敢偷懒了!"

(本活动设计获第二届"全国幼儿科学教育研讨会"优秀教育案例一等奖,由兰州军区空军机关幼儿园胡文娟老师提供)

活动设计方案(六)　神奇的电脑复制

活动目标:

1. 了解电脑中的几种复制方法,让幼儿进一步感受复制的神奇。

2. 能积极主动地参与电脑绘画活动,并尝试用点击的方法复制、完成一幅电脑作品。

3. 在老师协助下打印出自己的作品,增强对复制的认识和体验。

活动准备:

幼儿计算机室、金山画王软件、打印机、图画纸。

活动过程:

1. 教师向幼儿展示几种电脑中的复制方法:

● 桌面照片的复制;

● 文件夹的复制;

● 文字的复制。

请幼儿动手尝试,引导幼儿认字"复制"和"粘贴"。

2. 结合幼儿对金山画王软件的认识、操作,专门介绍仙女棒的使用,感知其中的复制。

3. 学习选择背景图,用点击的方法复制人物或动物,完成一幅画,并为自己的作品编一段故事情节。

4. 保存幼儿的作品,用打印机打印出来,作品展示。

活动二 大班科学活动——身边的"尺"

设计意图:

人们平时进行长度测量时,都需要用到测量工具(各种尺子),但是如果遇到没有测量工具的情况下,我们应该想什么办法来进行测量呢? 我想到小时候妈妈经常是用手来测量衣服的长短。我们经常玩的游戏,如跨大步,用跨步的方式来比赛距离的长短;扔沙包,用脚的长度来测量圆圈到沙包的距离。那么我能不能引导幼儿以游戏的方式来寻找测量方法呢? 所以我设计了这个活动,是想让孩子们通过各种操作活动,自己来探索并尝试不同的测量方法,并能在日常生活中,用这种方法来解决简单的问题。

活动目标:

1. 在没有测量工具的情况下,鼓励幼儿自己想办法进行测量。

2. 会利用肢体及其他物品测量,正确表达、记录测量的结果;复习计数和做标记。

3. 体会测量的有趣,在团结协作的测量活动中获得快乐。

活动重点和难点:

1. 本次活动的重点是让幼儿用合作的方式来进行测量,让他们知道怎样来进行分工合作。例如:谁来量,谁来记。

2. 本次活动的难点是怎样启发幼儿想出多种不同的测量方法,并能用自己想到的方法进行测量并记录结果。如:用手掌的长度、脚的长度、胳膊的长度、跨大步等不同的方式来进行测量。

活动准备:

一张大的测量结果记录纸、每位幼儿一张测量结果记录纸、幼儿用笔、一段毛线。

活动过程:

1. 教师用提问来引入课题:

a) 教师请上来一位小朋友,告诉其他幼儿:"我想量量这位小朋友的身高,但没带尺怎么办?"

b) 请幼儿想办法,并能用简单、完整的语言进行讲述,说说可以用什么方法来知道小朋友的身高。

c) 对孩子们说出的方法进行讲评。

2. 老师出示一段毛线,用毛线测量的方法来量小朋友的身高,并进行记录。教师演示记录的方法。

a) 教师用毛线量小华身高,告诉幼儿:"小华的身高是几条绳子的长度。"但如果手边没有工具怎么办?请幼儿想办法。教师进行测量演示,主要演示测量的方法,并记录测量结果。(教师用毛线从幼儿的脚底量起,重点要告诉幼儿量第二段起点的时候,毛线绳的头要和第一段的落点连起来。)

b) 想想在没有任何工具的情况下,我们怎样来进行测量?引导幼儿用肢体来进行测量。可以用胳膊肘来测量,也可以用手来测量。请想到办法的小朋友来做测量的示范,教师进行指导。引导幼儿想想怎样测量比较方便、快捷。请小朋友记录测量结果。

3. 幼儿分组进行指定的测量活动,量教室墙壁的长度、黑板的边长、教室地面的距离,并记录测量结果。例如:教室的右墙壁是七个人手拉手的长度;黑板是两个手臂大小;教室地面是十步的长度。

4. 在进行第一次测量活动后,教师进行讲评,请幼儿说说是怎样进行测量的,用的什么方法,在测量活动中遇到哪些困难,并想想用什么办法来解决;再次进行测量,请幼儿两人一组,找到想量的东西,如窗户、桌子、椅子。测量的单位也可以自己决定。

5. 请幼儿依次讲述测量经过及结果,并记录结果。

活动延伸:

测量的范围除教室内,也可以到教室外进行这个活动。

附记录表:

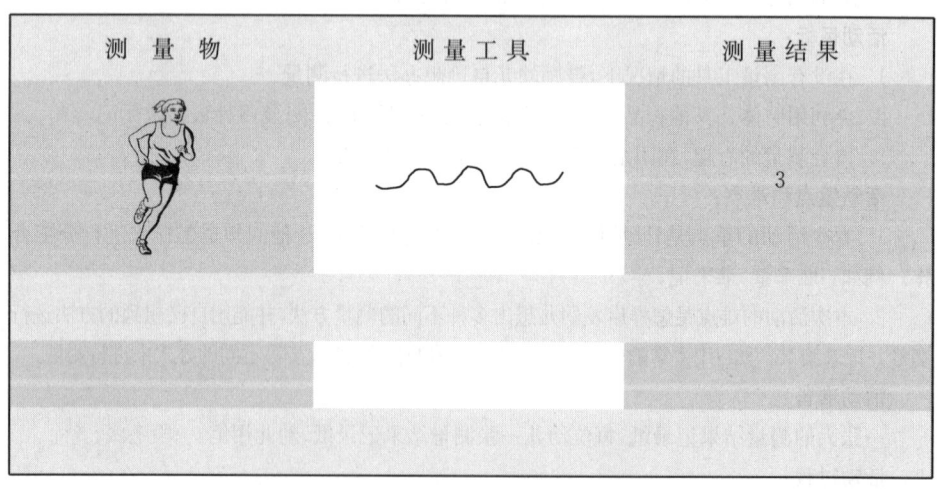

(本活动设计获第二届"全国幼儿科学教育研讨会"优秀教育案例一等奖,由兰州军区兰州总医院幼儿园杨平平老师提供)

活动三 大班幼儿科学活动——奇妙的指纹

设计意图：

在一个阳光明媚的下午，我和孩子们共同往展示墙上粘贴刚刚完成的手工作品，孩子们帮我剪透明胶带，我负责粘作品，突然我发现孩子们都争先恐后地在胶带上印着自己的小指头印，我问孩子们："你们在做什么呢？"孩子们叽叽喳喳地对我说："老师，胶带纸太好了，刚才我的手脏了，我在透明胶带上轻轻一粘，就把脏东西粘掉了，您看！""不对，这哪是脏东西呀，明明是你的手指印，"唐亚修大声地说着，"老师，你看，白色的指印上面怎么还有一圈圈的道道呀？像小河的波纹一样。"我对孩子们说："它叫指纹，你们想知道它更多的秘密吗？那么，让我们一起来看看神奇的指纹。"于是我围绕幼儿感兴趣的指纹，开展了一系列的科学教育活动。

活动目标：

1. 教幼儿正确使用放大镜观察指纹形状，知道每个人的指纹都不相同，培养幼儿细致的观察能力。

2. 教幼儿在指纹图案上添加简单线条，表现事物形态，体验运用新的绘画方式进行美术活动的乐趣。

活动准备：

放大镜，印台，白纸。

活动过程：

（一）认识指纹

1. 教师请幼儿拿出放大镜观察自己的指纹图案，并用自己的方式进行记录。例如：指纹像树的年轮，指纹像波浪，教师请幼儿讲一讲自己的指纹像什么？

2. 教师请幼儿用印泥在纸上印出自己的指纹，并与旁边的同伴进行比较，观察是否有区别？

3. 教师将自己的指纹印在幼儿的白纸上，让幼儿观察大人的指纹与自己的指纹有什么区别。

4. 同一个妈妈生的孩子指纹一样吗？教师请幼儿观察双胞胎兄弟的指纹，比较指纹的异同。

通过上述观察，引导幼儿总结出每一个人的指纹都是不一样的，指纹是属于自己的，每个人的指纹都是唯一的。

（二）指纹的作用

既然世界上每个人的指纹都是不相同的，那么指纹能帮我们做些什么事情呢？（幼儿观看多媒体课件）

1. 指纹能鉴定人的身份，将来可以做指纹身份证、指纹档案。

2. 指纹能帮助警察抓小偷。

3. 指纹能做安全防盗锁、防盗门。

4. 指纹可以用来画指印画。

5. 指纹可以用来特殊防伪。

（三）学画指印画

1. 教师介绍画指印画的工具（印泥、黑色中性笔），知道它们的用法。
2. 教师教幼儿活动手指，齐说手指儿歌。

大拇哥，二拇弟，中指楼，四兄弟，五个好朋友，永远不分离。

3. 教师边说儿歌，边进行指印画示范。

（1）一指印画

画太阳，配操作儿歌：大拇哥脸儿圆，画个大圆盘。添上短竖线，太阳空中悬。

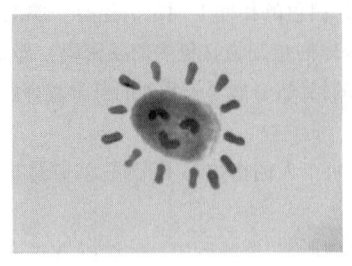

画拉气球的小孩，配操作儿歌：二哥画个娃娃头，三弟画个红气球，添上胳膊腿，画上眼鼻嘴，还有气球尾。

（2）二指综合印画

画小猫，配操作儿歌：大拇哥点点头，画个小猫头，二拇弟摇摇头，身子跟后头，弯弯月牙挂脸上，小猫胡子翘外头。

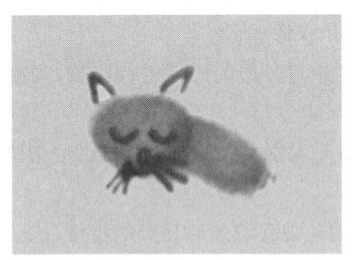

（3）三四指综合印画

画小猪，配操作儿歌：一个"8"站中央，两个"0"挂两旁，添上四方嘴，画上四条腿，还有短短尾。

（4）五指综合印画

画火车，配操作儿歌：五个好朋友，排队向前走，踩上风火轮，火车向前行。

4. 教师请幼儿制作个人指纹胸牌，并将制作好的胸牌贴在胸前，进行展示。
5. 课外延伸活动：教师请幼儿想一想小动物、植物有没有指纹？如果有，它们的指纹有什么作用？如：水

稻的指纹可以鉴别谷物的优良品种，为幼儿提供自主探索的空间。

（本活动设计获第二届"全国幼儿科学教育研讨会"优秀教育案例二等奖，由甘肃省兰州石化公司文化小区幼儿园王佳老师提供）

活动四 中班科学活动——有趣的漏勺

设计意图：

本活动的设计源于一次小班主题活动"下雨了"，当时孩子们带来了许多装满了水在瓶盖上扎了眼的饮料瓶，他们使劲地捏着饮料瓶，兴高采烈地模仿下雨的情景。孩子们一边玩，一边讨论着："你看，为什么我的雨下得很小，你的雨下得很大？""你快看呀，我把瓶子倒过来，瓶盖像能捞鱼的塑料漏勺……"孩子们七嘴八舌的讨论使我产生了设计中班科学活动"有趣的漏勺"的想法，让幼儿通过观察和自己的动手操作，去了解生活中常见的炊具——漏勺。感知漏勺上孔的多、少对漏水快慢的影响（为什么我的雨下得小，你的雨下得大）。在操作多种材料的过程中，感受科学探索活动的乐趣。

活动目标：

1. 通过活动，引导幼儿运用观察和比较的方法了解漏勺的特点及用途。

2. 通过操作活动，启发幼儿初步感知漏勺上孔的多少对水流快慢的影响，体验科学探索活动的乐趣。

活动准备：

1. 幼儿操作材料：水盆 10 个，玻璃球若干、铲子、勺子、漏勺若干，擦手的毛巾、自制漏勺若干。

2. 多媒体课件。

活动过程：

1. 请幼儿尝试用三种不同的工具捞玻璃球，比较出漏勺能很快地捞出玻璃球，但是捞不出水来。初步了解漏勺的特点。

2. 播放课件，引导幼儿观察课件中的人们对漏勺的使用，了解漏勺在生活中的简单用途。

3. 启发幼儿观察各种漏勺，看一看上面的孔，引导幼儿讲述漏勺上的孔虽然大小、形状不同，但是作用是一样的，都能漏水。

4. 幼儿操作两个简易漏勺，玩水，探索漏勺上孔的多少对水流快慢的影响。

5. 延伸活动：指导幼儿在科学区制作一些有趣的漏勺，在玩的过程中引导幼儿想一想还有哪些因素会影响水流的变化？

（本活动设计方案由西北师范大学实验幼儿园王晓春老师提供）

第七章　学前儿童科学教育的其他途径

> **学习目标**
> 1. 了解幼儿园区角活动中的科学教育的概况。
> 2. 掌握科学区角活动的指导策略。
> 3. 了解幼儿园一日生活中的科学教育及指导策略。
> 4. 了解家庭与社区中的学前儿童科学教育。

所谓"学前儿童科学教育的其他途径"是指幼儿园中除了集体教学外的非正规性科学活动、幼儿园一日生活中的偶发性科学活动和家庭社区中的学前儿童科学教育活动。对于学前儿童而言,这些活动具有其特殊作用,是学前儿童科学教育的重要途径。本章内容更具开放性、灵活性,目的在于通过论述几种形式的非正式科学教育,启发读者,让那些以前从未被意识到的教育机会进入视野,让学前儿童科学教育成为立体的、渗透式的教育。

第一节　区角活动中的科学教育

20世纪90年代中期,区角活动作为不同于集体教学的特殊教育形式在我国幼儿园受到关注。但在教育实践中,幼儿园更关注区角活动的形式而忽略了区角活动的本质,使得区角活动长期作为集体教学的补充和延伸,其特殊的教育价值并没有得到充分体现。对于学前儿童科学教育而言,区角活动的自身特点与科学教育的目标高度契合。因此,区角活动是实现学前儿童科学教育的重要途径。

一、幼儿园区角活动概述

从某种意义上来说,区角活动的教育理论和实践可以追溯到很远。蒙台梭利将其教育机构中的室内外环境分为不同区域,并投放材料供幼儿操作。甚至在福禄培尔的著作中都有这样的描述:"在这所多用途的小屋里的这张大桌子上放着装积木的箱子……在这个小屋子里也可以看到砂和木屑,以及最近在美丽的松林里散步时采集到的大量备用的苔藓。这是放学后的时间,每个孩子开始了自己的工作。"① 今天我们所谓的"幼儿园区角活动"到底指什么,它的价值应该如何体现,这是首先应该思考的问题。

"区角活动"就其本质而言是指由教师创设环境、投放操作材料,幼儿根据自己的兴趣和能力运用各种方法和技能进行自主探究的活动。因此,区角活动的本质是幼儿的活动,而不是"区角"这个形式。区角活动的基础是幼儿的自主活动,是幼儿通过与环境对话,从环境中获得启发和引导,最终产生活动的一系列过程。和集体教学活动相比,教师在这一过程中对幼儿的指导是间接的、辅助性的。但这并不是说教师的角色是消极的,相反,教师创设的物质环境和心理环境是幼儿活动产生的前提。通过对区角活动含义的分析,可以清楚地看到区角活动的特点:低结构化、以儿童心理为中心、教师指导的间接性。

图 7-1　幼儿园区角活动是以幼儿为主体的活动
(上海市长宁区兆丰幼儿园提供)

---

① [德]福禄培尔著,孙祖复译:《人的教育》,人民教育出版社 2001 年版,第 77 页。

区角活动的低结构化是指和正规教学活动相比，区角活动遵循的逻辑并非是知识结构，而是幼儿心理结构。以儿童心理为中心是指相对幼儿园正规教育途径强调教学目标的预先设定和教学程序的预先安排，在区角活动中幼儿是在主动建构自己的知识，在教师提供材料的基础上根据自己原有的心理图式、特殊的认知方式形成自己对客观事物的看法。教师指导的间接性是指，区角活动的基础是幼儿的自主活动，因此，教师在区角活动中的作用是通过环境创设渗透在区角活动中的。正如蒙台梭利所说："教育并非教师教的过程，而是人的本能发展的一种自然过程。不是通过听，而是依靠儿童作用于环境获得的经验。教师的任务不是讲解，而是在为儿童设置的特殊环境中预备和安排一系列有目的的文化活动主题。"①

二、科学区角的创设

在学前儿童科学教育的目标中，幼儿动手操作是其核心。而区角活动则是实现科学教育目标的良好途径。因此，科学区角的创设是学前儿童科学教育的重要途径。

1. 科学区角创设的依据和原则

在幼儿园教学实践中，教师常常为一个问题苦恼不已，即幼儿对教师设立的科学区角不感兴趣，久而久之，科学区角成为令人头痛的"死角"。幼儿对科学区角没有兴趣的原因很多，但归根结底是科学区角创设的依据没有找准。在教学实践中，教师常会以自己的教育理念、知识背景和实践经验为依据创设科学区角，因此，持有科学的儿童观和教育观是创设科学区角的前提。科学区角创设的依据主要有以下三个方面：幼儿的发展、课程和教学目标、幼儿园和班级物质条件。同样，科学区角的创设必须遵循以下原则：

（1）安全性原则

幼儿在亲自操作时有无安全隐患是科学区角创设时要考虑的首要问题。安全原则不应该只是教师需要重视的问题，幼儿在活动过程中也要逐步形成安全意识，这本来也是学前儿童科学教育的一个重要内容。

（2）以幼儿的兴趣为中心

科学区角最重要的创设依据就是对幼儿兴趣的把握。科学区角活动的主体是幼儿，如果其创设没有考虑到幼儿的兴趣，很难保证科学区角活动能发挥积极作用。

---

① ［意］蒙台梭利著，任代文主译校：《蒙台梭利幼儿教育科学方法》，人民教育出版社1993年版，第327页。

图7-2 可能存在危险的物品一定要妥善保管(拍摄地点：珠海市容闳幼儿园)

图7-3 幼儿的兴趣是区角活动的基础

(3) 适合幼儿发展水平

任何教育有效性的前提是它不能超出教育对象的发展水平。如果在创设科学区角活动时，能考虑到幼儿的"最近发展区"，幼儿在主动探索过程中会有更大的收益。

案例

案例7-1 空气的质量

宋老师在小班的科学区角中投放了气球和天平,想让孩子们感受一下充入空气的气球和未充空气的气球质量有什么不同,借此来感受其实肉眼不可见的空气也是有质量的。但在活动中,小班孩子将全部注意力集中在花花绿绿的气球上了,都没有注意天平的变化。

以上例子中宋老师并未充分考虑到幼儿的发展水平,如果在大班儿童中开展这个活动,相信效果会有很大不同。

(4) 与其他教育途径相结合

科学区角活动并不是孤立的,它和正规集体教学活动、偶发的科学教育活动是相辅相成的关系。在兼顾幼儿兴趣的前提下,如果能将三者有机结合,那么三种科学教育活动的价值都将会有很大的提升。

(5) 因时、因地制宜

物质条件是科学区角创设的必要保障,科学区角活动的价值在于幼儿能在其中主动探索,而不在于区角本身是否好看、时髦。另外,科学区角应具有很大的灵活性,它可以随时间和空间的变化以不同形式出现。例如,在万物复苏的春季,可以将原来在室内的植物种植区转移到室外。

(6) 组织形式的多样化

科学区角可以以多种形式出现,常见的有:自然角、科学桌、科学发现室、种植园、饲养场等。根据地域可以分为:室内科学活动区和室外科学活动区。根据科学区角的不同性质可以分为:科学实验区、种植喂养区、陈列展示区等。科学区角的组织形式十分多样、灵活,可以根据不同需要做出调整。

2. 科学区角材料的提供和管理

在科学区角的活动中,幼儿通过操作材料建构自己的认知结构,教师通过材料体现自己的教育目标。从这个意义来说,材料的提供是科学区角创设的关键环节。

(1) 材料的种类和结构

从材料的用途来看,可以将科学区角中提供的材料分为四类:安全保护材料、科学探索材料、活动操作材料、工具。

安全保护材料是指在幼儿操作过程中能对幼儿身体起保护作用的工具,如护目镜、手套、工作服和围裙。

图7-4　根据季节特点布置区角常常可以事半功倍

科学探索材料是指已成形的物品,这些物品在操作过程中必然体现出某些自然规律,让幼儿直观感受到自然规律,如滑轮、杠杆、摩擦系数不同的滑道、凹凸透镜、弹簧等。另外,各种动物和植物也包括在这一种类中。

活动操作材料是那些未成形物品,只有通过幼儿的操作才能改变形态和用途,体现出其固有属性,包括水、沙、黏土、纸板、木板、金属、颜料等等。

工具是指由于自身特性能作为人类改造或认识世界的中介物的那些物品,包括:测量工具,如尺子、天平、钟表、温度计等;观察工具,如放大镜、显微镜、望远镜等;还有可以改造环境的工具,如锯子、绳子、螺丝、锤子、铲子等。

当然,科学区角中的材料还可以其他维度划分。科学区角中的材料是体现自然规律、揭示事物内在关系的载体。它的选择和投放对幼儿的自主活动有着提示和引导的重要作用。

(2) 材料的选择

材料的选择首先应考虑安全因素,如刀和剪子应避免使用锋利类型的。还有一些操作材料体积过小,容易被幼儿误食造成窒息等危险情况,也应谨慎选择。材料选择的另一个主要依据是能引起幼儿兴趣,幼儿好奇心强烈,具有很强的探究欲,而且他们的注意保持时间不长,因此,能引起他们兴趣的材料通常是幼儿生活中不常见的物品,或者是在操作过程中能发生显著变化的物品,或是随着时间和空间的变化能成长的物品。材料的选择要因地制宜,操作材料应选择价格便宜、容易得到的物品。这样一方面可以节约操作成本,另一方面可以让幼儿注意到身边物品的价值,形成珍惜资源的观念。最后,材料本身和材料之间要能体现出关联性,这种关联性在材料静止时不一定会体现出来,但在操作过程中幼儿能清楚地体会到,这种材料才具有教育意义。

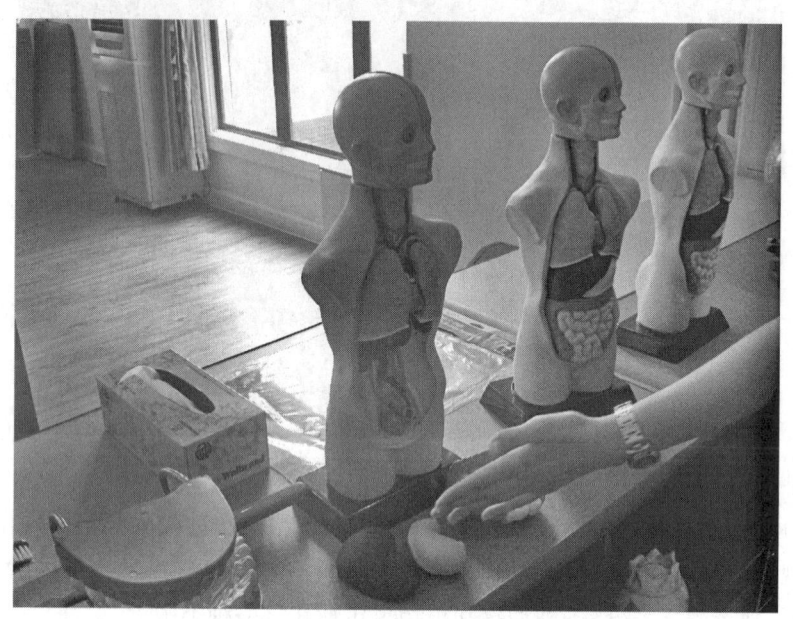

图7-5 材料的新异性能引发幼儿的兴趣(拍摄地点:珠海市容闳幼儿园)

(3) 材料的存放和管理

对于工具类物品,如测量工具和观察工具应放在能随时取用的地方,这样做可以促使幼儿在生活过程中随时挖掘这些工具的作用。一些体积较小不常用的物品,可以放在不显眼的地方以免幼儿操作不当引起危险。一些精确测量器材和能自行生长的物品,如天平、游标卡尺、各种豆类等应存放在密闭容器内。对于区角材料的存放和管理,《科学发现》一书提供了两条很好的建议:"在桌子、夹子或地板上要留出空间,用来放置扩展学习时所需的材料;所有区域应该容易打扫,清洁材料应事先准备好。为偶发事件和一般的混乱场面负责,也是科学训练的一部分。"①

(4) 材料的呈现

材料呈现是科学区角创设的关键环节,要做到科学合理地呈现材料,必须要

---

① [美]罗伯特·E·洛克威尔、伊丽莎白·A·舍伍德、罗伯特·A·威廉姆斯、戴维·A·温尼特著,廖贻、彭霞光、曾盼盼译:《科学发现——幼儿的探究活动(之一)》,北京师范大学出版社2005年版,第12页。

考虑材料呈现的目的性、层次性,材料的数量和密度,材料的灵活性等问题。

材料呈现的目的性是指在科学区角中呈现的材料必须体现某种教育或教学目的。可以说,科学区角活动是以教师教学目标为导向,幼儿自主进行活动的教育形式。如果这些材料只是偶然拼凑在一起,并不为教育目标服务,那么,幼儿的活动就很难成为知识建构的桥梁,这些活动也就失去了意义。具体而言,材料呈现的策略可以描述为:同一种材料可以实现不同的教育目标,不同种材料也可以实现同一种教育目标。

 案例

> **案例7-2 不同种材料可以实现同一教育目标**
>
> 小班生活角某月份的目标是训练幼儿手指手腕和手眼的协调能力,就可提供纽扣、夹木珠、串线板。中班发现角,某月份的目标是通过操作初步了解各种镜子的特征、用途,提供的材料有平面镜、凹凸镜、多棱镜、望远镜、万花筒等。大班某月份数学角的主要目标是学习8以内加减法,就可提供"分合板"、"式题套圈"、"扑克牌"。
>
> **案例7-3 同一种材料可以实现不同教育目标**
>
> 利用气球可以实现多种教育目标,例如,在大班的"气象观察站"中呈现气球,目的是了解风向。气球作为科学测量的工具可以直观显示出风的特点。在中班"科学操作区"中请幼儿将充气气球固定在玩具汽车上,然后松开气球,观察结果。这时气球呈现的目的是让幼儿理解这样一个科学知识——当力作用于一个物体时,运动就会发生。此时,气球作为储存气体的容器,为物体运动提供了潜在动力。

材料呈现的层次性可以分为几个层面来理解。首先,层次性体现在针对不同年龄阶段的幼儿,材料呈现要有所差别,小班呈现的未成形材料不宜太多。此时,幼儿认知能力和小肌肉发展水平还不高,没有足够的协助无法完成复杂的操作。而对大班可以投放数量较多的未成形材料,鼓励他们运用创造力发挥材料的各种功能进行操作。其次,针对同一年龄班不同能力的幼儿也要呈现操作难度要求不同的材料。如小班的操作区内提供的串珠,孔有大有小,绳子有粗有细、有硬有软,各种能力的幼儿都可以进行选择。材料呈现的层次性,可以很好地兼顾到不同年龄、能力幼儿发展的特殊性,让幼儿选择在自己的"最近发展区"

中得到最大限度的发展,使科学区角的价值最大化。

材料呈现的数量和密度应遵循这样的原则:材料数量应当充足,但密度不宜太大。材料数量充足是保证幼儿能有效进行自主活动的前提,所谓材料数量充足是指,在科学区角中活动的每个幼儿都能有材料操作。材料呈现的密度是区角面积和材料数量的比值,如果单位面积内材料过多,整个区角会显得杂乱,妨碍幼儿进行操作。而且幼儿在操作过程中注意力也会被其他材料分散。所以,在科学区角材料呈现方面的策略是:根据区角面积和可以容纳幼儿的数量来呈现材料,给幼儿留出足够的操作空间;工具类的材料不宜数量过多,可以控制在每两个幼儿共用一套材料。这样做一方面可以节约成本,另一方面可以促进幼儿合作和分享等亲社会行为的发展。

材料的开放性和灵活性是指"材料有多种组合的可能性,能激发幼儿接近材料,能自由地用自己的方式操作、改变、组合它们"[1]。教师要根据幼儿活动的需要随时变化材料呈现,甚至要改变活动场地。这对教师提出了更高的要求,他们首先必须熟悉材料的性质和作用。其次,还需要随时关注幼儿的自主活动,并在适当的时候进行指导和干预。值得指出的是,科学区角活动的规则应融合在环境中。区角活动的规则不是依靠教师反复强调实现的,在科学区角环境中融入规则需要教师的创造力和想象力。融入环境创设的规则包括:人数提示、时间提示、操作提示等。一旦幼儿了解这些潜藏于环境内部的规则,就会体会到自己对环境的控制和成人的信任。在这个过程中,他们更对规则产生认同,以至将规则内化。

 案例

> **案例7-4 人数提示:会说话的小锁**[2]
>
> 区域活动中,杰杰在玩"停车场"的游戏。过了一会儿,他想去喝水,便把"停车场"门口的小椅子围拢,并到"锁店"里取了一把小锁挂在椅子上,放心地离开了……浩浩发现"停车场"还有一个空位子,便走了过去,在门口他看见了椅子上的小锁,便转身离开,过了一会,杰杰回到"停车场",把锁送回"锁店",继续游戏。

---

[1] 刘占兰:《幼儿科学教育》,北京师范大学出版社2000年版,第159页。
[2] 杨赛男:《幼儿园区角活动的规则提示》,新浪网亲子中心2005年5月25日。

3. 科学区角心理环境的创设

安全的心理环境是幼儿进行自主活动的前提。自主活动的本质是幼儿根据自己的兴趣、发展水平选择活动,根据自己的操作进度控制活动进程。在这一过程中,幼儿不屈从于任何外界压力,只遵循自己的兴趣和水平。因此,所谓创设"安全的心理环境"就是将来自幼儿外部环境的种种压力加以消解或转化的过程。通过观察幼儿在区角活动过程中的表现,可以判断心理环境是否安全。

表7-1 安全心理环境的表现

	活动的开始	活动的过程	活动的结果
安全的心理环境	幼儿根据自己的兴趣主动开始活动。	在活动过程中,幼儿注意力集中,不用教师维持区角秩序。	幼儿能坚持自己在操作中验证的结果,不轻易相信权威的结论。
不安全的心理环境	幼儿在教师的要求下被动开始活动。	幼儿注意力常常分散,活动过程中常需要教师维持纪律。	幼儿易受权威暗示,常常怀疑自己结论的正确性。

创设科学区角活动安全的心理环境需要遵循以下几条原则:
(1) 尊重幼儿自主活动的权利

在幼儿园教学实践中常常会看到,教师出于各种原因打断或干扰幼儿活动。

 案例

案例7-5 "我来帮你做"

区角活动结束的时间快到了,西西的磁铁实验还没做完。何老师走过来说:"西西快点收拾东西,我们要去户外活动了!"西西说:"可是我还没写实验报告呢。"何老师说:"你先收拾东西,我来帮你写。"

在图形游戏中,孩子们正在尝试用不同图形组合成新的图形,很多孩子都成功地用两个三角形和一个长方形拼出另一个长方形,可是,小炜却对着图形发呆。刘老师走过来说:"平时不是挺聪明的吗?怎么连这个都做不出来。我来帮你做。"

以上两个例子中,教师出于不同的原因打断了幼儿的活动。对幼儿来说,如果这种情况频繁发生,可能导致幼儿在活动以前就产生如下心理预期:老师会

帮助我完成活动;没有老师帮助我无法完成活动。自主活动的权利包括对活动的自主选择权,但有的教师为维持常规和纪律或为了平衡各区角的幼儿数量,将幼儿强制分配到各个区角中去,这样做的结果是幼儿丧失了自主选择权。

在科学区角活动中,教师应该让幼儿根据自己的兴趣选择活动。如果幼儿对从事什么活动犹豫不定,教师可以提供建议和指导而不应该强迫幼儿进行活动。在幼儿活动过程中,如果一定要打断活动,可以请幼儿在活动中断的地方做标记,以便下次继续活动。在幼儿遇到困难时,教师要启发和引导而不是代替幼儿操作。只要教师真正意识到自主活动对幼儿发展的重要意义,那么在科学区角活动中幼儿就一定能获得成就感和自信心。

(2) 允许幼儿犯错误

从认知心理学角度来看,由于幼儿抽象思维能力有限,而且解决问题的经验积累不足,因此,在面对问题情境时他们很可能缺乏有效解决问题的办法,而更多采用试误的方式解决问题。幼儿成为解决问题的专家需要一个漫长的积累和发展过程。在这一过程中,教师一方面要引导他们使用更有效的问题解决方法,同时也要允许幼儿犯错。只有这样做,幼儿才不至于在成为专家之前丧失尝试的勇气。同时,教师要认识到幼儿所犯的错误正是良好的教育契机。有时即使教师预见到幼儿要犯错误,也不要在幼儿尝试前就制止他们的活动(危险的尝试除外)。

案例

案例7-6 种子烂了①

孩子们都在做种子发芽的实验。一名幼儿怕别人动他的种子,用盖子紧紧盖住。李老师接纳了孩子的做法。不久,他的种子烂了。李老师和幼儿讨论这种结果时说:"小方的实验也挺好,让我们知道种子在什么情况下会烂掉。"

在以上的例子中,李老师没有制止小方的做法,让孩子有犯错的机会,然后抓住这个机会对幼儿进行引导,不仅没有挫伤孩子探究的积极性,还用正面的评价抵消了幼儿可能会出现的消极情绪。幼儿在探究过程中出现错误是十分正常的,绝对不要因为他们的错误而作出类似"你真笨"、"你为什么不按我说的做"、

---

① 陶春辉主编:《爱的诗篇:北京幼儿园特级教师经验专集》,北京师范大学出版社1998年版,第92页(有改动)。

"你以后不会有出息"等负面的评价。如果教师对幼儿的错误抱有正面、积极的态度,幼儿就不会因为害怕犯错而放弃尝试了。

(3) 尊重幼儿的个体差异,了解幼儿行为背后的原因

每个孩子都有自己独特的生活经历和知识背景,面对相同的材料,不同的个体可能会有不同的操作方式,对原因的解释也会千差万别。这就是建构的意义,也是教师要尊重幼儿个体差异的理由。

**案例**

> **案例 7-7 大米能长芽吗?**
>
> 前一天,老师向孩子们介绍了种子发芽的过程,然后请他们在自己生活中找到一种植物的种子,在种植区播种,观察植物的生长过程。第二天,有几个孩子带来了家里吃的大米,要把米种在种植区里。彬彬是跟随父母不久前才来到城市的农村孩子,在和其他孩子相处的过程中显得很自卑。看到同伴要把大米种到地里,他鼓起勇气对他们说:"这样不行,大米不能长芽。"岳老师发现了孩子们的争论,她没有直接参与到讨论中,而是请彬彬说出自己的想法,然后鼓励其他幼儿收集资料请教父母,自己判断食用大米是否能长芽。第二天,与彬彬争论的孩子主动找到他,佩服地对他说:"你知道得真多。"从此以后,彬彬交了很多朋友,性格开朗了很多。

在这个案例中,教师没有作为知识权威出现在幼儿的探究过程中。她巧妙地利用了幼儿个体差异作为教育资源,使得生活背景不同的幼儿在探究活动中相互帮助和学习,不仅使城市的孩子增长了知识和经验,而且使来自农村的孩子获得了大家的尊重和肯定。

三、科学区角活动指导策略

科学区角创设的根本目的是为了让幼儿能更好地活动,幼儿的活动才是科学区角的核心。那么,在以幼儿自主活动为基础的科学区角活动中,教师应扮演什么样的角色? 有效的科学区角指导策略包括什么内容? 这些问题是以下要讨论的内容。

1. 科学区角活动指导中存在的主要问题

由于区角活动与教师们熟悉的高控制、高结构化的正规集体教学差别很大,因此,在具体的科学区角活动的指导中,教师会被许多问题所困扰。科学区角活

动指导中存在的问题是真实而又生动的。

首先,教师对幼儿的活动控制程度过高,幼儿活动兴趣被抑制。

 案例

案例7-8 我一点也不喜欢

有关环境保护的集体活动结束后,教师在环保区设置了不乱扔垃圾、随地吐痰等若干张行为规范的图片,在区域的橱门上贴了两个栏目,一类是保护环境,另一类是破坏环境,老师的意图是让孩子根据图片判断分类。一个小朋友在这个区角活动,只见他垂头丧气,在座位上一点都不高兴,询问后他才说:"是老师让我过来的,但我一点也不喜欢,我想去下棋,可是老师站在那边,我不敢走。"

这个案例在幼儿园教育实践中较为常见,教师作为"环保区"的设计者和指导者显然存在两个基本问题:一是"环保区"的材料呈现只是把说教改变了形式,即使幼儿能够正确地将图片分类,也不能判断他已经形成了环境保护的意识。教师呈现的材料从本质上来说并不能在幼儿操作中体现出有意义的联系。二是教师将科学区角活动作为"科学课"的延伸,在幼儿开始区角活动之前,就规定了活动时间内要达到的目标、每个幼儿要进行的活动、幼儿活动的地点、幼儿活动的合作者。最终使科学区角活动成为正规教学的附属或正规教学的一个环节,这样很难发挥科学区角活动真正的教育价值。

其次,教师对区角活动不加控制,使幼儿活动无法深入进行。

 案例

案例7-9 我 不 会 玩

中一班新建了"益智区",教师呈现了许多材料,其中有旅游棋、趣味拼图等。开始,孩子们都很感兴趣,常常把"益智区"围得水泄不通。过了一段时间,益智区开始门庭冷落,各种材料上积满了灰尘。老师问一个小朋友原因,他说:"那里面有好多东西我不会玩。"

和前一个案例相反,在这个例子中,教师对"益智区"是不控制的。第一,

她没有为"益智区"提供规则,由于每个益智游戏对参与者的数量都有限制,所以该区角中教师应该对进入区角的人数有所限制。另外,还应控制幼儿游戏的次数,使每个幼儿都有机会进入"益智区"进行活动。第二,教师没有对有些复杂的游戏规则进行形象的说明,这种说明既可以是集体讲解,也可以将游戏规则用图形直观地呈现在区角中。最重要的是在案例7-9中,教师没有对幼儿的区角活动进行及时的监控,当区角完全被幼儿冷落后,教师才试图寻找原因。

最后,教师将区角视为彼此孤立的活动区域,对幼儿的跨区角活动横加干涉。

案例

> **案例7-10 下次在自然角里活动再看**
>
> 区角活动时间,小秋和芳芳在美工区进行"树叶贴画"。忽然,小秋说:"这是杨树叶吧!"芳芳说:"我拿的是柳树叶,可是这个小小的树叶是什么呢?"小秋说:"这是榆树的叶子,你如果不相信可以到自然角把叶子标本拿来看看,上星期徐老师才和我们一起做的。"芳芳马上去自然角拿叶子标本,在自然角指导活动的吴老师对芳芳说:"你就好好去贴叶子吧,跑来跑去干什么?"芳芳委屈地说:"我们想看看自己贴的是什么树的叶子。"吴老师说:"有什么好看的,下次在自然角里活动再看,快回去。"

教师常常在分科课程的思维定势影响下,将不同的区角活动视为彼此孤立的区域,实际上,对于区角的划分更多是由于材料呈现种类的考虑,而非对幼儿活动性质的划分。因此,不同的区角可以对幼儿的各种活动提供资源和材料支持。例如,幼儿的科学探究活动可以依托艺术区、积木区、表演区、沙水区等不同的区角实现。同样,其他活动也可以依托自然角、科学发现室进行。无论幼儿在从事什么样的活动,他们面对的真实生活情景是没有学科界限的。这一点在区角活动中体现得极为突出,幼儿在任何活动中生成新问题就是教育的最佳机会。教师如果对这些机会视而不见,不仅会使幼儿无法习得相应的知识,更重要的是会让幼儿探索的积极性受到挫伤。

2. 科学区角活动的指导策略

以上是对科学区角活动中存在的问题在宏观层面进行梳理,但在幼儿园实际的教学活动中,以上问题还包括许多具体操作上的难题。在区角活动的指导方面,教师最为困惑的就是如下问题:区角活动该不该指导?指导到什么程度?依据什么对幼儿活动进行指导?

(1) 科学区角活动的控制

毫无疑问,科学区角的确需要管理,但这种管理是间接和暗示性的。在对科学区角活动的管理中教师遇到的问题是,纪律和幼儿自主活动如何协调。

纪律和幼儿自主活动并不矛盾。以往幼儿园强调的纪律是外在于幼儿活动的,它们是控制幼儿行为和正常教学秩序的保障。幼儿园强调纪律的目的一方面是为了管理,另一方面是让幼儿形成良好的常规,使纪律内化。在区角活动过程中,教师的控制性减弱,有的教师会产生这样的疑问:让幼儿自主活动,纪律如何保障?蒙台梭利很好地回答了这个问题,她认为:"当一个人是自己的主人,在需要遵从某些生活准则的时候,他能节制自己的行为,我们就可称他是守纪律的人。"[1]"所有的孩子在一个房间里忙来忙去地进行有益的、运用智力的、直觉的活动,而没有粗野的举动。我认为这样的房间才是一个真正有良好纪律的教室。"[2]所以,纪律不仅是一套外部的行为规范,它也是个体对其行为进行控制的内部力量。在区角活动中,只要幼儿从环境中获得约束并从事自己真正感兴趣的活动,混乱是不大可能发生的。要在区角活动中建立良好的秩序,必须创设有准备的环境,允许幼儿根据自己的兴趣活动。

(2) 幼儿的建构和教师指导如何兼顾

幼儿自主活动的基础是幼儿在有意义的环境中、在合理指导下对认知结构的建构。对于如何才能很好地把握教师指导程度这个问题,需要从理论高度给予回答。教师在幼儿建构过程中有两个重要作用:确定最近发展区和提供先行组织者。

维果茨基的"最近发展区"理论为教师指导幼儿的限度作了精辟解释。"最近发展区"是指幼儿在成人帮助下能达到的认知或操作水平。幼儿已有水平和能达到的潜在水平之间的区域就是最近发展区。这个理论对科学区角活动指导的意义在于:首先,科学区角的意义在于提供对幼儿有挑战性的任务,否则,幼儿的自主活动可能将是不断地重复练习。其次,教师要为每一个幼儿提供不同水平的指导。幼儿的能力和已有发展水平千差万别,因此,他们的最近发展区处于不同区域。没有个性化的指导,幼儿自主活动的意义有限。最后,教师要在幼儿现有水平上提供支架式的帮助,而不是代替幼儿进行操作之后让幼儿简单模仿。

"先行组织者"是奥苏伯尔提出的关于概念学习的著名理念。该理论认为:

---

[1] [意]蒙台梭利著,任代文主译校:《蒙台梭利幼儿教育科学方法》,人民教育出版社1993年版,第112页。

[2] 同上书,第117页。

"应该在儿童现有的表达世界能力的基础上,选择学习和学习材料,教育应该使儿童从现有水平向前发展。"①这个理论对科学区角活动的重要启示在于:首先,在区角活动开始之前,教师必须对幼儿的认知发展水平有充分认识,在材料呈现时就体现出层次性。其次,在幼儿开始自主活动前提供先行组织者,使教师提供的学习材料和操作任务与幼儿现有的认知结构有机结合。

 案例

案例 7-11 海豚不是鱼

在图书角看书的希希突然和小东吵了起来,贾老师走过来了解情况才知道,希希在书里看到一只海豚,小东说:"希希,你知道吗?海豚不是鱼。"希希说:"你胡说,不是鱼能在海里游吗?"两个人因此吵了起来。贾老师没有直接澄清这个疑问,而是请希希和小东看了一段介绍海洋哺乳动物的影片。看完后,希希感叹道:"原来在海里游的不一定都是鱼,用肺呼吸、用乳汁喂养孩子的动物不是鱼啊。"小东也说:"原来鲸鱼也不是鱼。"

在以上例子中可以看到,由于幼儿倾向于从外表特征对动物进行分类,所以他们的概念结构中常常存在错误。贾老师没有直接给两个孩子灌输知识性结论,即"海豚不是鱼",而是通过影片让幼儿认识到划分鱼类和哺乳类动物的标志不在于外表特征。这使得幼儿将海豚和他们平时所见的哺乳动物——猫和狗在概念层面上划归为一类。这种经验使他们有效地通过同化或顺应的途径改变了自己原有的认知结构。

 案例

案例 7-12 灯泡亮了

实验角中投放了几节电池、电线和灯泡,小文正在反复实验怎样才能让灯泡亮起来。王老师看到小文将电池正负两极放反了,却找不到问题在哪

---

① 〔美〕贾珀尔·L·鲁普纳林、詹姆斯·E·约翰逊主编,黄瑾、裴小倩、柳倩等译:《学前教育课程(第三版)》,华东师范大学出版社 2005 年版,第 383 页。

里。五分钟后,王老师决定进行指导,她对小文说:"你看老师怎么做,你就跟着做。"小文模仿王老师的做法,果然,灯泡亮了。

米伊雯在科学实验角对电池和灯泡操作五分钟了,但始终没有让灯泡亮起来。就在她要放弃的时候,高老师走过去说:"我能帮你做点什么?"米伊雯抬头看着她,高老师试探性地问:"你是想把两节电池接起来吗?"米伊雯点点头说:"高老师帮我扶着电池好吗?"高老师爽快地答应了,米伊雯将电池和灯泡用电线连起来,可是灯泡没亮,她又动了动电线,还是没有反应。最后,她歪着头仔细想了想,把其中一节电池的正负极倒了个,灯泡终于亮了。米伊雯高兴地拍起手来。高老师问她:"刚开始灯泡为什么不亮呢?"米伊雯说:"噢,电池放反了,两个小头对到一起就不亮了。"[1]

从以上的例子中可以明显看到两位老师对幼儿探究活动的不同指导策略。在幼儿自主探究的过程中,知识和技能的获取并不是最重要的目的。在教师的帮助下,幼儿能获得解决问题的策略才是最重要的认知发展目标。以上两种指导策略的优劣就显而易见了。

幼儿的建构和教师指导这一主题还可以衍生出很多具体问题,但只要能准确把握幼儿心理发展水平,正确认识幼儿认知发展过程,理解幼儿学习的特点,这些问题在活动指导中就不是不可逾越的障碍。

(3) 整合的区角活动

区角划分的基础是区角中材料呈现的种类,在材料呈现的基础上不同区角可能存在某些特殊的教育价值,但这绝对不是区角的全部教育功能。对区角的划分不是对幼儿活动的限制,而是利用某个区角的环境来鼓励幼儿自发活动,这种活动实质上并没有类别之分。例如,在积木区幼儿同样可以通过观察在不同材质积木的表面小球滚动的速度和距离,或者利用小推车让幼儿在活动区中运送不同重量的积木,使幼儿体会到重量和拉力之间的关系。这样的例子很多,只要教师在活动指导过程中深刻了解材料的性质和内部关系,就一定能让各区角发挥最大的教育价值。

第二节 生活中的科学教育

在我国幼儿园教育实践中,一日生活中的科学教育长期没有得到应有的重

---

[1] 刘占兰、沈心燕主编:《让幼儿在主动探索中学习科学——经历发现过程,体验科学真谛》,北京师范大学出版社2001年版,第133页。

视。在教育者的视野中,正规教学活动是进行科学教育的最佳时机,区角活动中的科学教育是补充和辅助,而一日生活中其他环节的科学教育则是可有可无的。生活中的科学教育到底有着怎样的意义,如何生成这些教育机会是这一节主要探讨的课题。

一、生活中的科学教育概述

杜威认为"教育即生活",他认为存在两种教育,一种是为青少年专门准备的教育,另一种是非正规教育,即与他人共同生活而获得的教育。如果追溯教育的远古形态,可以看到所有教育均源自生活。随着近现代教学环节、教学原则和课程设计方法的出现,教育者的目光逐渐转移到目标可见、教学过程清晰、教学方法具体可行、教学评价具体清晰的正规学校教学中。而那种蕴藏在生活中的教育则被慢慢淡忘,这或许是因为它们并不符合教育教学科学化的潮流。其实,生活中的教育并不是新鲜出炉的新型教育理念,而是对教育的重新挖掘,对历史的重新理解。

1. 生活中的科学教育的含义和特点

生活中的科学教育有许多不同的称谓,如偶发性教育活动、随机教育活动等。偶发性教育活动是指在幼儿周围世界中,突然发生的某一自然科学现象、自然物或有趣、奇特的科技产品和情景,激起幼儿的好奇,导致幼儿自发投入的一种科学探究活动。[①] 所谓随机教育,就是指在教师教育计划之外的、随客观提供的教育情景而临时进行的教育。以上定义虽然表述不同,但传达同一种意义,即生活中的科学教育活动是以幼儿生活为基础,随着生活情景变化随机组织的一种科学教育形式。生活中的科学教育的特点十分突出,主要表现在三个方面:

第一,形式和内容多样,生活中的科学教育与集体教育和区角活动最大的不同在于教育主体、客体和教育方式的不确定性。这种教育活动可以发生于教师和幼儿之间、幼儿之间或者幼儿和环境之间。其教育方式多种多样,可以通过生成课程将偶发的教育活动设计为集体教学,也可以渗透在幼儿游戏的过程中,还可以通过幼儿间同伴交往的方式进行。由于幼儿探索活动的广泛性,生活中的科学教育内容也是广泛而多样的,可能涉及动植物、地理、天文、气象等领域。

第二,这种教育不是基于教师事先的准备,即教师在教育产生时是被动的,这一点不同于区角活动。许多教育过程的发生甚至没有被教师意识到,更谈不到有意识、有计划了。生活中的科学教育活动完全以幼儿兴趣为中心,因

[①] 王志明、张慧和主编:《幼儿园课程实施指导丛书——科学》,南京师范大学出版社1997年版,第201页。

为这完全是一种幼儿主动的教育活动。所以如果没有幼儿的兴趣,教育就不可能存在。

第三,教育的结果不可预测。与集体教育活动和区角活动不同,生活中的科学教育结果不一定都能对幼儿产生积极影响。如果没有教师的指导,成人的错误观点、人在特殊情况下对自然产生的错觉很可能成为生活中的科学教育的结果被幼儿习得。由于幼儿认知发展的局限,他们往往将一些非科学的观念组织到自己的认知结构中去。

2. 生活中的科学教育的价值

由于自身特点突出,生活中的科学教育具有独特的价值:

首先,生活中的科学教育产生于幼儿的内部动机。生活中的科学教育活动存在的基础是幼儿的兴趣。在这种教育中不存在既定教育目标与幼儿兴趣的矛盾,也没有知识结构和幼儿心理结构的冲突。对学前儿童来说,这是一种极具主动性和兴趣性的活动,他们往往对这一类活动印象特别深刻。如果教师能适当地加以引导,幼儿的探究欲、好奇心、自信心都能得到很好的发展。

其次,生活中的科学教育是一种整合教育。生活是没有科目之分的,人们在知识体系积累过程中,依据不同知识领域探究的不同方法论和不同逻辑体系将学习科目和研究对象分为不同的学科。但实际生活是没有科目之分的,幼儿眼中的世界是自然统一的,因此,他们对世界产生的兴趣也是没有科目之分的。正是这种特性,使得生活中的科学教育天然具有正规教育活动努力追求的整合性。目前课程整合是幼儿园教学和课程领域的热点课题,生活中的教育能为正规课程整合提供良好范例。

再次,生活中的科学教育是一种极具个性化的教育方式。在这种灵活的教育中,由于幼儿的兴趣、发展水平受到尊重,它能使由于种种原因在集体教学中处于不利地位的幼儿得到更多的发展机会。在正规教育的统一目标要求下,幼儿表现出的认知水平、操作能力都有既定评价标准来衡量。从某一个角度来看,无论这些标准如何修订,它们总是或多或少地带有文化、种族、阶层的偏见。但生活中的科学教育源自幼儿个体的兴趣和活动,并没有既定的标准对这些活动进行评价。因此,每个幼儿的经验都是宝贵的、值得尊重的。如果教师能沿着每个幼儿的兴趣和活动进行引导和教育,幼儿实际上就获得了一种不带偏见的教育。

二、生活中的科学教育的主要形式

生活中的科学教育形式非常多样,也不存在既定的分类。但为了表述方便,可以按活动的性质大致将其分为两类:有环境创设和材料提供的科学教育;没有任何既定环境和材料支持的科学教育。前者又可以分为种植和饲养、散步和采集;后者特指一日生活中其他的偶发性科学活动。

1. 种植和饲养

种植和饲养是指"通过幼儿使用简单的工具,多次、反复地劳动,不断作用于某一植物或动物,在与它们的频繁接触中,连续地、较持久地观察和探索生命科学的奥秘"①。种植和饲养活动的前提是幼儿园提供场地和动植物。其形式十分多样,幼儿园可能有全园共同的大型种植区域或饲养区。在这些区域中可以种植或养殖较大的植物和动物,以拓展幼儿眼界,激发他们的探究欲望。如果物质条件允许,每个班级也会建立种植角和饲养角,以便幼儿能时刻观察动植物的发展变化。

种植和饲养活动能够为幼儿提供观察动植物生长变化的机会,特别对城市的幼儿来说,在种植和饲养活动中获得的经验十分难得。在动植物生长过程中,幼儿不仅能够直观地习得生物学的简单概念,领会人与自然间的微妙联系,也能培养观察能力、问题解决能力。最重要的是,在这个过程中幼儿能产生对动植物的积极情感,表现出爱护动物和植物的行为。

种植和饲养活动过程中,由于幼儿缺乏相关知识经验,常会产生认识上的偏差和操作上的失误,教师应该充分了解幼儿行为背后的动机,允许他们犯错误,切忌不问缘由地斥责幼儿。

案例

案例7-13 开 水 浇 花②

孩子们正在给花浇水,一个小朋友跑过来对我说:"老师,张烁腾用饮水桶里的开水浇花呢!"我忙走过去,果然看到他杯子里的水还冒热气呢。我问他:"你为什么用饮水桶里的开水浇花呢?"他回答说:"老师,您不是不让小朋友喝生水吗?我也不想让菊花喝生水,那样不讲卫生。"

在幼儿出现认知或操作错误时,教师可以通过两种方式让幼儿认识到错误:一种是说理的形式,另外一种是科学实验的方法。在以上例子中,教师可以直接告诉幼儿结论,即开水不能浇花,也可以选择情况相似的两盆花分别用开水和自来水浇灌,看结果如何。一般而言,后一种方法更能培养幼儿的科学思维,使他

---

① 王志明、张慧和主编:《幼儿园课程实施指导丛书——科学》,南京师范大学出版社1997年版,第212页。

② 刘占兰、沈心燕主编:《让幼儿在主动探索中学习科学——经历发现过程,体验科学真谛》,北京师范大学出版社2001年版,第16页。

们了解科学实验方法。同时,在实验过程中,幼儿习得的经验也非常难忘。但要特别注意的是,学前阶段的幼儿价值观和道德判断远未形成,教师要严格把握科学实验的伦理性原则。毕竟对幼儿来说,科学知识的习得和科学方法的掌握与对动植物积极情感的培养相比只处于次要位置。

图7-6 动植物的养殖能引发幼儿对自然的探究
兴趣,也能培养幼儿的责任心

所有生物的发展规律必然是由生到死,但在多数文化背景中,对"死亡"存在禁忌。中国传统文化亦是如此,可能正是出于这个原因,在幼儿园教学实践中,教师对"死亡"常常持回避态度。一些教师为了避免动物死亡引起幼儿的负面情绪,会悄悄处理掉动物尸体,用其他活动转移幼儿对死去动物的注意力。在科学教育过程中,教师应该允许幼儿对死去的动植物表达悲伤情绪,同时引导幼儿认识到死亡作为生物发展规律的一部分是十分正常的现象,分析动植物死亡的原因,帮助幼儿总结经验,更好地进行以后的饲养和种植活动。

2. 散步和采集

与种植和饲养相比,散步和采集的随意性更大,教师只是提供给幼儿活动的时间和空间,允许幼儿在自然环境中自由活动。幼儿在这一过程中可能发生多种活动,如同伴交往、游戏、科学探究等。散步和采集是幼儿非常喜欢的活动,幼儿和自然具有天然的联系,对生活在城市中的孩子来说,这种经验更是难能可贵。

在散步的过程中,教师一方面要给幼儿活动的自由,允许他们和自己喜欢的同伴从事感兴趣的活动;另一方面也要对他们的探究活动给予一定程度的指导。在进行活动之前,教师要确定散步的路径和地点,如果在散步时环境中不存在安全隐患,教师完全可以放慢节奏,让幼儿有机会在散步过程中随时进行探究活动。在散步时,不必硬性规定太多纪律要求,只要保障幼儿基本安全,可以允许幼儿相互交谈和指导。教师也可以让幼儿带简单的探究和采集工具,在散步过程中采集自己喜爱的自然材料。对于某些幼儿没有注意到的现象,教师可以主动提出请幼儿进行探索,并以此为契机进行引导。在散步结束后,可以就幼儿在散步过程中的发现展开讨论,生成各种活动。

案例

案例7-14 人行道上的生态学①

年龄:3—8岁

目的:观察人行道环境中的生物。

带儿童到户外,问儿童他们在人行道上都看到了什么?他们可能会看到草和其他植物生长在人行道的裂缝里。问儿童:植物为什么会这样生长,这样生长都说明了什么,比如说明植物是如何生长的以及植物生长需要什么。他们还会看到蚂蚁。让儿童仔细观察蚂蚁。问儿童:是不是所有的蚂蚁都走同样的路?蚂蚁们是怎么知道要走哪条路的?是不是每只蚂蚁都要搬东西?搬什么东西?搬到哪里去?用什么搬东西?有没有蚂蚁们互相帮助搬东西的?为什么搬东西时会不止需要一只蚂蚁?附近有没有蚂蚁洞?蚂蚁是怎样进出蚂蚁洞的?(如果你有蚂蚁饲养场的话,可以把这些经验联系起来。)

观察儿童关注的其他昆虫和生物时,可以问类似的问题。

儿童能不能看到人行道的边沿?如果能,可以让他们看看人行道是由什么组成的?有没有证据表明人行道附近有侵蚀现象?如果有,那就问儿童是什么引起侵蚀的?

回到班级,让儿童看有侵蚀现象的生物图片,供他们探索。

安全提示:不要让儿童碰任何一种昆虫或者离这些昆虫很近,以免它们爬到儿童的身上。儿童可能会对昆虫过敏,尤其是很多火红蚁(fire ants)还会咬人。同样还要注意蜜蜂、黄蜂以及大黄蜂。如果你要观察这些昆虫,最好是安静地把幼儿分散到不同的地区。另外,千万不要让儿童碰一些不熟悉的植物,因为很多植物可能是有毒的,儿童可能还会对一些植物过敏。

---

① [美]大卫·杰纳·马丁著,杨彩霞等译:《建构儿童的科学——探究过程导向的科学教育》,北京师范大学出版社2006年版,第302页。

 **案例**

案例7-15　学校操场上的生态学①

年龄：3—8岁

目的：观察学校操场上的植物和动物。

可以带儿童到操场上多走几次。让他们仔细观察植物、树木、昆虫以及其他动物。

他们看到了哪些种类的植物？这些植物能不能开花？在阳光充足的地方看到的植物多还是在全部或部分被遮挡的地方看到的植物多？在阳光充足处的植物与遮挡处的植物一样吗？所有植物都是绿色的吗？还是有些植物像蘑菇一样是灰色或白色的？

那儿有多少种树？这些树有多高？大树干有多宽？儿童能不能用双手把大树干围起来？或者他们能不能像抱住树一样，用双臂围住大树干？或者也可以说需要一个以上的儿童才能完全把大树干抱住？大树的树皮像什么？尝试用铅笔和一张纸来制作树皮橡皮擦。

寻找昆虫。儿童都看到了哪些种类的昆虫？有没有昆虫伪装？昆虫是如何移动的？它们能走、能爬还是能飞呢？从哪些迹象可以判断它们吃什么东西？

寻找另一些动物（如松鼠、花栗鼠等其他动物）的踪迹。它们住在哪里？你是怎么知道的？

寻找鸟类。儿童都看到了哪些种类的鸟？它们能飞多高？这些鸟会发出怎样的叫声？

安全提示：教师自己先走一遍，以确保操场上没有有毒的常春藤或橡树，并且确保不会出现一些危险的动物，比如蛇、蚊子以及黄蜂等。告诉儿童，他们必须小组一起行动，这样每个人都能看到其他人都发现了什么。

回到班级之后，让儿童看一些图解书，在书上找到他们在路上观察到的动植物图片。

在儿童在校的一年中，要带他们多走几次。每次都让他们说说和上次比有什么变化以及变化的原因。

---

① ［美］大卫·杰纳·马丁著，杨彩霞等译：《建构儿童的科学——探究过程导向的科学教育》，北京师范大学出版社2006年版，第303页。

3. 偶发性科学活动

除了种植和饲养、散步和采集中的科学活动,在幼儿园一日生活的各个环节还存在许多科学活动,可以把它们统称为"偶发性科学活动"。偶发性科学活动的产生完全以幼儿生活情景为转移,以幼儿兴趣为基础,具有突发性、兴趣性、个性化等多种特点。由于以上这些特征,偶发性科学活动可以作为幼儿园生成课程的基础。

(1) 偶发性活动作为生成课程的契机

生成课程是指在师生互动中教师根据对幼儿的需要、兴趣的观察及所作的价值判断不断生成课程活动、不断调整课程计划,以及师生共同建构课程的过程。① 在幼儿园课程改革的大背景下,生成课程与预设课程的统一成为新的教育热点。而在生成课程中,幼儿的兴趣点应该如何把握、生成课程的良好契机在哪里,这些问题都是困扰教师的问题。其实,在一日生活中的各个环节,许多偶发性的科学活动都能够成为生成课程的良好契机。

但是,当偶发性科学活动与常规或正规发生冲突时,教师首先会维护常规,抑制幼儿活动。

案例

案例 7-16 树叶变红了

白老师带着中班的孩子们来到种植区旁边的活动场地进行体育活动,孩子们刚到活动区就望着种植区中的一棵枫树大声感叹起来,袁媛跑来对白老师说:"白老师,那棵树的叶子变红了。"所有的孩子都对枫树产生了兴趣,忘记了要进行体育活动。看到这种情况,白老师使劲吹了一下哨子,让所有幼儿站好队,开始体育活动。在活动时,还有幼儿偷偷看那棵红色的枫树,白老师对孩子们说:"如果还有不听话的小朋友我就不许他参加游戏。"很快,孩子们的注意力都回到了白老师组织的活动中。

在白老师的眼中,在既定时间内完成既定的教学目标是教学的最终目的。如果在这个过程中,发生任何阻碍她达成目标的事情,教师的职责就是要排除干扰,继续进行教学。如果白老师能摆脱这种线性思维过程,意识到幼儿对树叶的兴趣可以转化为体育教学的重要资源,甚至可以由此生成一系列活动,那么,在

---

① 王春燕:《对幼儿园课程预设与生成统一的思考》,《早期教育》2004年第8期。

以上例子中的偶发性活动就可以成为动力,而非阻碍了。

如果幼儿的偶发性科学活动超出教师的知识能力范畴,教师很少能有效地引导幼儿生成课程。

 案例

案例7-17 电话原理

在"自制电话"活动中,子豪突然问李老师:"我给住在广州的外婆打电话声音能传那么远,那我也给李老师装一个电话,让电话线从李老师家通到我们家,我就可以回家和李老师说话了。"李老师明白,幼儿的自制电话只是利用简单的声波传递以达到近距离传递声音的目的,但真的电话怎样将声音信号转换为电信号自己还真不清楚。李老师只好对子豪说:"好啊,等子豪长大了我们一定装一部这样的电话,你先把自制电话做完吧!"

在以上例子中,教师本来可以根据幼儿的建议将课程从单纯的手工制作生成为科学探索活动,但由于教师准备不足失去了这个教育机会,更重要的是,在很长一段时间里,子豪会以为教师认同自己的观点而坚持关于电话的错误观念。为了克服以上种种问题,教师在以幼儿偶发性活动为基础生成课程时应该注意以下几点:

第一,在一日生活的各个环节观察幼儿。偶发性活动随时都可能出现,如在吃饭时,有儿童挑食,教师可以生成以食物味道和营养为中心的课程;在户外活动时,有幼儿从地下挖出奇怪的瓦片,教师可以生成以探索幼儿园历史和地理变迁为中心的课程;在洗手时,有的幼儿常常忘关水龙头,教师可以生成以水资源或水循环为中心的课程等。可以说,幼儿生活中的许多偶发性活动都蕴含教育价值,因此,在一日生活的各个环节观察幼儿是生成课程的基础。

第二,尊重幼儿的兴趣。在幼儿的偶发性活动给教师的正常教学带来"干扰"的时候,教师不要将幼儿的动机简单归因为对纪律故意的破坏。幼儿心理发展水平决定了他们的注意力很容易被突发事件分散,在自己感兴趣的事发生后,幼儿也很难将注意力迅速集中到之前所做的事上。实际上,在没有特殊原因的情况下,幼儿很少会故意破坏已经形成的常规。例如,正在进行语言活动时,从活动室的窗户外飞进一只蝴蝶,有个孩子指着蝴蝶大叫一声,整个课堂教学秩序被打乱。如果教师能充分尊重幼儿的兴趣,理解幼儿行为的原因,就不会产生很大的负性情绪,从而对那个高声喊叫的幼儿进行斥责。在对幼儿偶发

性活动产生不良归因时,教师很少能够对幼儿的活动给予支持,也很难对偶发性活动的教育价值作出客观、理性的判断,当然就更谈不到利用偶发性活动生成课程了。

对超出自己知识能力范围的问题不要回避,教师应该作为幼儿探索活动的合作者,和幼儿共同学习、进步。教师如果将自己视为知识权威,那么当幼儿提出自己无法解释的问题时,教师会感觉很尴尬,同时也想回避问题,甚至编造问题答案来维护自己权威的形象,这种做法的危害不言而喻。教师在遇到类似问题时,首先,应对幼儿提出问题的勇气表示鼓励,同时要勇于承认自己对问题也缺乏理解。其次,为幼儿指出探究问题的途径,包括查阅资料的方法、科学试验的方法等。最后,和幼儿一起在收集资料的基础上探索问题的答案。教师和幼儿共同探索问题的过程其实就是生成课程的过程。

以幼儿偶发性活动为基础生成课程的策略和方法有很多,在幼儿园教学实践中,教师应该充分认识幼儿偶发性活动中存在的教育价值,以幼儿兴趣为基础,以幼儿心理逻辑为组织生成课程体系,将幼儿兴趣、幼儿园教育目标、幼儿心理发展水平融为一体。这样做才能改变目前幼儿园生成课程中存在的典型问题:一方面教师苦于没有生成课程的契机,另一方面幼儿的偶发性活动被忽视,大量教育机会流失。

(2)偶发性科学教育活动的指导

偶发性科学活动如果能够得到有效的引导可能会发挥更大的教育价值。教师在发掘和指导幼儿的偶发性活动过程中需要遵循以下一些原则:

第一,帮助幼儿明确偶发性科学活动中的问题。由于幼儿抽象思维能力有限,他们可能对生活过程中的某一现象或情景感到好奇,但通常并不能明确意识到生活情景中蕴含的问题,教师的指导在这一方面有重要作用。

 **案例**

案例7-18 树叶哪去了

晖晖在户外活动时问老师:"树叶落下来以后去哪了?是不是扫地的阿姨把它们扫没了。"于老师启发晖晖:"那野外的树叶去哪里了?"晖晖歪着头半天没有说话,于老师便给晖晖讲了一个"大树妈妈的故事",将树叶从发芽到落叶变成腐殖土的科学事实告诉了晖晖,还让他在家里用家养的落叶植物做实验,看看树叶到底去哪了。

在以上例子中,晖晖刚开始并没有明确意识到自己将要对什么问题进行探索。如果教师没能及时启发晖晖,并进行引导,幼儿的偶发性科学活动将很快消失。

第二,帮助幼儿积累解决问题的办法。在偶发性科学活动中,教师的作用主要在于启发幼儿,逐步习得问题解决的策略。和正规教学活动不同,在偶发性科学活动中,教师可以为幼儿解决问题提供建议,但活动本身并不需要教师过多介入。

 **案例**

> **案例7-19 熊猫小时候是什么样的**
>
> 在参观动物园的过程中,颜颜的话引起了几个孩子的兴趣,她说:"熊猫这么可爱,你们谁知道熊猫小时候是什么样的?"张老师注意到了孩子们的对话,她说:"这个问题很有趣,你们可以自己去弄清楚。"颜颜说:"那我们怎么办呢?"张老师说:"你们可以找饲养员叔叔问一问,也可以自己查资料。"由于当天没有找到饲养员,孩子们回家后自己通过各种途径查到了熊猫的生长过程,并在幼儿园展开了讨论。

解决问题的途径不止一条,学前儿童科学教育的重要目的之一就是帮助幼儿掌握解决问题的办法。在以上例子中,教师为幼儿指出了两种解决问题的办法,当一个方法遇到阻碍时,鼓励幼儿通过别的途径解决问题。但在这一过程中,幼儿是活动的发起者、参与者,教师除了给幼儿指出解决问题的办法外,并没有过多干涉幼儿活动。

第三,坚持个别化原则。偶发性科学活动具有很强的个别性,对于一个问题,有些孩子可能已经有所了解,而另一些孩子还十分陌生和好奇。教师要充分尊重幼儿的个体特点,对多数幼儿都不理解而且有教育价值的问题可以生成针对全班幼儿的集体教学活动。对于一些个别幼儿的特殊问题要给予个别指导。因此,偶发性科学活动的指导可以通过集体活动、小组活动或个别指导等多种方式进行。

第四,充分利用社区和家长资源。偶发性科学活动内容十分广泛,仅凭幼儿园教育资源可能很难满足幼儿需要,教师要调动社区和家长资源为幼儿的活动提供更多可能性。

案例

> **案例7-20 牙齿中的虫子**
>
> 玛丽长了虫牙,回到幼儿园后,玛丽的朋友们问她:"你的牙齿怎么了。"玛丽说:"我的牙里长了虫。"金泽说:"我妈妈说,牙里的是细菌不是虫子。"玛丽问"那有什么区别呢?"金泽也回答不出来。岳老师听到孩子们的对话,对他们说:"金泽的妈妈是牙医,我们请她给我们讲一讲牙齿里的究竟是虫子还是细菌。"金泽的妈妈来到幼儿园后,给幼儿上了一堂生动的牙齿保健课。

第三节 家庭与社区中的科学教育

布朗芬布伦纳的生态系统理论认为"发展个体嵌套于相互影响的一系列环境系统之中。在这些系统中,系统与个体相互作用并影响着个体发展"[①]。个体交往和活动的直接环境就是位于生态系统最里层的"微系统",对婴儿来说,微系统仅指家庭。然而随着幼儿活动能力的提高和活动范围的扩大,这个系统变得越来越复杂,包括幼儿园、托儿所、同伴群体等。在学前阶段,幼儿园、家庭、社区构成了学前儿童的微系统,而幼儿与家庭、幼儿园、社区的互动或微系统之间的互动恰恰构成了生态系统理论中的中间系统。这一过程存在诸多复杂的联系,正是在不断的相互作用中,幼儿的身心逐渐发展。因此,在学前儿童科学教育过程中,家庭、社区对幼儿的影响不容忽视,而且幼儿园、家庭和社区在学前儿童科学教育方面的合作也是教育的重要环节。

一、家庭中的科学教育

从出生开始,幼儿一直在家庭的保护下成长,他们一系列的学习活动也是在家里展开的。父母作为幼儿的第一任老师,承担着养育和教育孩子的双重任务。虽然幼儿在进入幼儿园之后接受了更为系统的教育教学,但此时家庭在幼儿教育中仍然发挥着重要作用。可以说,家庭教育是学前教育的重要环节,这也是学

---

① [美] David R. Shaffer 著,邹泓等译:《发展心理学——儿童与青少年(第六版)》,中国轻工业出版社2005年版,第61页。

前教育不能等同于幼儿园教育的重要原因。

1. 家庭中的科学教育概述

顾名思义，家庭中的科学教育就是指在家庭环境中进行的学前儿童科学教育。这种教育不同于幼儿园有计划、有组织的教学，它是一种情景化、生活化很强的教育形式。父母不同于专业教师，他们对幼儿的教育潜藏在点点滴滴的生活过程中。家庭中的科学教育具有幼儿园科学教育所没有的价值，但同时，这种教育也存在大量误区和问题，需要得到正确的引导才能发挥真正的作用。

在家庭环境中进行的科学教育具有幼儿园科学教育所不具有的价值。首先，家庭中的科学教育更加生活化，幼儿的学习方式具有情景化、生活化的特点。早在幼儿入园之前，家庭中的生活经验就已经成为他们进行科学学习的重要来源。四季的变迁、动植物的生长等知识都蕴含在生活过程之中，幼儿对生活环境的积极探究构成了他们早期的科学学习经验。其次，家庭中的科学教育是以亲子关系为基础的。在父母的保护下自己熟悉的情景中展开探究活动对年龄较小的孩子来说更安全，此时父母对幼儿活动的支持对他们是最好的鼓励。再次，在家庭中进行科学教育是实施个性化教育的良好契机。在大班额情况下，教师最头痛的问题就是无法因材施教。由于无法精确地把握每个儿童的兴趣和发展水平，幼儿园组织的集体教学很难做到促进每个幼儿最大限度的发展。在家庭中，父母是最了解幼儿兴趣和发展能力的人。针对幼儿的特点，家庭中的科学教育是延伸幼儿园科学教育或补偿幼儿园科学教育不足的最佳方式。

家长在幼儿科学教育中的作用可以简单概括为：鼓励幼儿的发现；提供调查和解决问题的示范；在幼儿发现活动之前不要急于回答和解决有关问题；乐于和幼儿一起进行科学活动；自由地与幼儿教师交流，提出问题，并在必要时寻求更多信息；倾听幼儿并为幼儿提供信息，要时刻记住，对任何一个参与者来说，都应允许他犯错误或者说"我不知道"；愿意分享家庭中现有的资源，如动物、植物、土壤标本，并将其用于发现活动。①

对于一位专业的学前教育工作者来说，以上的要求不过是工作中的基本要求而已。但对于一位工作繁忙、认为幼儿常常成事不足败事有余的家长来说，这些要求不仅很难做到，甚至也很难理解。他们首先要建立以下一些信念，才可能对幼儿在家庭中的科学活动进行有效指导。

---

① ［美］戴维·A．温尼特、罗伯特·A．威廉姆斯、伊丽莎白·A．舍伍德、罗伯特·E．洛克威尔著，刘占兰、易凌云、曾盼盼译：《科学发现——幼儿的探究活动（之二）》，北京师范大学出版社2005年版，第8页。

表 7-2　家长需要建立的科学儿童观和学习观

幼儿科学活动指导策略	家长需要建立的观念
鼓励幼儿的发现。	只要给予信任和耐心,幼儿有发现和探究客观世界的能力。
提供调查和解决问题的示范。	由于认知能力有限,他们需要成人的帮助。
在幼儿发现活动之前不要急于回答和解决有关问题。	在幼儿的确需要帮助时,再伸出援手,不要代替他们解决问题,使他们失去学习的机会。
乐于和幼儿一起进行科学活动。	家长有责任促进幼儿发展,繁忙的工作不能成为拒绝幼儿的理由。
自由地与幼儿教师交流,提出问题,并在必要时寻求更多信息。	专业人士对家庭教育的建议很宝贵,家长应虚心听取他们的建议。
倾听幼儿并为幼儿提供信息,要时刻记住,对任何一个参与者来说,都应允许他犯错误或者说"我不知道"。	正是因为无知,人类才会学习。幼儿是具有巨大发展潜力的个体,家长不应该站在权威角度随意批评幼儿。在科学世界中,家长有时并不比幼儿走得远,承认无知也是继续前进的动力。
愿意分享家庭中现有的资源,如动物、植物、土壤标本,并将其用于发现活动。	家庭中的许多东西都能成为科学活动的资源,在家长的有效指导下,幼儿有能力很好地利用它们。

2. 家庭中的科学教育的主要形式

家庭中的科学教育可以通过多种途径来进行,包括讲故事、科学游戏、早期科学阅读、幼儿和家长一起进行的科学探究活动等。家庭中的科学教育形式的选择首先要考虑到幼儿的兴趣,即使是新鲜有趣的科学知识,如果用叙述的方法灌输也很难吸引幼儿注意。相反,故事、游戏、主动探索都能充分激起幼儿的兴趣,激发他们探究的欲望。其次,家长要考虑家庭的物质条件,一般家庭很少有天平、显微镜等物品。但在日常生活中也有许多材料可以作为幼儿科学探究的材料,如水、沙土、积木、海绵等。以下介绍三种主要的家庭科学教育形式:

(1) 科学游戏

游戏是学前儿童的主导活动。通过游戏,他们开始了解周围世界,开始和周围的人建立关系,开始模仿成人的各种活动。可以说,游戏是学前儿童的主要学习方式。在家庭科学教育过程中,游戏是科学教育的良好载体。父母如果能将科学概念、科学思维、科学方法巧妙地通过游戏方式传递,将为幼儿提供以下重要经验:广泛而准确的科学基础概念、科学探究的兴趣、有效解决问题的方式。家庭科学游戏开展的基本原则有:安全、就地取材、源自幼儿生活、灵活多变。

科学游戏的种类很多,包括:感知游戏、排列游戏、分类游戏、配对游戏等。

感知游戏是通过幼儿的各种感觉通道辨别自然物相应属性的游戏。这种游戏形式简单、材料易得,而且幼儿常常很感兴趣。感知游戏不仅能让幼儿了解自然物的属性,同时也能培养他们的感知能力和语言表达能力。

案例7-21 神奇的口袋

游戏准备: 不透明的口袋、幼儿熟悉的各种物品。

游戏内容: "神奇的口袋"是经典的感知游戏,幼儿通过触觉来判断物品的物理属性,最后判断出这是他熟悉的哪件物品。

游戏指导: 父母在进行游戏时要注意,幼儿能进行游戏的认知基础是所判断的物品是幼儿熟悉的,幼儿能够为这些物品命名,幼儿曾经有过触摸物品的经历。当然,神奇的口袋这个游戏可以有多种变式。对年龄较大的孩子,父母可以将一些幼儿没有触摸过,只通过视觉感知过的物品作为游戏材料,以发展幼儿的跨通道感知能力。

排列和分类游戏是以幼儿对自然物属性的了解为基础进行的游戏。排列和分类的维度有许多种,根据幼儿的认知发展水平,他们对自然物的分类存在由具象到抽象的发展过程。年幼的孩子可能会根据事物的外部特征进行排列和分类,如形状、颜色等等。而年龄稍大的幼儿能够根据事物的种属进行排列和分类。在游戏过程中要求幼儿根据不同维度进行分类,不仅可以增进他们对自然物的认识水平,有利于他们概念系统的形成,还可以锻炼他们的发散思维水平。但要注意的是,家长要在幼儿对多种维度的分类和排列十分熟悉后再提高对幼儿排列和分类的要求;否则,可能会引起幼儿思维的混乱。

案例7-22 小动物回家

游戏准备: 各种动物的玩具模型或纸样(每种动物两个或两个以上)、纸质栅栏或在纸上画的栅栏。

游戏过程：父母将各种动物混在一起，让幼儿根据动物的不同特征进行归类，将同一类的动物送到栅栏中。

游戏指导：这个游戏也可以在不同年龄阶段的幼儿中进行，年幼的幼儿可以在父母的帮助下进行分类，但此时的分类以外部特征为主。幼儿只要能够对分类标准自圆其说就可以尊重幼儿意愿。对年龄较大的幼儿，父母可以要求幼儿根据不同标准进行多次分类，父母可以和幼儿一起进行游戏，完成分类后每个人都阐述自己的分类方法。

配对游戏是促进幼儿了解自然物之间相互关系的好方法。具体做法是，将自然界中有联系的事物呈现在幼儿眼前，让幼儿在它们之间进行配对。配对游戏的基础是幼儿对事物间的关系已经有所了解，对年龄较大的幼儿来说，可以将游戏中的事物关系增加到多个，让他们在游戏过程中发现这些联系。

 案例

案例7-23 喂小动物

游戏准备：各种常见的小动物玩具或纸样、它们食物的模型或纸样。

游戏过程：父母为幼儿呈现各种小动物玩具，如小兔、小狗、小猫等。请幼儿将各种动物的食物与动物配对。

游戏指导：在游戏过程中，父母应指出自然物之间的关系是多样而多变的，不仅限于游戏中的联系。对5岁以上的儿童，可以加大游戏难度，让他们了解自然物间联系的复杂性。例如，可以出示属于统一生态系统的不同物种的模型或纸样（如草地、斑马、羚羊、非洲狮、兀鹫等非洲稀树草原生态系统中的动物），让幼儿将每种动物的食物配对，一幅生态系统图就会展现在幼儿眼前。

（2）早期科学阅读

儿童的阅读就是感知各种信息符号，并在头脑中系统组织各种信息符号所代表的意义的过程。早期阅读是一种广义的阅读，它不仅指对文字材料的阅读，也指幼儿对图形、图像、标志等的解读。相比文字材料，更为直观的图形材料更适合作为知识的载体。早期科学阅读是幼儿进行科学学习的重要途径之一，但由于幼儿思维能力发展的限制，早期阅读本身对幼儿就是一个艰巨的任务。因此，早期阅读本身并不能像成人阅读一样主要作为知识的载体。从这个角度来

说,早期科学阅读具有双重目标:训练幼儿的阅读技巧;通过阅读获得科学知识和经验。

在学前期,幼儿的主动探索是科学学习的重要方式,但同样不能忽略的是早期科学阅读。毕竟幼儿的生活范围、时间和生活经验是有限的,早期科学阅读是获取间接经验的重要方法,它能极大地拓展幼儿的视野,增加幼儿的经验。除此以外,幼儿和家长在阅读过程中也能获得新的科学探究项目、方法和指导,在家庭科学教育环境中这些资源十分重要。家长在早期科学阅读中的作用有以下几点:

第一,选择适合幼儿的科学阅读内容。早期科学阅读的范围很广,包括科学故事、童话、儿歌、谜语和针对幼儿的科学知识介绍。选择科学阅读的内容要遵循一些基本原则:直观、生动,没有过多文字说明;阅读材料中蕴含的科学内容准确;能引起幼儿进一步的思考;内容排列有序。

第二,帮助幼儿理解阅读的内容。在家庭中进行的早期科学阅读是家长和幼儿共同协作完成的项目,在幼儿尚未养成自己阅读的良好习惯之前,父母需要对幼儿的阅读活动进行指导。最基础的指导包括:了解书的结构和功能;掌握正确的阅读顺序;了解文字和图形的对应规律等。在幼儿掌握了阅读习惯后,家长可以将适合幼儿发展水平的科学内容通过阅读的方式传递,通过共同阅读向幼儿解说图形、符号、简单文字中蕴含的科学知识内容,并逐步让幼儿自己通过图形、符号和文字理解科学知识。

第三,在阅读的基础上进行内容拓展,阅读的重要意义不仅在于理解阅读材料本身,也在于通过阅读内容引发更多的思维和探究活动。有时候阅读只是走近科学知识的引子,更丰富的活动在于家长对已有材料的拓展。

 案例

案例 7-24 《杰克和豆茎》(Jack and the Beanstalk)[①]

《杰克和豆茎》是一个著名的童话故事,内容是杰克得到一粒魔豆,豆子在一夜之间长到了天上,杰克也随着巨大的豆茎升到了天上,由此杰克展开了一系列惊险的旅程。幼儿在阅读完这个故事后,成人借此来引发儿童探索植物、种子萌芽、植物生长需要什么条件以及植物长得最高和最快需要什么条件。

[①] [美]大卫·杰纳·马丁著,杨彩霞等译:《建构儿童的科学——探究过程导向的科学教育》,北京师范大学出版社 2006 年版,第 359 页。

(3) 家庭中的科学探究活动

自己动手进行探索是幼儿最感兴趣的学习科学的方式。有许多简单易行的科学实验可以在父母协助下在家庭中进行。家庭中的科学探究活动涉及多个领域，其目的首先是培养幼儿对科学探究的兴趣、好奇心、求知欲；其次是体验科学探究过程和方法，体验发现的乐趣；最后是科学概念的初步理解。

家庭中的科学探究活动的开展需要有一些前提条件：第一，订立实验规则。这样做的目的一方面是为了让幼儿体会到科学实验的严谨性，更重要的是保障幼儿的安全。家庭科学实验的首要准则是：所有实验均在成人监护下开展。实验规则的订立应和幼儿进行商量，达成共同协议后将该协议用图画或符号的形式呈现在家里。第二，如果有条件，可以为幼儿在家里创设一个科学发现角，将科学探究用的各种材料存放在科学角中，也可以将幼儿在户外采集到的各种物品或标本存放在其中，科学发现角的维护和清理工作由幼儿自己负责。第三，在家长的帮助下建立科学探究记录，将每次科学探究活动的过程和结果记录下来作为资料。例如，进行沉浮实验前可以由父母帮助幼儿制作实验记录表格，将幼儿和家长实验前的猜测和实验后的结果相比较，体会科学验证的过程。

家庭中的科学探究活动的选择也要遵从一定的原则：首先，科学探究活动要源自幼儿生活，在日常家庭生活中存在许多科学现象，只要家长留心并让幼儿注意到这些现象，它们都可以成为科学探究活动的内容。

案例

案例7-25　不起泡的肥皂水[①]

生活情景：妈妈洗衣服时，洗衣机里总有晶莹剔透的肥皂泡。小朋友们都很喜欢这些泡沫，有时还会自己调制肥皂水吹泡泡。

实验情景：请孩子自己调制一杯肥皂水，然后将吸管插入杯中，通过吸管向杯子里吹气，一定会有很多泡沫产生。此时家长向幼儿提出问题：怎样才能让肥皂水不起泡泡呢？家长可以将少许食醋加入肥皂水中，请幼儿再次通过吸管向杯子里吹气，此时杯子里真的没有泡沫了。再做几杯肥皂水，请幼儿分别加入食盐、糖等物质再次实验，观察实验结果并将结果记录下来。

---

① 李云编：《开启孩子智慧的实验游戏》，石油工业出版社2006年版，第61—64页(有改动)。

科学原理：肥皂水具有表面张力因此能够形成球状泡沫，在加入食醋后，肥皂水里的高级脂肪酸被分解，所以不能吹出泡泡。

其次，家庭科学探究活动要有趣味性。幼儿的兴趣是科学探究活动的中心，家长可以对有些科学探究活动的形式进行改造，使单纯的科学探究活动变得妙趣横生，充满幽默感。

案例

案例7-26　妈呀，鬼出来了[①]

材料：纸杯两个、细长的塑料袋一个、能弯曲的吸管一根、胶带、美工刀、水彩笔一支。

操作过程：切开A纸杯的杯底，但不要切断。在B纸杯的下方开一个三角形小口（以吸管能从孔中通过为宜）。在塑料袋上画一些想象中的"妖怪"，用胶带将袋口和吸管连接在一起后，将袋内的空气挤出。将吸管装入B杯中，并经缺口穿出一段，将A杯用胶带和B杯固定在一起。朝吸管吹气，纸杯中的塑料袋会逐渐膨胀，并冲出A杯底部，像传说中的妖怪从杯中冒出。

科学原理：向塑料袋中吹的气形成一股朝上的压力使袋子膨胀，并最后冲出杯底。

以上例子实际上只是一个简单的压力实验，但实验结果诙谐幽默，能够使幼儿在体验快乐的过程中体会科学规律。

再次，家庭科学实验过程要清晰，结果要明确可见。对年龄较小的孩子来说，他们喜欢过程清晰可见、结果明确的实验。例如，同样是植物生长实验，如果采用木本植物作为实验对象，则植物生长过程相对较慢，实验结果很难在两三天中明显呈现出来。但如果采用豆类作为实验对象，不仅实验材料容易获得，其生长结果也会很明显地呈现在幼儿面前。但要指出的是，长时间的观察、记录也是幼儿科学教育的重要内容。随着幼儿年龄逐渐增长，注意水平不断提高，家长可以选择生长年限长、生长缓慢的植物作为幼儿观察的对象，以培养幼儿的观察能力和他们的细心、耐心，并体验植物四季不同的变化。

[①] 李云编：《开启孩子智慧的实验游戏》，石油工业出版社2006年版，第85—88页（有改动）。

最后,将家庭科学探究活动和其他活动结合起来。家庭中的科学探究活动可以和家务活动、户外活动联系起来,使幼儿在生活中进行科学探究。这样做有利于幼儿的身心健康、和谐发展。

案例

> **案例7-27 刮风的日子**[①]
>
> 材料准备:有风的日子、气球和米。
>
> 游戏过程:选择有风的日子带幼儿到公园或广场散步,让幼儿自己感受风,并判断风的方向。给气球充气,看看气球运动的方向来判断风向。给气球里灌一些大米,看看气球运动的方式有什么改变。父母、幼儿和气球一同赛跑,体会亲子游戏的乐趣。
>
> 注意事项:风会让孩子身体的热量流失很快,所以在潮湿和寒冷的天气里不宜在户外逗留太久。

二、社区中的科学教育

社区(community)是指居住在一个地区里共同生活的人群,也即在互相联系的经济和政治活动中形成一个具有一定程度上相同的价值观念和相属的认同意识的相应的单位实体。[②] 对社区教育的研究是教育学的新兴研究领域,就此而言,社区更多地呈现为一种物质实体的形态,如社区中的公园、图书馆、超市、快餐店等设施。社区能否发挥除此以外更大的教育价值,这是值得思考的问题。

1. 社区中的科学教育概述

正如社区的定义,所谓社区不单指一片区域,更指生活在这片区域中的人及他们形成的共同价值观。从这一点来看,社区对幼儿的发展影响可以分为直接影响和间接影响两部分。社区之所以对幼儿产生直接影响,是因为幼儿生活在特定的社区中,当幼儿足够成熟时,他们的活动范围突破了家庭的界限,社区的环境开始直接和他们接触,同时社区中的人也是他们生命中最先接触的社会群体之一,社区中的各种设施为他们的生活提供了便捷条件。总之,社区中的物质环境和精神氛围成为他们和社会接触的一扇窗户。另外,社区

---

① [英]多萝西·恩南著,余悦红译:《认知与学习游戏》,广东旅游出版社2006年版,第60页。
② 《辞海》,上海辞书出版社1989年版,第4136页。

环境影响着幼儿身边的成人,社区对成人的影响对幼儿产生潜移默化的影响。因此,社区作为社会生态系统中微系统的一部分,对幼儿的成长起着重要作用。

社区对幼儿教育虽然有重要影响,但这种影响通常却是隐性的。幼儿对自己生活的社区通常没有自主选择的权力,他们在学前阶段更多只能被动地受社区环境影响。如果成人不能主动认识到社区的教育作用,选择或过滤社区对幼儿的影响,那么成人和幼儿都会处于被动地位。幸运的是,社区的教育作用已经逐渐被认识到,家庭和幼儿园作为学前儿童主要的活动场所完全可以充分利用社区中的优质教育资源,并过滤社区可能对幼儿产生的不良影响,为孩子的发展提供更好的环境。

具体到学前儿童科学教育,社区的作用主要体现在:社区物质条件能够提供给幼儿了解科学知识、参加科学探究活动的机会;整个社区在人力资源上对幼儿科学教育起促进的作用;社区形成的共同的科学观影响着幼儿科学教育的内容。上述内容共同决定着社区对学前儿童科学教育的影响是正面的还是负面的。

表7-3　社区科学教育资源的可利用性

	正面影响	负面影响
社区的 物质条件	可供幼儿活动的场地较大。 社区中有植物或动物养殖区域,幼儿被允许在这些区域中观察和活动。 环境中潜在的不安全因素较少。 有图书馆、博物馆或其他对公众开放的资源中心。	幼儿活动场地狭小且不安全因素较多。 社区中没有养殖动物或植物。社区中缺乏基本的服务设施,如医院、邮局、书报亭等。
社区的 人力资源	有从事某项专业工作的人员,而且他们愿意为幼儿提供必要、及时的帮助。 社区中各种物质资源的管理部门愿意为幼儿提供科学教育方面的帮助。 社区气氛和谐,社区成员间关系良好。	在幼儿科学教育方面社区缺乏专业人员的帮助。 社区物质资源很难被幼儿利用。 社区秩序混乱,社区成员之间缺乏基本的信任和理解。
社区共同的 科学观	社区成员普遍相信科学,具有科学意识。 能自觉抵制迷信思想的影响,用科学的眼光看待发生在周围的事情。 对幼儿的科学探究活动予以理解和支持。	社区成员科学意识薄弱,很多人都曾从事迷信活动。 多数成员无法用科学的态度解释周围发生的事情。 禁止或限制幼儿的科学探究活动。

2. 社区中的科学教育资源的利用

总体而言,社区中的科学教育资源分为有形资源和无形资源两类,"有形教育资源,包括人力、物力、财力、信息、组织等;无形教育资源包括社区意识、社区归属感、良好的社区氛围、社区互助的伦理规范"①。社区作为影响学前儿童科学教育的重要因素,其自身并不是一个教育目标明确的组织。在这一点上,社区和幼儿园、家庭的区别很明显。因此,对于社区中的科学教育资源,家长和幼儿园要做充分的研究,有效利用社区中的优质教育资源,同时避免社区环境对幼儿的消极影响。

图7-7 良好的社区氛围有助于幼儿健康成长

在有形的物质资源利用方面,由于社区类型多种多样,不同的社区所拥有的物质条件、价值体系都不相同。想为幼儿提供良好的科学教育资源,父母和幼儿园就要充分了解社区资源的数量和种类,对社区的地理环境、结构布局、设施功能都要有全面考虑。在社区条件有限的情况下,充分挖掘已有资源的教育价值。

 案例

案例7-28 社区动物园

小梅所在的社区没有饲养动物,因此小梅设计了一系列主题活动"社区

---

① 叶忠海:《社区教育学基础》,上海大学出版社2000年版,第79页。

动物园",鼓励孩子们在家长的带领下在散步或游玩时,寻找社区中的各种动物,收集它们的生活习性,并查阅相关资料了解为什么这些动物会生活在我们身边。

积极和社区管理者沟通。社区中的设施常常属于特定部门管理,如果能积极和他们沟通,让社区中更多的资源向幼儿的科学活动开放,幼儿会获益匪浅。如果社区中有图书馆或博物馆,则可以争取它们定期向幼儿开放,给幼儿的科学活动提供有力保障。社区中具有专业技能的人可以在特定的时候成为很好的科学教育资源,对幼儿园来说,对社区人力资源的掌握非常重要。通常这些人都会给予友好的合作,但在他们提供帮助之前,教师一定要和他们进行沟通,以便他们能把自己的专业知识通过学前儿童能理解的方式传递给幼儿。

案例

案例7-29 身边的百宝箱

杜老师就职的幼儿园在一个大型社区内,社区中有医院、图书室和超市等完备的配套设施。为了充分利用这些潜在的教育资源,幼儿园和各个单位签署了合作协议,定期请各类专业人士到幼儿园做义务工作者,并定期组织幼儿参观这些部门,幼儿园的做法受到了家长的好评。

社区无形的资源包括社区意识、社区归属感、社区氛围、社区互助的伦理规范。应和邻里建立良好的关系,彼此分享科学教育资源。在城市生活中,如果邻里间没有其他形式的联系(如社区组织活动、邻居属同一工作单位等),单纯的邻里关系非常脆弱。许多社区往往只是人们生活区域的集合,而并没有形成共同的价值观和社区氛围。在这种社区中,家长很难依靠除自身以外的其他教育资源。但如果家长能够主动和邻居建立良好关系,则原来属于一个家庭的科学教育资源可以实现共享,对幼儿来说,这种资源是双倍的。

家长应特别注意社区普遍科学观对幼儿的影响。家长和幼儿园都需要注意社区成员中存在的普遍的对科学的看法。如果社区成员普遍的科学素养较低,有很明显的迷信氛围,教师和家长就要及早对幼儿灌输科学的观念,形成他们科学的态度。

三、幼儿园、家庭与社区在科学教育中的协作

幼儿园、家庭与社区在学前儿童科学教育中都起着重要作用,它们不是彼此

孤立的,而是相互作用的。由于性质和作用方式不同,对幼儿个体来说,这三方面的作用力相互消长,未必能收到最好的教育效果。而促进幼儿园、家庭和社区在学前儿童科学教育方面的协作的重要目的就在于集合三方面的教育,对幼儿发展提供合力,使各方面教育的价值最大化。

1. 幼儿园、家庭与社区在科学教育中协作的意义

在儿童发展的生态系统中,幼儿园、家庭和社区构成了复杂的关系网络对幼儿的发展产生各种影响,同时,这三者之间也不断相互影响。

幼儿园作为专业学前教育机构,其教育价值主要体现在:了解学前儿童心理发展规律,并遵循这些规律对幼儿实施教育;经过专业培训的教师可以为幼儿提供适合于幼儿的教学方式;课程计划经过周密安排,可以提供有计划、有目的的课程;多种玩教具让幼儿亲自操作;为幼儿提供与许多同伴共同活动的经验;集体生活能对幼儿进行良好生活和教学常规的培养,帮助幼儿更好地适应小学学习。

家庭作为幼儿最初生活的地方,给予了幼儿重要的早期经验。家庭的教育价值体现在:父母对自己孩子的了解是家庭最为宝贵的教育资源;家庭教育渗透在生活中,对幼儿的发展起到潜移默化的作用;在家庭环境中,父母可以对孩子进行一对一的教育活动;亲密的亲子关系构成良好教育的基础。

社区作为幼儿生活的必要环境不仅直接影响着幼儿的发展,也通过影响幼儿园和家庭对幼儿产生间接影响。它的教育价值体现在:可以拓展幼儿视野,帮助幼儿了解社会生活;社区中普遍的价值观念间接影响幼儿的价值判断;社区中具备家庭和幼儿园都没有的设施,这些设施不仅为幼儿的发展提供物质保障,也为幼儿的社会化提供有益经验。

由此可见,社区、家庭和幼儿园具有不同的教育价值,而且这三者间具有很强的互补性,如果缺失其中某一方面,幼儿的教育将是不完整的。

学前儿童科学教育的目的广泛、内容庞杂、所用到的资源巨大,这就要求在教育过程中做到:根据幼儿心理发展规律选择和组织教育内容;学前儿童科学教育内容需要遵循幼儿心理发展逻辑,同时也不能忽视科学内在的逻辑结构;在生活的每个环节注意幼儿的科学探究行为,帮助他们在自己喜欢的活动中达成科学教育目标;注意培养幼儿的科学态度和价值观;利用多种材料和资源帮助幼儿进行科学学习。这些要求对于家庭、社区和幼儿园的任何一方都很难单

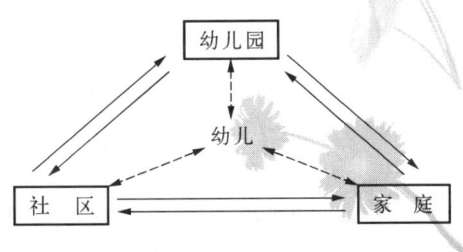

图7-8 幼儿园、社区和家庭在幼儿科学教育中的关系

独圆满完成。因此,在学前儿童科学教育领域中,只有家庭、社区和幼儿园三方协作才能保障科学教育价值的充分发挥。家庭、幼儿园和社区在学前儿童科学教育中的协作是以幼儿为中心形成的一个相互作用的环形,它们之间的关系总是两两相对的。这就要求对这些关系进行全方位的考察。

2. 幼儿园与家庭在科学教育中的协作

幼儿园与家庭在对学前儿童的科学教育中拥有彼此不同、同时对幼儿来说又必不可少的教育资源,这使得幼儿园与家庭在学前儿童科学教育中有合作的必要。共同的教育目的为它们之间的合作提供了可能。即使是这样,对于许多幼儿园开展的比较成熟的"家园共育"活动,双方还是存在许多误区。这些问题使幼儿园和家庭的合作教育往往流于形式,很难对幼儿的教育产生实质性的影响。

表7-4　家园协作教育中的误区

	家 庭 误 区	幼儿园误区
教育态度	孩子进入幼儿园后,教育就是老师的事情,不应该再来麻烦家长。把孩子送进幼儿园就是为了减轻家长的负担。	孩子是家长的,有些家长对教师要求配合教育的要求置之不理,他们的孩子错过教育机会是家长的责任。
参与家园协作的目的	定期到幼儿园看看就是为了检查幼儿园的保育、教育工作。和教师直接对话,主要就是要求她关照自己的孩子。	和家长见面主要讨论孩子在幼儿园的表现。
利用教育资源的方式①	家长会、家长园地、接送交流、电话交流、亲子活动、家教讲座、开放日活动。	家长来园和幼儿共同活动、家长来园旁听、观看活动、家长按教师要求为幼儿园提供物品。

从表7-4中可以看出,幼儿园和家庭在学前儿童科学教育方面的协作存在以下问题:

第一,双方将幼儿园教育和家庭教育的界限划得过于清晰。幼儿园和家庭协作的重要目的在于相互弥补教育中的漏洞,儿童的科学教育是幼儿园和家长的共同任务,也是他们必须履行的责任。无论在何种形式的科学教育中,如果幼儿由于家庭或幼儿园的原因失去了教育机会,那么应该先寻求对孩子的补偿,然后进行沟通,以防止下次出现同样的问题。

---

① 李生兰:《幼儿园与家庭、社区合作共育的研究》,华东师范大学出版社2003年版,第76—77页。

案例

> **案例7-30　教师补偿家庭科学教育的缺憾**
>
> 在进行"浮与沉"的科学活动之前,柳老师要求孩子们和自己的爸爸妈妈在家里试着做这个实验,并将实验结果记录下来,在第二天的活动中向大家报告。第二天孩子们都很踊跃地报告了自己的实验结果,只有真真一言不发。柳老师询问原因,原来真真的父母有事前一天都不在家,没有人帮助她做这个实验,真真觉得很委屈。柳老师鼓励其他孩子和真真一起做实验,并帮她记了实验记录。

第二,在协作过程中缺乏相互理解和信任。家长有时很不理解幼儿园的一些要求,因为这些要求不仅费时费力,有时也很难做到;而幼儿园则不理解家长不配合的态度。其实,从幼儿园角度来说,对家长的要求更多不是为了教师在教学时省时省力,而是为了增加亲子活动时间,弥补幼儿进入幼儿园后和家长互动的减少,也是为了让幼儿体会到父母对自己探究活动的支持。而从家长角度来看,老师的要求常常"时间短、任务重",对在外忙碌一天的家长而言,这种任务可谓非常辛苦。如果教师能向家长详细解释亲子共同活动的重要教育价值,让家长理解教师要求背后的原因;同时家长能和教师及时沟通,明确地向教师说明自己的现实情况,以求得教师的理解,那么双方的矛盾就会减少。

第三,幼儿园和家长都没有充分发挥自己的独特教育价值。在教师和家长的沟通中,幼儿是话题的中心,但这些话题往往是要求与被要求、抱怨与被抱怨的关系,家长和教师很难在其中找到各自需要的意见和建议,所以很难说这种对话具有建设性。其实,如果充分利用双方的教育资源,教师和家长间的对话可以是咨询与被咨询性的建设性对话。教师从家长那里可以获得大量关于某个幼儿的生活背景、个性特点、兴趣爱好等信息。家长可以从教师那里获得科学育儿、幼儿活动指导策略、玩教具投放、生活常规养成等方面的信息。

第四,家园联系的方式单一。从表7-4中可以看出,家园联系主要是由幼儿园发起的教师和家长互动的活动,在这个过程中,家长的主动性很小。另外,在家园活动中,具有个性化的家访很少出现。互动性很强的电子邮件等形式也比较少见。

3. 幼儿园与社区在科学教育中的协作

幼儿园与社区在学前儿童科学教育上的协作主要体现在以下两个方面:

(1) 社区作为幼儿园科学教育的资源

社区中的各种服务设施,如社区中的公园、图书馆、医院等服务设施为幼儿园科学教育活动提供了重要资源。许多幼儿园已经把带领幼儿进入社区活动作为科学教育的重要途径之一。但社区的教育作用不仅存在于其物质环境中,社区自身的许多方面都可以成为学前儿童科学教育的内容。例如,社区的地理位置可以促进幼儿探究地理常识,对年龄较大的孩子,让他们绘制简单的社区地图可以很好地促进抽象思维能力和空间感觉的发展;以"社区中的生物圈"为主题,可以鼓励幼儿探究生活在人类身边的动植物群落,让幼儿了解人与自然的关系;以"我身边的人"为主题,可以帮助幼儿熟悉社区中的人群和他们的工作,了解人们之间的相互依存关系;以"社区中的统计学"为主题,可以帮助幼儿了解简单的统计知识,通过亲自实践,幼儿可以对社区中进出的车辆、公园里植物的数量、社区中楼群的数量等进行简单统计,对数和量的意义形成初步的概念;以"社区中的建筑"为主题,可以帮助幼儿了解所在社区中的新老建筑,让幼儿体会城市发展的过程。总之,社区对幼儿来说就是一个综合了许多知识的宝库,如果幼儿园能仔细挖掘社区的教育价值,认知到社区的历史、地理、文化、价值观和社区中的人都是幼儿园课程开发的重要资源,那么幼儿园就能实现社区教育价值的多元化。

(2) 幼儿园作为社区科学教育的资源

相比前者,幼儿园作为社区科学教育的资源就不太被重视了。这是因为两点:社区没有认识到幼儿园可以作为教育的资源中心;幼儿园没有认识到自己应该对社区开放。社区的实质是人们生活的共同体和价值观。而在我国,社区发展有自己较为特殊的轨迹,人们通常所说的社区就是某一片地域和生活在这片区域中的人。社区中的设施只属于某一部分社区群体,如社区中的幼儿园,其服务对象是那些将孩子送到幼儿园来的家庭,其他家庭并非幼儿园服务的对象。所有社区中的设施都是被围墙封闭的,并不对社区公众开放。社会学理论中的"社区"是指自觉、有组织的生活共同体,而在我国社区只是作为无意识、无目的、无组织的区域概念。这也是幼儿园不能成为社区教育资源的深层原因,同时,这个问题也制约着社区教育作用的发挥。从幼儿园角度来说,幼儿园领导和教师要认识到,在一个社区内,无论是幼儿园还是学校都是没有围墙的,幼儿园本来就是社区的一部分,为生活在社区中的人们提供服务是将教育价值最大化的有效途径。在幼儿园向社区开放的过程中必定还有许多问题需要克服,幼儿园可能要付出很大努力才能使人们认识到学前教育的重要作用。但这个过程是双向的,幼儿园在努力为社区贡献教育资源的同时也为自己开拓了更多的发展空间。

最后，社区和家庭在学前儿童科学教育中的协作也必不可少。特别是没有将孩子送入幼儿园的家庭和有3岁以下幼儿的家庭更要注意对社区教育资源的利用。社区可以补偿家庭教育中的缺憾，为幼儿提供以下宝贵的教育经验：在自然环境中观察、探究和游戏；和同伴共同合作、探索；了解自己的生活环境；认识各种职业的人。如前所述，我国的社区还处于发展初期，社区文化和活动还很不成熟，需要家长主动挖掘更多潜在的社区教育资源，集合更多力量保障幼儿健康、和谐发展。

本 章 小 结

幼儿园集体教学只是实现学前儿童科学教育的途径之一，幼儿园的区角活动同样也是实现科学教育的重要途径。区角活动低结构、低控制的特点十分适合幼儿进行自主探究，教师在区角活动中的作用就是提供有准备的环境支持，同时在适当的时候对幼儿活动进行指导。

幼儿园一日生活中的科学教育是学前儿童科学教育的另一有效途径。对幼儿来说，教育即生活，游戏即学习，教师如果能在一日生活的各个环节仔细观察幼儿的活动，及时抓住教育机会，引发幼儿的探究活动，就能大大提升科学教育的价值。

家庭和社区与幼儿园一起构成了幼儿生活的微系统，因此，学前儿童科学教育不仅局限于幼儿园中，家庭和社区中的科学教育也应该进入教育者的视野。相比幼儿园的科学教育，家庭和社区的教育存在更多误区，需要三方利用自身不同的教育资源共同促进学前儿童科学教育的发展。

问 题 讨 论

1. 如果你是一名幼儿园教师，你如何创设、布置区角来实现自己的教育目标？
2. 你如何看待区角活动中，教师既定教育目标与幼儿自主生成活动的关系？
3. 你对布朗芬布伦纳的社会生态系统理论如何理解、如何评价？
4. 你认为我国目前社区教育的现状如何，社区教育发展的关键是什么？
5. 查阅资料，总结其他国家社区教育的经验。

第八章　学前儿童科学教育的评价

学习目标
1. 了解学前儿童科学教育评价的概况。
2. 掌握学前儿童科学教育评价的基本内容。
3. 掌握学前儿童科学教育评价的具体方法。

学前教育评价是学前教育的一个重要组成部分,它对学前教育起着导向、质量监控、调整等诸多作用。在学前儿童科学教育中,评价工作也是重要的一个环节。本章对学前儿童科学教育评价作了界定,对评价的基本内容和具体方法给予重点介绍。

第一节　学前儿童科学教育评价概述

2001年颁布的《幼儿园教育指导纲要(试行)》指出:"教育评价是幼儿园教育工作的重要组成部分,是了解教育适宜性、有效性,调整和改进工作,促进每一个幼儿发展,提高教育质量的必要手段。"[1]幼儿园教育评价的本质和意义究竟如何?学前儿童科学教育评价的价值又体现在哪里?这些都是值得深思的问题。

一、学前儿童科学教育评价的含义

评价即价值判断,是主体对客体有用性的判断。评价存在于生活的各个方面,甚至可以说,在任何时间和空间中都存在评价。评价活动由于主体和客体的不同而随时发生变化,它的形式非常多样。总体而言,评价是一个相对性很强的概念,要确定某种评价的内容和具体方法,就必须先找到评价的具体范畴。

---

[1] 《幼儿园教育指导纲要(试行)》,北京师范大学出版社2001年版,第12页。

"教育评价"至今还缺乏一个公认的明确定义,但广义来说,教育评价就是人们对教育活动有用性的判断。这种价值判断可能是笼统、粗略的判断,也可能是系统的、有步骤的数量上的测量或性质上的判断。教育评价发展到今天已经成为一门专业学科,教育评价中的一切要素都成为系统研究的对象。不同的教育评价观形成了各种迥然不同的教育评价理论体系,每种教育评价理论都有各自特点。应该说,在教育评价实践过程中,并不存在单一的最好评价,而只有最适合的评价。

1. 学前教育评价

学前教育评价是对学前教育的社会价值作出判断的过程。① 这一定义指出了学前教育评价的对象是一切学前教育活动,而对这些教育活动的价值作出判断的过程即是学前教育评价。如前所述,评价是一种灵活性很强的活动,不同的评价范畴会有不同的特征。作为教育评价的组成部分,学前教育评价也有其自身特点。

(1) 学前教育评价的特点

学前教育评价是以学前儿童的发展和教育为中心展开的。学前儿童的心理和学习特点决定了学前教育评价具有以下特点:

其一,强调对学习过程的评价。和中小学教育不同,系统地传授知识体系和结构并不是学前教育的根本价值取向,学前教育的根本目的是为了使儿童在快乐的童年生活中获得有益于身心发展的经验。而经验的获取并不能只通过对学习结果的评价体现出来。因此,在学前教育评价中,对幼儿学习过程的评价比单纯对学习结果的评价更能体现出学前教育的价值。

其二,动态评价方式。此处的动态评价是指一种随评价对象的变化而随时改变的评价方式,动态评价不拘泥于特定时间、地点进行。学前儿童的经验习得过程很难体现在一种静态的评价中,如传统的纸笔测验等。学前儿童的发展和进步随时都会体现在日常的学习和生活中,这也必然要求在学前教育评价中体现一种动态的评价观。

其三,侧重于对儿童情感和态度的评价。对学前儿童情感和态度评价的强调有两个原因:首先,学前教育的目标是引发幼儿学习和探索的兴趣,而情感和态度是兴趣发生的前提。因此,重视儿童情感和态度的评价是由学前教育的价值取向决定的。其次,在传统的学前教育评价中,对儿童情感和态度的评价被严重忽视,造成学前教育评价的失衡。因此,在新型的评价体系中,应该特别重视对情感和态度的评价。

其四,学前教育评价是一个由多种评价构成的评价系统,而不单指某一种具体评价。一般而言,学前教育评价由幼儿发展评价、幼儿园工作评价和其他评价

---

① 霍力岩:《学前教育评价》,北京师范大学出版社 2000 年版,第 18 页。

组成。学前教育评价的对象包括学前教育过程中的不同要素,如幼儿、教师、学前教育机构、不同教育机构采用的不同课程体系等等。学前教育评价的角度也多种多样,如学前儿童自身发展、学前教育机构的管理水平、课程的质量控制等等。如果将学前教育评价理解为某种单一评价,就会极大限制学前教育评价的范围和作用。

(2) 学前教育评价的作用

近年来,学前教育评价成为学前教育领域中的热门研究课题。学前教育评价的作用体现在以下两方面:

其一,学前教育评价是学前教育科学化的必然要求。科学的本质就是可测量,科学化评价的基础是制定评价标准,然后根据标准衡量教育的价值。从这一意义上来说,评价是学前教育科学化的必然要求。

其二,高质量的学前教育需要质量控制。没有评价,我们就无法确定一种学前教育体系的确切价值,更无法比较不同的学前教育方案的价值。在某一种特定学前教育方案中,如果没有评价,它的质量就无法得到有效的控制。教育过程实际上是一个不断上升的螺旋式的过程,而将原有教育方案和改进后的教育方案有机联系起来的就是评价过程。如果缺失评价环节,原有教育过程就不可能得以改进和提升。评价能够有效执行质量控制的任务,在教育的每一个环节评价都能起到监督、反馈、调节的作用。从质量控制的角度来看,学前教育评价也为学前教育改革提供了依据。学前教育评价的本质是对学前教育的价值判断,只有价值判断过程才能发现原有教育的不足,并确定改进的方向和途径。

2. 学前儿童科学教育评价

学前儿童科学教育评价是对学前儿童科学教育进行的价值判断。学前儿童科学教育中的所有要素都能成为评价的对象,包括学前儿童科学教育课程、幼儿的发展、教师的指导和教育方式等。其中,对幼儿的评价是学前儿童科学教育评价的核心内容。

(1) 学前儿童科学教育评价的特点

与学前教育评价一样,学前儿童科学教育评价是进行科学、合理的科学教育的基础,也是对科学教育实施质量监控的关键环节。与中小学科学教育评价相比,学前儿童科学教育评价有着鲜明的特点。

第一,学前儿童科学教育评价有其独特的价值取向。科学教育的主要价值反映在三个方面:科学观的培养、科学知识的习得、科学方法的掌握。在中小学,科学观的培养是重要目标,而系统科学知识的习得、科学方法的掌握占据了中小学科学教育的多数时间。可以说,科学价值观的形成是以知识为载体的。

对学前儿童来说,掌握系统的科学知识和方法并非学前儿童科学教育的主要目的,培养幼儿对科学探究的兴趣才是学前儿童科学教育最重要的目标。也就是说,幼儿情感和态度的形成是学前儿童科学教育评价的主要内容。

表8-1　幼儿园、小学(3—6年级)、中学(7—9年级)科学教育评价内容对比

幼儿园科学教育目标	小学科学评价内容	中学科学评价内容
1. 科学探究方面 喜欢观察,乐于动手动脑、发现和解决问题;愿意与同伴共同探究,能用适当的方式表达各自的发现,并相互交流。 2. 情感、态度与价值观方面 有好奇心,能发现周围环境中有趣的事情;喜爱动植物,亲近大自然,关心周围的生活环境。 3. 科学知识和技能方面 理解生活中的简单数学关系,能用简单的分类、比较、推理等探索事物。	1. 科学探究方面 应重点评价学生动手动脑"做"科学的兴趣、技能、思维水平和活动能力。具体可以评价他们参与科学学习活动是否主动积极,是否持之以恒,是否实事求是;观察是否全面,提问是否恰当,测量是否准确,设计是否合理,表达是否清晰,交流是否为双向或多向的;搜集、整理信息、进行合理解释的能力怎么样,动手能力怎么样,同伴之间交往合作的能力怎么样。要注意鼓励小学生进行科学探究活动,理解科学探究过程,获得科学探究的乐趣,逐步提高他们的科学素养,而不要强调小学生科学探究的结果或水平。 2. 情感、态度与价值观方面 应重点评价小学生科学学习的态度。具体可以评价他们的学习兴趣是否浓厚,学习动机是否强烈;能否尊重事实、尊重证据,能否大胆想象、勇于创新;是不是乐于合作与交流,乐于采纳别人的意见,乐于改进自己的学习或研究;能不能关心科学技术,热心参与有关活动,发展对自然和社会的关怀和责任感。 3. 科学知识和技能方面 应重点评价小学生对生命科学、物质科学、地球与宇宙科学诸方面最基本的概念和技能的理解过程和应用情况,而不是检查学生最终记住了多少信息。①	1. 科学探究方面 科学探究的重要目标是体验科学过程,形成初步的科学探究能力,增进对科学探究的理解。具体的评价目标包括:提出科学问题,进行猜想和假设,制定计划、设计实验,观察与实验、获取事实与证据,检验与评价,表达与交流等六个方面。但对于每一个具体的科学探究活动,可以有重点地选择其中几项,有针对性地制定评价标准。 2. 情感、态度与价值观方面 主要依据学生在科学课程各类活动中的表现,如:是否积极参与、是否热情关注,记录实验结果是否实事求是,是否有学习科学课程的兴趣等来评价学生在科学态度、情感与价值观上的变化。通过学生的自评、互评和教师对学生的观察多元地进行。要按照科学课程标准目标提出的四个方面进行评价。 3. 对科学知识与技能的评价 要注重科学内容的理解与应用,而不是单纯记忆;要注重从整体上对科学的认识以及对统一科学概念的领会,而不是仅停留在各学科的具体知识上。评价的依据应是生命科学、物质科学、地球宇宙和空间科学三个领域内容标准提出的科学知识要求;技能的评价目标包括观察技能、实验技能和查阅信息资料技能等方面。对科学知识和技能的评价要尽量融合在科学探究过程的情景中。②

---

① 《全日制义务教育科学(3—6年级)课程标准(试验稿)》。
② 《全日制义务教育科学(7—9年级)课程标准(试验稿)》。

第二，学前儿童科学教育评价中，对教育过程的评价比对教育结果的评价重要。由于价值取向的特殊性，情感和态度往往体现在幼儿学习的过程中，而幼儿学习的结果却无法全面体现教育的价值。所以对学前儿童科学教育评价来说，"怎样了解和发现"比"了解和发现了什么"更重要。学前儿童科学教育评价应该贯穿于教育过程始终，而不仅仅是出现在教学活动完成以后。

案例

> **案例8-1 大班科学活动"溶解"的过程评价和结果评价对比**
>
> 以下是两位教师在同一科学活动——"溶解"中表现出的两种不同评价取向。"溶解"是大班科学活动中常见的主题之一，活动通常为幼儿提供多种可溶和不可溶的物品，请幼儿亲自实验，以证明哪些物品可以在水中溶解，哪些不能在水中溶解。
>
> 大一班的许老师在进行该活动时，详细记录着幼儿在实验过程中的各种表现。她记录的内容包括幼儿的实验兴趣、幼儿的操作方法、幼儿在操作中相互间的协作水平以及操作时的集中程度等等。
>
> 大三班的吴老师在进行该活动时，并没有制定详细的观察表格，只是在幼儿操作时给予指导。在活动快结束时，吴老师面向全部幼儿总结道："今天我们学习了溶解，小朋友们都做了溶解的实验，现在跟我一起念'溶解'。"在全班幼儿的齐声诵读中，吴老师结束了活动。随后，她在教学日志的活动评价栏中写道："通过这次实验活动，全班幼儿都掌握了'溶解'这个科学概念。"

以上例子中，许老师从活动中获得的信息要远远多于吴老师。在对幼儿的科学探究过程进行评价时，幼儿的科学态度、科学探究方法、科学概念掌握全部得到充分体现。而如果只对活动结果给予评价，就会错失很多信息和教育契机。

第三，教育评价的形式多种多样。由于学前儿童科学教育价值取向的特殊性、教育自身的灵活性、幼儿表现的多样化，学前儿童科学教育评价的形式也多种多样。学前儿童科学教育评价的主要方式有观察、谈话、作品分析、成长记录袋等。在学前儿童科学教育评价中，观察、随机谈话等评价方法往往有很大价值。

案例

> **案例8-2　档案袋评价在学前儿童科学教育中运用的案例**
>
> 　　档案袋，其英文单词是 portfolio，原意是指用来装材料（如零散纸张、相片或图片）的箱子和装在箱子中的材料（尤指有关个人方面的材料），因此这一单词还可译为"文件夹"（包括夹子和装在夹子中的材料）。将这一术语用于教育教学评价上，也可译为"成长记录袋"。
> 　　档案袋评价的关键是教师将哪些资料纳入其中，该评价的优劣并不在于"档案袋"这个形式，而在于教师选择哪些资料来体现幼儿的发展情况。
> 　　米老师是大三班的带班教师，这个学期他引进了"档案袋评价法"对本班幼儿进行评价。在科学教育方面，米老师选择了三类材料放进档案袋，它们分别是：素材型材料（是指反映幼儿学习过程和结果的原始性材料，包括科学实验记录、作品等）、反思型材料（也可称为自评型材料，它是反映幼儿对自己的学习过程与结果进行自省和自我评价的一类材料，包括幼儿自己用语言、符号、图画等方式表现出的对科学探究活动的评价）、交流型材料（也可称为他评型材料，它是反映教师、家长对幼儿科学学习的过程与结果，或科学素养各个方面的发展情况所作出的评价材料，包括教师、家长交流册，家长问卷，教师观察表等）。

（2）学前儿童科学教育评价的意义

在学前儿童科学教育过程中，评价是重要的环节。通过评价，教育者可以了解科学教育的有效性、适宜性。评价同样可以为科学教育改革提供依据。具体来说，学前儿童科学教育评价的意义体现在以下几个方面：

第一，学前儿童科学教育评价可以判断科学教育的有效性、适宜性。对幼儿发展的评价可以判断学前儿童科学教育对幼儿发展的有效性、适宜性，包括教育目标是否适宜，教育内容是否与幼儿发展水平相适应，教育方法是否能有效促进幼儿的心理发展。这种有效性的评估是依靠评价环节完成的。科学、完整的教育方案应当包括评价环节。

第二，学前儿童科学教育评价可以帮助教育者筛选优秀的学前儿童科学教育方案。总体来说，中小学科学课程体系结构化更强，不同课程方案间的同质化倾向也更明显。而学前儿童科学教育方案的种类相对来说更多，不同种类的科学教育方案差异很大。因此,选择优秀的教育方案需要科学、合理的评价。

第三,评价的质量控制作用对高质量的学前儿童科学教育非常重要。学前儿童科学教育是一种有目的、有计划的教育活动。无论是教育过程或是教育过程中的各种因素都需要监督和控制,甚至科学教育评价本身也需要质量控制。实现这种控制的过程存在于教育过程始终,即评价和元评价。因此,缺失评价的学前儿童科学教育很难有质量上的提升。

二、学前儿童科学教育评价观的变化

从历史发展角度来看,学前儿童科学教育评价经历了一个不断发展演变的过程。了解评价观的演变有利于我们进一步了解学前儿童科学教育的本质,掌握当前学前儿童科学教育评价的特点和发展趋势。

1. 评价主体和对象的变化

在传统学前教育评价中,评价的主体通常是教师、教育主管部门。评价的对象是幼儿、教师。学前教育评价通常是一种自上而下的评价形式,在这种评价中,评价的主体往往成为权威,而被评价者只是被动接受评价。单向的评价方式、单一的评价主体使得传统学前教育评价缺乏灵活性。新型评价观主张评价主体的多元化,教育管理者、教师、幼儿、家长,每一方都能成为学前教育评价的主体。相应地,在其他评价体系中他们也可能成为被评价的对象。简言之,在新型评价观中,评价主体和评价对象的位置是相对的,他们之间的关系是合作关系,而非对立关系。

传统评价主体和对象:

教育主管部门——→幼儿园领导——→幼儿园教师——→幼儿

新型评价体系中的评价主体和对象:

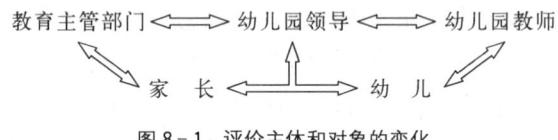

图8-1 评价主体和对象的变化

2. 评价内容的变化

传统的学前儿童科学教育评价的内容主要倾向于科学知识的掌握,而对幼儿科学兴趣的培养、科学态度形成等方面的评价则更多停留在口头上。造成这种情况的原因主要有两点:首先,在很长的历史时期中,我国学前教育内容本身就有小学化倾向,重知识掌握、轻情感和态度培养是其主要特征之一。学前儿童科学教育评价的内容偏重于知识掌握也就不难理解。另外,在实际的教学评价中,幼儿知识的掌握情况总是可以量化和测量的,因此这类评价的可操作性更强。而幼儿的情感、态度却很难形成可操作定义在评价中运用,这也妨碍了情感、态度评价在实践中的运用。在新型的评价体系中,幼儿情感、态度的培养成为评价的主要目的。人们逐渐认识到,幼儿的科学学习有其自身的特点,学前期科学教育的主要目标是激发幼儿科学探究的兴趣,培养其科学态度,而不单纯是构建一种客观知识体系让幼儿掌握。因此,学前儿童科学教育评价的内容也逐渐发生变化。

3. 评价目标的变化

评价是价值判断的过程,在传统的学前儿童科学教育评价中,进行价值判断的目的通常是为了选拔和鉴别被评价对象。无论评价的对象是幼儿、教师还是课程本身,其目的多是为了对评价对象进行鉴别。而在新型评价体系中,评价更多是为了满足个体自我发展的需要。评价过程可以帮助被评价者更好地了解自身情况,根据评价结果为评价者制订今后的发展方案,并随时提供进一步的建议。评价目标的变化,使得科学教育评价的意义更加深化,它体现出评价活动对评价对象的尊重和对个体发展的尊重。

4. 评价方法的多样化

学前儿童科学教育评价的方法多种多样,从不同角度来划分,可以区分出不同的评价方法。例如,按评价的功能划分,可以将评价分为诊断性评价、形成性评价、总结性评价;按评价是否采用数量化方法划分,可以将评价分为量化评价和非量化评价等。传统的学前儿童科学教育评价重视总结性评价,采用量化方法和非量化方法分离的评价方式。在新型评价体系中,评价方式更加灵活,根据不同的评价对象、评价目的完全可以选择不同的评价方式,而不存在一种既定、刻板的评价方法。总体看来,各种评价方式的融合已经成为评价工作发展的趋势,不同评价方式在相互融合中获得新的生命力。

学前儿童科学教育评价是一个不断发展、变化的体系。在不同的历史时期中,学前教育评价也会展现出不同的特点。这些特点体现出了时代发展对教育评价活动的要求,也表明教育评价自身的发展规律。

 **知识链接**

随着学前儿童发展与教育评价理论的不断成熟,在这个领域中出现了许多新型评价模式。其中有一些已经在教育实践中取得了良好效果。以下介绍两种新型评价模式:

(1) 真实评价。这种评价方式兴起于20世纪90年代的美国。这种评价模式是相对于传统的纸笔测验而言的,它更强调被评价者的实际操作能力和解决问题的能力。真实评价有以下几个特征:评价时要求学生演示、创造、制作或动手做某事;要求激发学生高水平的思维能力和解题技能;使用有意义的教学活动作为评价任务;唤起真实情景的运用;人工评分和人工判断而非机器评分;要求教师在教学和评价中担任新的角色。

(2) 发展性评价。这种评价思想最早是由英国开放大学教育学院的纳托尔和克利夫特在20世纪80年代倡导的。它是一种面向未来的评价制度,注重被评者的个人发展需要;评价结果不与奖惩直接挂钩;评价者与被评价对象配对,制订双方认可的发展目标和计划;评价者与被评价对象的关系完全建立在相互信任的基础上。

第二节 学前儿童科学教育评价的内容与方法

在对学前儿童科学教育评价的本质和作用进行说明后,实践层面的问题就产生了。如何进行评价、评价的步骤和过程、评价指标体系的建立、评价实践过程中的误区都是学前儿童科学教育评价实践的主要问题。

一、学前儿童科学教育评价的内容

学前儿童科学教育评价是由一系列评价组成的评价系统。其中包括对幼儿的评价、对教师的评价和对科学教育课程的评价。这三种评价体系并不是彼此孤立的,而是相互交错、互为依据的。例如,对教师的评价可以幼儿评价为依据;对课程的评价同样可体现在对教师和幼儿的评价中。但从另一方面来说,这三种评价又有不同的评价对象和特点。

1. 幼儿发展评价

学前儿童科学教育的对象是学前儿童,因此,幼儿发展评价就成为科学教育评价的核心部分。无论是对科学课程的评价还是对教师的评价都以对幼儿发展的评价为根本价值取向。幼儿发展评价的内容十分多样,而学前儿童科学教育评价关注的幼儿发展内容主要集中在三个方面:学前儿童科学能力的培养、学前儿童科学态度的形成、学前儿童科学知识的掌握。

(1) 学前儿童科学能力的培养

学前儿童科学教育的主要目标是培养幼儿的科学能力。科学能力的作用可以扩展到学前儿童发展的方方面面,它可以提高幼儿分析问题、解决问题的能力,可以提升他们的抽象思维能力,可以培养他们的注意力、观察能力等方面的认知发展。学前儿童科学能力主要包括:观察、分类、交流、测量、预测、推断、识别和控制变量、形成假设、下操作性定义、解释数据、实验、建立模型等。① 在以上每种能力中,评价者可以根据不同的评价对象制定层次不同的可操作性定义。对学前儿童科学能力作出评价时应该注意,对幼儿科学能力的评价通常体现在科学探究活动的过程中,因此,评价者对幼儿科学活动的观察就成为重要的评价方法。评价者可以通过正式观察和非正式观察相互参照来评价幼儿科学能力的发展水平。

值得指出的是,对幼儿科学能力的发展而言,更有价值的评价是对幼儿"最近发展区"的评价,这种评价方式将着眼点放在成人指导下儿童可能达到的能力。对最近发展区进行评价的意义在于,评价的是幼儿的发展潜力,而不是其已经达到的能力。这种评价观点因其发展性和前瞻性成为教育评价未来的发展趋势之一。

案例

案例8-3 最近发展区理论在儿童科学能力评价中的运用实例

许多中班的孩子在进行图形组合(将三角形、正方形组合成长方形)时无法有效地进行操作。金老师就设计了一个活动,请幼儿利用手中的三角形、正方形、半圆等图形拼出教师画好的房子、树、太阳、河流等物体。结果,多数幼儿都轻松掌握了图形的组合。

在这一过程中,幼儿刚开始未能达到图形组合的要求,可能是因为幼儿对图形组合的预测能力较差,脱离具体图形,在想象中进行图形操作的能力不足。教师的脚手架限定了图形的操作结果,从而使幼儿的图形操作能力大大提高。

---

① [美]大卫·杰纳·马丁著,杨彩霞等译:《建构儿童的科学——探究过程导向的科学教育》,北京师范大学出版社2006年版,第260—261页。

在本案例中,教师如果没有对幼儿的最近发展区进行探索,就很容易失去教育机会,幼儿的操作水平也很难在原有基础上得到进一步发展。

(2) 学前儿童科学态度的形成

从心理学角度来说,态度是个体对特定对象的总的评价和稳定性的反应倾向。其主要的特征是内隐性、对象性和稳定性。在对态度进行评价时,其对象性和稳定性可以帮助评价者更准确地把握评价对象的态度。但态度的内隐性使得评价很难建立客观、可操作的指标体系。对态度的评价最终还是要依靠幼儿的行为表现。评价者需要注意的是,态度的外在表现往往受到环境、被评价者心理特点的影响,通过个体的行为表现并不能准确地判断他们的态度。反应态度的最好指标是个体的行为倾向性,即个体想怎样做而不是做了什么。这要求教师不能仅凭幼儿在短期内的某个活动对幼儿的科学态度进行评价。要通过谈话、观察等方式了解幼儿的想法,并结合幼儿的长期行为表现和个性特点对他们的科学态度进行评价。

案例

案例 8-4　对儿童好奇心进行评价的实例

我们根据好奇心的概念:"好奇心是对新异刺激的积极的反应倾向",确定了好奇心的操作定义,即以一系列行为表现作为好奇心的指标,如:接近新异刺激,观察刺激物,摆弄刺激物,自我发问,提出问题,长时间不愿离开等。在评价过程中,我们设计了一个情境,让幼儿置身于新异刺激的环境中,观察幼儿在其中的行为反应,并作出评价。具体的方法是:向幼儿演示一种新奇的玩具(根据教师了解,幼儿平时没有见过这种玩具)。当幼儿明确了所见到的现象以后,主试就问他:"你想不想玩?如果你想玩,那你就玩吧。随便你想怎样玩就怎样玩。"如果幼儿明确表示不想玩,则说明他对新异的刺激没有好奇心,计零分。如果幼儿想玩,我们则观察其在规定时间(5分钟)内的探索行为并予以评分。如果幼儿在 5 分钟之内提出不想玩了,我们也可根据其在这一段时间中的表现予以评分。① 评分的项目及权重如下(满分为 20 分,每项 5 分):

---

① 张俊:《幼儿园科学教育》,人民教育出版社 2004 年版,第 317 页。

分项目	好(5分)	中(3分)	差(1分)	无(0分)
探索时间	在规定的5分钟时间内一直探索,直至观察者让其停止。	探索行为坚持3分钟以上。	探索行为维持1分钟以上。	不愿意探索。
探究动作	明确表现出探究和问题解决的行为。	表现出不同的探究动作。	探究动作很少或单一。	无探究动作。
言语表现	有较多语言伴随其问题及发现。	有较多语言。	有少量语言。	无言语表现。
所提问题	能主动提出问题,或在主试询问时能提出两个以上和探索对象相关的问题。	在主试询问时能提出两个和探索对象相关的问题。	在主试询问时能提出一个和探索对象相关的问题。	没有提出问题。

(3) 学前儿童科学知识的掌握

学前儿童科学教育主要的价值取向在于形成态度、兴趣。科学知识掌握的目标可以描述为:"引导幼儿对周围环境中的数、量、形、时间和空间等现象产生兴趣,建构初步的数概念,并学习用简单的数学方法解决生活和游戏中某些简单的问题;在幼儿生活经验的基础上,帮助幼儿了解自然、环境与人类生活的关系。"[①]学前儿童科学教育过程中,科学知识并非成体系的知识,而是以幼儿生活、经验为中心组织的科学知识。在科学教育评价过程中,评价者要特别注意,幼儿对科学知识的掌握是建立在理解基础上的,这些知识是幼儿自己通过经验建构的。因此,在评价学前儿童科学知识的掌握时,单纯要求幼儿记住某种科学知识的表述是最应该避免的。科学知识掌握的价值在于幼儿能理解知识,并能将知识迁移到生活情景中。

2. 教师评价

对教师进行评价是学前儿童科学教育评价的重要组成部分。教师是科学教育的组织者、实施者,教师的个人素质和教学水平与学前儿童科学教育质量存在一定的因果联系。从教育发展角度来讲,幼儿发展评价就是反映教师教育水平的重要指标。另外,教师的师德、教学技能、与他人的合作水平、沟通能力也是重要的评价标准。教师评价主要有自评和他评两种方式,通常采用两种评价相结合的方式进行评价。

---

① 《幼儿园教育指导纲要(试行)》,北京师范大学出版社2001年版,第6—7页。

(1) 教师评价的主要目的是为了促进教师自身更好地发展

在传统的教师评价中,对教师评价的目的侧重于选拔、甄别。这种评价通常以管理为价值取向,忽视了教师作为个体自身发展的需要。在新型评价体系中,教师评价的目的不仅仅在于提升幼儿园管理水平,也在于促进教师自身教学水平和教育意识不断提高。

(2) 评价结束后的工作更重要

所有评价其本身并不是目的,而是促进被评价者发展的手段。在教师评价工作中,评价结束后的发展计划制订甚至比评价本身更重要。在现实的教师评价工作中,评价结束后仅仅是提出对教师今后工作的期望,而这种期望却很难发挥真正的作用。在理想的评价中,评价的目的是为了给个体提供改进工作的措施和发展的建议。从这个意义上来说,评价只是起点,评价过后的工作更为重要。

(3) 形成性评价的作用更加凸现

当前幼儿园评价工作中,教师评价通常存在于学期开始时、期中和期末三个时间段。学期开始时的评价是诊断性评价,它的目的是为学期教学计划的制定提供依据。后两种评价基本上都是总结性评价,学期中进行的评价是总结上半学期的工作,而期末的教师评价则是对整个学期的工作总结。真正意义上的形成性评价是一种过程中的评价,它是伴随教育过程各个阶段的评价。形成性评价的本质不是工作总结,而是工作反馈,并提供改进的建议。

(4) 量化的评价方式应该谨慎使用

将工作指标量化,然后加以评价已经成为科学管理的标志之一。但在教育评价中,并非一切教育成果都能被量化。如果只将目光放在可见、可量化的教育结果上,教育中蕴藏的真正价值就会被抹煞。这就要求评价者慎用量化的评价指标,将质性评价和量化评价有机结合,更为理性地运用评价。

3. 课程评价

学前儿童科学教育往往通过具体的课程方案体现,对课程的评价是学前儿童科学教育评价的重要环节。所谓课程评价,就是以一定的方法途径对课程计划、活动以及结果等有关问题的价值或特点作出判断的过程。[①] 以上的定义包括了对幼儿的评价和对教师的评价。由于这两个问题已有论述,在此,我们只撷取课程评价的一个部分作为讨论内容,即对课程方案的论述。对课程方案的评价通常体现在以下几个方面:

(1) 课程方案的适宜性

学前儿童科学课程评价首先要考虑的问题是,某一种课程是否适合学前儿

---

① 钟启泉、李雁冰主编:《课程设计基础》,山东教育出版社2000年版,第485页。

童的心理发展水平。具体的评价指标可能涉及几个方面：

第一，课程目标的设计是否科学、合理。学前儿童科学教育课程的目标是依据《幼儿园教育指导纲要(试行)》中的科学教育目标细化而成的。课程目标要体现宏观教育政策的要求，同时要兼顾幼儿的认知发展水平，还要考虑到科学学科本身的规律性。只有在以上三点的交集中，科学课程目标才能被称为科学、合理。另外，完整的科学课程目标是一套有层次的目标体系，依据课程设计的不同，它可能分为：课程目标(宏观)、单元目标(中观)、教学目标(微观)。处在不同层次的目标具有不同的作用，它们之间的关系是逐层细化的。

第二，课程内容的选择和编制是否适当。科学课程的内容是科学教育的载体，学前儿童科学教育课程内容应该贴近幼儿的生活经验。当然，为了开拓幼儿的眼界，一些远离幼儿生活的科学知识也应该有所涉及。无论何种知识、经验，它们的编制才是课程内容的核心。学前儿童科学教育课程的内容编制应该遵循幼儿的心理逻辑，以幼儿的视角展开内容，以一种生动的方式展示科学知识，而不是以抽象、逻辑的形式编制课程内容。学前儿童科学教育课程内容编制的适宜性表现在，给幼儿呈现一种生活化的科学，其具体表现是：模糊的学科界限、用具体的生活事件或生活经验体现科学的关系性。

第三，课程评价的科学性。完整的课程方案都有自己的评价体系，课程评价的科学性体现在：评价指标层次分明、具有可操作性；评价在课程实施的过程中，而不只在结尾出现；评价具有反馈功能，能为课程的改进提供建议；评价有一定的拓展性，即不只关心目标的达到程度，还注意到教学中可能出现的其他情况；评价多元化，包括对多种教育要素的综合评价，如教育资源利用程度、家长参与程度等。

(2) 课程方案的科学性

科学课程的基础是科学性，学前儿童科学教育的内容从深度或广度来说都不及中小学科学教育。但这并不意味着学前儿童科学教育课程的科学性可以降低，学前儿童科学教育课程应该传达一种完整、准确的科学信息。因此，在评价学前儿童科学教育课程的时候，课程涉及的科学概念、科学事实的准确性是评价课程的重要指标。

(3) 课程方案的可行性

相比其他课程，科学课程包括更多的科学探究活动、科学实验等操作活动。即使是一些科学事实，往往也需要模型、实物等来解释和说明。这就要求科学课程方案要考虑不同地区、不同学前教育机构的实际条件。对评价而言，要求课程评价对方案的可行性作出判断。例如，适合于西部的科学教育课程方案在南方可能就难以实行，有的课程还需要在实施过程中将内容本土化，这些都需要评价作出准确的判断。

二、学前儿童科学教育评价的一般步骤

学前儿童科学教育评价一般分为三个步骤：确定评价目标、制订评价方案、实施评价方案。以上三个步骤是学前儿童科学教育评价的一般流程，而这些流程所包含的内容可能千差万别。我们只能在每个流程中列举几个评价实例说明评价的基本过程，具体的评价方式则需要评价者在实践中作出有针对性的选择。

1. 确定评价目标

评价目标的确定是评价工作的起点，它影响着评价方案的制订、评价方案的实施和评价结果的分析。在泰勒模式的评价过程中，评价的所有过程都是以目标为导向的，评价的目的就是确定教育目标的达到程度。在这一模式中，评价的含义不言而喻，即评价目标是教育结果对教育目标的符合程度，评价的指标体系在评价工作前已经由教育目标决定了，评价的价值取向是既有目标的达到程度。因此，在泰勒模式中，评价自身的流程不用过多思考，评价目标实际就是教育目标，教育目标细化的过程也就是评价目标形成的过程。在传统的学前儿童科学教育过程中，教育目标或课程目标和评价的指标体系并没有什么不同。评价只是教学或课程的一部分，即使评价对教学有所反馈，也只是在线性过程上的、教育过程完成后的反馈，如图8-2所示。

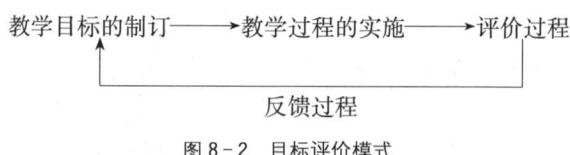

图8-2　目标评价模式

当泰勒模式在评价研究中的权威受到挑战后，多元化的评价模式、多种评价的价值取向要求我们对评价进行反思。应该意识到现在评价本身已经是一个需要深入思考的问题，不同的评价目标应该有不同的导向功能。除了目标模式外，评价针对不同的对象可以选择不同的评价模式。新型的评价不只是线性教学方案中的最后步骤，而是渗透在教学过程中，对教学进行监控、调节的系统，如图8-3所示。

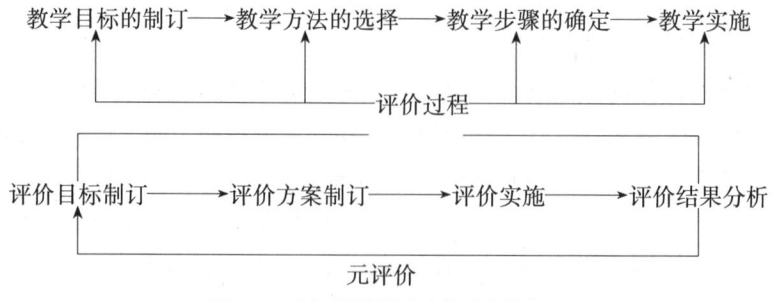

图8-3　新型评价模式在教学中的作用

因此，确定评价目标是评价过程的首要环节。不同的评价目标具有不同的导向作用。例如，在学前科学教育评价中，如果评价的目标是要确定幼儿的科学探究能力，那么，评价的指标体系可以分解为好奇心、发现问题和提出问题的能力；对材料的操作、工具的使用；探究的倾向性和深度；记录和统计有关的信息；发现关系的能力；表达与交流等。① 评价方式可以采用观察、谈话、作品分析等方法。如果评价的目的是判断教师科学教育的恰当性，则可以从教育目标的确定是否恰当；教育的内容、方式、策略、环境条件是否能调动幼儿学习的积极性；教育过程是否能为幼儿提供有益的学习经验；教学是否能兼顾群体需要和个体差异等方面制定评价指标体系，通过教师自评和他评的方式来评价。因此，在进行学前儿童科学教育评价之前要先确定评价的目标和范围，然后再确定评价的模式和方案。

2. 制订评价方案

传统的学前教育评价方案制订实际上是在目标模式下的评价指标体系制定。但在多元评价模式并存的今天，要使科学教育评价更加合理、科学，选择适合评价目的的评价模式，然后根据评价模式制订评价方案是更合理的方式。为了说明这一过程，此处选择两种评价模式来说明如何制订科学教育的评价方案。

（1）目标模式指导下的学前儿童科学教育评价方案

一般来说，目标模式操作简单，评价过程清晰明确，只要制定了教育目标，其他的评价环节都容易操作。对于认知领域内的目标，该模式能够提供清晰的操作性定义，使评价者能相对客观地把握评价过程，得到客观、准确的评价结果。另外在采用目标模式的评价方案中，采用相同评价体系的不同科学教育过程可以比较。在目标模式中，评价指标的制定是最重要的工作之一。评价指标代表了评价的价值取向、评价的主要内容、评价的重点和难点。指标体系的确定意味着一项评价具有了实际的可操作性，目标模式的根本目的是要评价教育结果的目标达成程度。

评价指标体系的制定应遵循以下原则：首先，所有指标体系的建立都是目标导向的，即所有指标体现的都是教育目标。其次，指标是可以执行和测量的，即每个指标都必须建立可操作的定义。再次，指标之间不能重叠，在一个评价体系中确定不同指标的目的是因为这些指标能体现出不同的情况，因此，在科学的指标体系中两条指标不能反映相同的被评价对象。

在目标模式中，评价指标体系的建立其实就是教育目标的建立，指标体系就是教育目标的不断细化。以学前儿童科学教育目标体系的建立为例，学前儿童科学教育的目标是：学前儿童科学能力的培养、学前儿童科学态度的形成、学前儿童科学知识的掌握。而其中科学能力的培养包括观察、分类、交流、测量、预

---

① 刘占兰：《幼儿科学教育》，北京师范大学出版社2000年版，第208—209页。

测、推断、识别和控制变量、形成假设、下操作性定义、解释数据、实验、建立模型。其中观察的可操作定义包括：能够辨别物体；能运用多种感官；运用所有适合的感觉；确切地描述性质；进行定性的观察；进行定量的观察；描述物体的变化；描述相似物体的不同特点。① 在形成操作性定义后，可以进一步对操作性定义执行的不同水平进行更加详细的界定，并划分等级。对科学教育评价的实践者来说，评价指标体系的建立实际上是一种在宏观、中观教育目标的架构下制定微观教育目标并使三种层次的目标成体系的过程。无论是对幼儿的评价还是对教师的评价都存在一系列相似的步骤：

步骤一： 确定评价的对象和范围

步骤二： 确定能反映被评的因子

步骤三： 评价不同因子的不同重要性

步骤四： 赋予不同因子权重

步骤五： 确定能准确反映因子的操作性定义

以上所有步骤依据不同情况会有所区别，不同评价者制定的反映相同问题的指标体系会有所不同。

（2）CIPP模式指导下的学前儿童科学教育评价方案

CIPP由四个英文单词context（背景）、input（投入）、process（过程）、product（结果）的首字母组成，是1966年斯塔弗尔比姆在对泰勒模式进行反思和批评的过程中提出的。他认为"评价不应局限于确定目标的达成程度，而应成为为决策提供信息的过程"②。顾名思义CIPP模式是将对背景的评价、对投入的评价、对过程的评价和对结果的评价结合考虑的教育评价模式。和泰勒模式制订评价方案的过程不同，CIPP模式作为评价方案制订的具体模式要比泰勒模式复杂得多。对学前科学教育评价来说，CIPP模式指导下的评价方案是一个多层次、多侧面的系统，而不只是一个指标体系确定的过程。以某种科学课程的评价为例，我们来考察CIPP模式指导下评价方案的制订。

第一，该模式的第一步是背景评价。背景评价的目的在于对教育目标本身进行价值判断，评价要做的工作是分析教育目标形成的社会背景，考察教育目标和其社会背景间的差异。教育目标的确定不是主观随意的行为，它必须依据社

---

① ［美］大卫·杰纳·马丁著，杨彩霞等译：《建构儿童的科学——探究过程导向的科学教育》，北京师范大学出版社2006年版，第260页。

② 霍力岩：《学前教育评价》，北京师范大学出版社2000年版，第289页。

会需要、教育规律、幼儿发展规律、教育管理原则和统计学规律制定。如果没有背景评价,教育目标本身的可靠性就值得怀疑,那么根据目标达到程度对课程和教学进行评价的模式则是在非理性中进行的价值判断。因此,对课程目标的评价应该是评价的首要工作。

第二,对某课程进行评价的重要步骤是对课程投入的评价。在这一步骤中,评价者要确定达到课程目标需要投入的资源。对某种科学课程来说,判断课程的适宜性要考虑到课程的资源投入对课程实施主体是否适合。例如,某一课程在实践中要动用大量精密科学仪器,要用到各种复杂的标本和模型,要得到社区博物馆或图书馆的大力支持。即使这一课程的目标制定非常科学、教学效果也会很好,但对于一个资金匮乏又缺乏良好社区资源的教育机构来说,这种课程也很难通过投入评价。

第三,在通过前两项评价后,课程方案可以进入实施阶段,相应地,评价方案也进入了过程评价阶段。伴随教学过程的推进,评价监控着每一个步骤,及时发现课程方案中的问题,并反馈给课程方案的制订者,以便修订和改进。这是一个典型的形成性评价过程,它克服了目标模式重结果不重过程的弊端。

第四,评价方案进行到了结果评价,结果评价是对计划或方案的目标达成进行评价的过程,它的目的是为了控制课程的质量。从表面看来,这个过程和目标模式相同,但由于 CIPP 模式在第一阶段就对课程目标的合理性作出判断,因此,在结果评价时 CIPP 模式比目标模式也更具理性。

表 8-2 目标评价模式与 CIPP 评价模式的比较

	目 标 模 式	CIPP 模式
对教育目标的评价	在目标模式中,评价的第一步就是制定指标体系,这一体系既是教育目标也是评价体系。因此,评价对目标缺乏反思和判断。	对教育目标本身进行评价,对其合理性作出判断。
对教育投入的评价	无	对投入情况的分析有助于选择适合于特定地区或条件的教育机构的教育方案。
对教育过程的监控	无	对过程的监控和调节能够使教育方案制订者随时得到反馈,随时作出修正。
对教育结果的评价	主要判断教育结果对教育目标的达成程度,但由于教育目标本身没有进行科学的价值判断,因此,这一过程的科学性也相对不足。	判断经过不断监控、调整的教育其最终的结果,是控制教育质量的重要手段。

在评价模式多元化的今天,只采用单一评价方式的教育评价已经比较少见。不同的评价模式具有不同的特点,适应不同的评价领域。对学前儿童科学教育评价而言,最重要的是了解不同评价模式的特性,根据实际情况选择或组合不同的评价模式,让评价工具在科学教育中发挥最大的作用。

3. 评价实施过程中的指导策略

评价的实施主要是指评价方案在教育实践中的运用过程。不同模式的评价方案在实践过程中具有不同要求。例如,目标评价模式在实施过程中重点倾向于评价者对操作性定义的理解,评价结果的量化分析,用统计数据描述评价结果,依据数据进行统计推断等。而 CIPP 评价模式在实施过程中则注重对教学方案进行社会学分析,在教学过程中随时进行跟踪评价、及时反馈等。以上问题难以在较短的篇幅中予以说明,而且评价结果的统计学分析也并非本书的讨论范围。因此,我们只考察在幼儿科学教育评价和教师评价过程中容易产生的误区以及主要的指导策略。

(1) 幼儿评价

在新型评价体系中,幼儿科学教育评价应体现以下评价观:重视过程中的评价、重视发展性评价、重视情感和态度的评价。

如何在科学教育的过程中评价?在科学教育过程中进行评价的主要方法就是观察和交流,教师可以在幼儿学习或操作的过程中进行正式或非正式的评价。无论正式评价还是非正式评价,都要求评价者心中明确评价的目标,能捕捉到评价对象的典型行为表现,并将这些表现与评价体系中的操作性定义加以比较以确定被评者的发展情况。以下的案例体现了教育过程中的评价形成指标体系的过程。

案例

案例8-5　评价指标体系的形成过程

年龄:5—6岁

活动名称:溶解的秘密

评价目的:幼儿能否有效进行预测,并通过实验证实预测的准确性。

难点分析:预测是科学能力中重要的指标之一,通过实验证实预测的准确性是科学探究重要的步骤。对5—6岁的幼儿来说,他们能否在探究活动中以自己的假设和预测为导向进行科学实验,并将实验结果与预测结果相比较是本活动的难点。

评价要点：在操作过程中，幼儿应该表现出的科学能力包括：观察能力、预测能力、实验能力、推断能力。

可操作性定义形成：

科学能力
- 观察能力
  - 水平一：能感知事物的明显特征
  - 水平二：能感知事物的细微特征
  - 水平三：能发现相似事物的细微差别
- 预测能力
  - 水平一：能在实验前作出简单的预测
  - 水平二：能在实验前作出预测并说明理由
- 实验能力
  - 水平一：能根据实验步骤进行实验
  - 水平二：能尝试使用不同的实验材料进行实验
  - 水平三：能试图控制变量进行实验
- 推断能力
  - 水平一：能察觉与实验结果相关的变量
  - 水平二：能区分与实验结果相关的变量
  - 水平三：能控制变量并进行实验

在正式的评价中，要求评价者事先制订详细的评价方案，根据专业知识预测评价过程中幼儿可能出现的行为表现，并建立评价指标体系。在教学过程中，评价者应根据指标体系对幼儿进行观察并记录其行为。除了指标体系中的行为，观察记录还应留出一定空间记录指标体系中没有标出的幼儿行为。在非正式评价中，教师可以不制定详细的评价计划。但对幼儿在科学活动中表现出的典型行为要非常敏感。教学活动结束后，教师应及时整理总结幼儿的表现并进行评价。

我国幼儿园普遍班额较大，要求教师作为评价者在教学过程中对所有幼儿进行仔细精确的观察的确不太现实。教师可以采用灵活变通的评价方法来克服这一问题。例如，可以请其他带班教师作为评价者，记录幼儿的活动情况；编制操作性强的观察评价表，请家长记录幼儿在家的科学活动情况；在一次观察中，针对性很强地观察某几个儿童，并记录他们的表现；在很难对照评价指标体系对幼儿行为作出判断的情况下，可以采用事件观察法，将观察对象的整个操作过程记下来，形成整体印象，等到活动结束后通过记忆进行评价。

怎样体现发展性评价？实际上，发展性评价更多体现为一种价值取向，即相比评价的选拔、鉴别功能，发展性评价者更关注通过评价促进幼儿的发展。因此，发展性评价的目的不是区分聪明的孩子和愚笨的孩子，而是为了使所有人在原有的水平上有更大的发展。要在评价中体现发展性，评价者必须做到以下几点:首先,有针对性地评价。发展性评价是极具个性化的评价,不同的个体有不同的发展水平和能力背景,这就要求评价者对每一个幼儿都进行评价,确定幼儿的发展情况。其次,为制定发展规划而评价。在发展性评价中,评价只是第一步,制定适合幼儿的发展规划才是关键所在。再次,幼儿间的横向评价只是参考,评价的主要依据是幼儿发展的纵向评价,即在评价中关注幼儿比原来进步了多少,而不强调幼儿与其他人的差距。

 案例

案例8-6　发展性评价案例

娟娟是个害羞、内向的孩子,在活动中,她很难得举手发表自己的意见。赵老师每次填写娟娟在幼儿园的表现时都会在最后写道:"娟娟性格过于内向,上课不能主动发言,课堂讨论时也不积极,希望家长能配合幼儿园引导娟娟继续进步。"但这种评价从小班开始直到中班下学期也未见任何效果。从中班下学期开始,幼儿园引进了幼儿发展性评价,赵老师从学期初就和娟娟的父母取得联系,对她的情况进行了重新评价,并作出了这样的评价方案:

娟娟的成长背景:娟娟从小由爷爷、奶奶抚养,由于家庭条件很好,爷爷、奶奶对娟娟的要求总是无条件地满足。父母工作较忙,但对爷爷、奶奶过于宠爱娟娟不太满意。双方经常在教育孩子的问题上发生争执。

娟娟的表现:初上小班时,入园极其困难,每天都要哭闹半小时以上。刚上幼儿园时几乎没有什么自理能力,很难适应幼儿园的集体生活。有一次被老师批评后,娟娟就几乎不再开口说话,虽然后来有所好转,但她在交往和活动中还是表现出明显的退缩。

分析:娟娟的主要问题有以下几点:首先,家庭教育态度不统一,使娟娟没能形成基本的常规;其次,爷爷、奶奶的溺爱使孩子没有养成良好的生活自理能力;再次,在幼儿园遭遇的挫折使孩子的自尊水平下降,以至于不再努力尝试学习;最后,同伴交往经验的缺乏使娟娟在幼儿园备感孤独。

解决方法:①和家长沟通,说明家庭教育的基本原则,让娟娟的父母和爷爷、奶奶在教育问题上达成共识;②让娟娟从力所能及的小事做起,培养她的自我服务意识和为他人服务的意识,并在她获得成功后进行表扬;③教师在幼儿园应注意娟娟的表现,在全班幼儿面前适当对娟娟的良好表现进行

表扬;④ 家长和教师鼓励娟娟和其他同伴接触,并适时对她的交往技能进行指导;⑤ 在日常生活或游戏时,为娟娟树立规则意识。

一个月后,家长和其他教师反应,娟娟的表现有了明显改善。赵老师又一次和娟娟的家长一起对她的情况进行评估并制订下一步的教育方案。

怎样评价情感和态度? 对幼儿情感和态度的评价是学前儿童科学教育的主要部分。但情感和态度本身的内隐性和表达的曲折性使得对它们的评价十分困难。社会心理学认为,态度的性质包括方向、强度、深度等。对态度的评价在方向性上可以分为积极的和消极的;在强度上表现为态度倾向于某一特定方向的程度;在深度上表现为主体的卷入程度。通过对态度性质的分析我们可以为态度建立操作性定义。对科学活动的积极态度可以被描述为:被评价者喜欢科学活动,通常都乐于参与科学活动或有参与活动的意愿;在科学活动中注意力集中,兴趣很少发生转移;在科学探究活动遇到困难时,能坚持不放弃探究活动,能积极寻求帮助解决问题等。表8-3列出了积极的科学态度的具体表现形式。

表8-3 积极科学态度的具体表现形式

运用额外的时间进行科学探究。
认为科学是有趣的、令人兴奋的和感兴趣的。
用语言表达对科学的好奇。
将校内的科学活动延伸到校外。
自愿参加校外的科学活动。
参观博物馆、植物园和其他科学性场所。
寻找科学方面的额外工作。
在维护班级科学中心、照料植物和动物的过程中扮演积极角色。
选择观看与科学相关的电视节目。
玩与科学相关的棋盘游戏或电脑游戏。
阅读与科学相关的书籍和其他印刷材料。
在家里参加与科学相关的活动。①

在对态度进行评价时,评价者要考虑到态度只决定行为倾向,而不决定行为本身。幼儿即使具有积极的态度,但有时由于情景、个性特征等因素无法将行为倾向变成行为。教师要积极、耐心地了解幼儿的真实想法,然后再作出评价。

(2) 教师评价

在学前儿童科学教育评价中,对教师的评价主要围绕着教学目标制订的科学性、教学内容选择的恰当性、科学探究材料的投放、教学过程的指导、教学结果

---

① [美]大卫·杰纳·马丁著,杨彩霞等译:《建构儿童的科学——探究过程导向的科学教育》,北京师范大学出版社2006年版,第268页。

等方面。教师评价是对教师自身教学理论水平、教学技能的全面考量。教师评价的对象是教师,而评价者可以是教学管理人员、其他教师、幼儿家长,在某些特殊条件下还可以是幼儿。教师评价的主要方式包括教师自评和他评。在教师评价中,评价者同样要注意以下问题:

第一,教师评价的目的是为了促进教师自身的专业成长。在评价之前,评价的指标体系可以和教师共同协商制定,在对评价标准达成共识后,教师对评价工作就会由被动变为主动。在对教师进行评价时,评价者可以根据教师在教学过程中表现出的不同情况进行有针对性的总结,特别针对教师的不足指出问题所在,并为教师改进工作和解决问题提供路径。

 案例

案例8-7 教师发展性评价案例

杨老师是三个月前才进入幼儿园工作的年轻老师,虽然是学前专业本科毕业,理论基础扎实,但实践经验非常缺乏。业务园长在观摩了杨老师组织的几个活动后,从教学设计、活动组织和控制、和幼儿的互动、科研水平四个方面提出了评价和改进意见,如下表所示:

	教学设计	活动组织和控制	和幼儿的互动	科研水平
评价结果	1. 教学设计新颖、独特,不落窠臼。 2. 有些活动不适应幼儿的发展水平。 3. 活动设计的本土化特色不足。	基本能控制活动,但在调动活动气氛、应对突发情况时没有很好的解决策略。	和幼儿互动良好,但有时互动缺乏目的性。	理论水平扎实,能敏锐发现潜在的研究课题,但缺乏经验。
改进建议	1. 通过观察、谈话等方式了解本班幼儿发展水平。 2. 阅读大量不同年龄班的教学案例。 3. 参考其他教师教学设计方案。 4. 了解本地和本园教育资源,并结合自己的教学设计融入这些资源。	1. 观摩其他经验丰富教师的教学,并写出反思和总结。 2. 请其他教师用摄像、观察记录等方式对自己的教学过程进行记录,并共同探讨其中关于活动控制的问题。	明确活动和干预的目的,在采取行动之前有意识地进行思考。	积极参加幼儿园课题,广泛查阅其他幼儿园课题选题和研究过程,对这些课题进行评价。

第二，评价中的合作关系。评价者和被评价者之间不是对立关系而是合作关系。评价者和被评价者都要认识到，学前儿童科学教育评价是以解决教学中存在的问题、共同促进幼儿发展为取向的，而不是以判断某一位教师能力的高低为取向。在这一过程中，评价者和被评价者为了解决问题而产生合作关系，他们之间并不存在利益和立场上的冲突。因此，无论是教学管理人员还是家长充当评价者，他们和教师之间是合作关系。

知识链接

在评价的过程中，特别是非正式的主观评价中，印象形成的心理效应极大地影响着评价者对评价对象的判断。为了避免这些效应对评价客观性的影响，评价者对它们要有所认识。

首因效应与近因效应：在印象形成的过程中，信息出现的顺序对印象形成有重要影响。最初获得的信息比后来获得的信息影响更大的现象，称为首因效应。最新获得的信息比原来获得的信息影响更大的现象叫近因效应。一般来说，熟悉和亲近的人之间容易出现近因效应，而不熟悉的人之间容易产生首因效应。

光环效应：个体对认知对象的某些品质一旦形成倾向性印象，就会带着这种倾向去评价认知对象的其他品质。这种效应也称为晕轮效应。

本 章 小 结

学前儿童科学教育评价是学前儿童科学教育的重要组成部分，它对科学教育起着监控、调节的重要作用。学前儿童科学教育评价是对学前儿童科学教育进行的价值判断。学前儿童科学教育评价可以判断科学教育的有效性、适应性，可以帮助教育者筛选优秀的学前儿童科学教育方案，同时，评价的质量控制作用对高质量的学前儿童科学教育非常重要。

学前儿童科学教育评价是由一系列评价组成的评价系统。其中包括对幼儿的评价、对教师的评价和对科学教育课程的评价。这三种评价体系相互交错、互为依据。在实践过程中，学前儿童科学教育评价进行的一般步骤分为：确定评价目标、制订评价方案、实施评价方案等。

问 题 讨 论

1. 学前儿童科学教育评价怎样体现新型的评价观？

2. 你认为如何对评价体系本身进行监控?

3. 请根据评价的目标模式、CIPP模式制订学前儿童科学教育的评价方案,并比较它们之间的差别。

参 考 文 献

[1] 史朝、孙宏安:《科学教育论》,辽宁教育出版社1992年版。

[2] 美国国家研究理事会著,戢守志等译:《美国国家科学教育标准》,科学技术文献出版社1999年版。

[3] 张俊:《幼儿园科学教育》,人民教育出版社2004年版。

[4] 刘占兰:《幼儿科学教育》,北京师范大学出版社2000年版。

[5] [美]克里斯汀·夏洛等著,高潇怡等译:《儿童像科学家一样——儿童科学教育的建构主义方法》,北京师范大学出版社2006年版。

[6] [法]加斯东·巴什拉著,刘自强译:《梦想的诗学》,生活·读书·新知三联书店1996年版。

[7] 刘晓东:《儿童教育新论》,江苏教育出版社1998年版。

[8] [英]鲁道夫·谢弗著,王莉译:《儿童心理学》,电子工业出版社2005年版。

[9] 张红霞:《科学究竟是什么》,教育科学出版社2003年版。

[10] 樊琪:《科学学习心理学:科学课程的教与学》,中国轻工业出版社2002年版。

[11] 王志明:《幼儿科学教育》,江苏教育出版社1990年版。

[12] 南京幼儿师范学校:《一切为儿童——陈鹤琴儿童教育文选》,南京出版社1992年版。

[13] 中国学前教育研究会、幼儿园课程与教学专业委员会编:《幼儿园科学探究的教与学》,南京师范大学出版社2006年版。

[14] 美国科学促进协会著,中国科学技术协会译:《面向全体美国人的科学》,科学普及出版社2001年版。

[15] "做中学"科学教育实验项目专家组、东南大学学习科学研究中心编:《"做中学"在中国——幼儿园、小学科学教育案例》,教育科学出版社2004年版。

[16] 张俊主编:《幼儿园科学教育活动指导》,人民教育出版社2008年版。

[17] 施燕:《学前儿童科学教育》,华东师范大学出版社2006年版。

[18] 教育部基础教育司组织编写:《幼儿园教育指导纲要(试行)解读》,江苏教

育出版社2002年版。

[19] 周川:《科学的教育价值》,江苏教育出版社1993年版。

[20] 张华:《课程与教学论》,上海教育出版社2000年版。

[21] 虞永平、方明:《山东省幼儿园课程指导教师用书(中班·上)》,明天出版社2008年版。

[22] 黄瑾:《幼儿园教育活动设计与指导》,华东师范大学出版社2007年版。

[23] [美]大卫·杰纳·马丁著,杨彩霞等译:《建构儿童的科学——探究过程导向的科学教育》,北京师范大学出版社2006年版。

[24] 王志明:《学前儿童科学教育》,南京师范大学出版社2001年版。

[25] 孙汀兰主编:《科技思维培养:趣味科学游戏》,北方妇女儿童出版社1993年版。

[26] [美]戴维·A·温尼特等著,刘占兰等译:《科学发现——幼儿的探究活动(之二)》,北京师范大学出版社2005年版。

[27] 刘占兰、沈心燕主编:《让幼儿在主动探索中学习科学——经历发现过程,体验科学真谛》,北京师范大学出版社2001年版。

[28] 李云编:《开启孩子智慧的实验游戏》,石油工业出版社2006年版。

[29] 刘占兰:《学前儿童科学教育》,北京师范大学出版社2008年版。

[30] 姚伟:《幼儿认识自然和社会》,东北师范大学出版社1995年版。

[31] 全国十二所重点师范大学联合编写:《教育学基础》,教育科学出版社2002年版。

[32] 石中英:《教育哲学导论》,北京师范大学出版社2002年版。

[33] 刘占兰:《促进幼儿教师专业成长的理论与实践策略》,教育科学出版社2006年版。

[34] [美]约翰·D·布兰斯福特等著,程可拉等译:《人是如何学习的:大脑、心理、经验及学校》,华东师范大学出版社2002年版。

[35] 乌美娜主编:《教学设计》,高等教育出版社1994年版。

[36] [德]福禄培尔著,孙祖复译:《人的教育》,人民教育出版社2001年版。

[37] [意]蒙台梭利著,任代文主译校:《蒙台梭利幼儿教育科学方法》,人民教育出版社1993年版。

[38] [美]罗伯特·E·洛克威尔等著,廖贻等译:《科学发现——幼儿的探究活动(之一)》,北京师范大学出版社2005年版。

[39] 陶春辉主编:《爱的诗篇:北京幼儿特级教师经验专集》,北京师范大学出版社1998年版。

[40] [美]贾珀尔·L·鲁普纳林、詹姆斯·E·约翰逊主编,黄瑾等译:《学前

教育课程(第三版)》,华东师范大学出版社 2005 年版。

[41] 王志明、张慧和主编:《幼儿园课程实施指导丛书——科学》,南京师范大学出版社 1997 年版。

[42] [美] David R. Shaffer 著,邹泓等译:《发展心理学——儿童与青少年(第六版)》,中国轻工业出版社 2005 年版。

[43] [英] 多萝西·恩南著,余悦红译:《认知与学习游戏》,广东旅游出版社 2006 年版。

[44] 叶忠海:《社区教育学基础》,上海大学出版社 2000 年版。

[45] 李生兰:《幼儿园与家庭、社区合作共育的研究》,华东师范大学出版社 2003 年版。

[46] [美] 戴维·波普诺著,李强等译:《社会学(第十版)》,中国人民大学出版社 1999 年版。

[47] 霍力岩:《学前教育评价》,北京师范大学出版社 2000 年版。

[48] 钟启泉、李雁冰主编:《课程设计基础》,山东教育出版社 2000 年版。

[49] 鄢超云:《朴素物理理论与儿童科学教育——促进理论与证据的协调》,华东师范大学博士论文 2004 年。

[50] 鄢超云:《儿童的朴素理论及其学前教育意义》,《上海教育科研》2003 年第 4 期。

[51] 鄢超云等:《为什么周老师的眼睛那么大,郭子李的眼睛这么小——兼述学前儿童对遗传的认识》,《学前教育研究》2004 年第 12 期。

[52] 王志明:《幼儿科学教育改革综述》,《幼儿教育》1994 年第 11 期。

[53] 刘彤、王斐:《亲历美国幼儿教育之九——幼儿园的科学教育》,《早期教育》2005 年第 6 期。

[54] 李济英:《英国科学教育从娃娃抓起》,《河南教育》1995 年第 1 期。

[55] 李冈原:《漫谈英国儿童的科学教育》,《家庭教育(婴幼儿家长)》1997 年第 2 期。

[56] 袁爱玲:《中美幼儿科学教育课程的差异性比较》,《比较教育研究》2001 第 1 期。

[57] 师云凤:《乡土教育资源在幼儿园教育活动中的运用》,《学前教育研究》,2006 年第 1 期。

[58] 杨莉君、康丹:《对幼儿园集体教学活动中教师提问的观察研究》,《学前教育研究》2007 年第 2 期。

[59] 虞永平:《幼儿园教学活动的评价》,《早期教育(教师版)》2005 年第 3 期。

[60] 王春燕:《对幼儿园课程预设与生成统一的思考》,《早期教育》2004 年第

8 期。
[61] Stenhouse, L. (1975): *An Introduction to Curriculum Research and Development*. London: Heinemann Educational Book Ltd. 82.
[62] Ednards, C, Gandini, L. & Forman, G: *The Hundred Languages of Children*, Ablex Publishing Corporation, 1997, p. 82 – 83.
[63] Ingrid Chalufour, Karen Worth: *discovering nature with young children*, Redleaf Press 2003, 17.

后 记

学前儿童科学教育是学前教育学科中一门主要的也是争议比较大的课程。尽管我们已为本专科生开设该门课程多年,但始终觉得撰写一本满意的科学教育教材不是件容易之事。特别是在学界已有几本使用时间较长且影响较大的教材的基础上,如何使其有新意,令我们很是为难。本书编写提纲的拟定、内容的筛选以及形式的安排,一方面借鉴了国内外相关的文献资料,另一方面则源于我们多年教学的经验积累。本书的定位是高等师范院校学前教育专业的本专科教材和幼儿园教师继续教育教学用书。

本书力求全面、系统地反映《幼儿园教育指导纲要(试行)》的精神,吸收当前国内外学前儿童科学教育的最新研究成果。主要内容包括学前儿童科学教育概述、学前儿童科学教育的目标、内容、方法、途径、资源及评价等。与一些教材不同的是,针对当前人们对集体教学活动关注较多的现状,本书专章讨论了集体教学活动中的科学教育活动。

为了提高学习者理论联系实际的能力,本书呈现了较为丰富的案例,希望帮助学习者在掌握学科基本知识的同时,获得独立学习新知识的策略和技能以及创造性解决实际问题的能力。本教材还提供了一些尚未定论的问题供学生思考、讨论。

全书由王冬兰制定编写计划,编写者共同讨论编写细节、分工写作。各位编者负责的章节为:王冬兰:第一章,第六章,后记;张小永:第二章,第三章,第四章第一、二节;王怡:第四章第三节,第五章,第七章,第八章。全部书稿汇总后,由王冬兰、王怡逐章修改并由王冬兰最后审定结稿。

本书在编写的过程中,得到了许多业内同行的热情支持和真诚帮助,衷心感谢陈虹、虞永平、姚伟、张俊、许晓晖、曹能秀、蔡迎旗等老师为本教材的顺利完成提出的许多很好的建议和修改意见;衷心感谢鄢超云、刘占兰、吴慧鸣、廖丽英等老师的资料支持;衷心感谢我数十年来教学与研究的合作伙伴兰州石化公司幼教中心、兰州军区幼教办、兰州军区总医院幼儿园、兰州军区示范幼儿园、兰州空军机关幼儿园、兰州军区68002部队幼儿园、兰州军区司令部幼儿园、西北师范大学实验幼儿园、甘肃临夏市学前教育中心等单位的老师们。在本书中,她们有的贡献了生动的案例,有的贡献了大量的照片,有的贡献了思想的火花,而更多的老师是用自己的实践在不同的时期、从不同的角度给了我们诸多的启发,向她们致以深深的敬意!衷心感谢我的同事龙红芝老师,研究生严燕华、程丽英、朱海霞、孙娓娓、葛莺芳、张斌等同学,因为她们的各种帮助,才使得本教材的写作较为顺利。衷心感谢我的合作者北京师范大学珠海分校的王怡老师、山东师范大学教育学院的张小永老师!教材中还选用了其他地区部分幼儿园的图片及一些幼儿园教师的案例,引用了国内外同行的一些研究成果,在此一并致以真诚的谢意。

特别感谢西北师范大学教育学院及华东师范大学出版社对本书编写和出版过程的热情关注和支持,尤其是华东师范大学出版社年轻的编辑赵建军先生为本教材的顺利出版倾注了大量的心血和辛勤的劳动。他的认真和严格要求给我留下了深刻的印象,真诚地向他致谢!

由于本书的写作历经两年之久,应该致谢的人恕不能一一列举,若有遗漏,敬请理解和原谅!

尽管我们很努力,但由于我们的学术水平和能力所限,书中错误和疏漏肯定在所难免,恳请业内同行和广大读者批评指正,以便今后不断修改完善。

王冬兰
2009 年于西北师范大学